LE SYSTÈME DES VALEURS

BIBLIOTHÈQUE DES TEXTES PHILOSOPHIQUES

Fondateur : Henri GOUHIER   Directeur : Jean-François COURTINE

H. RICKERT

LE SYSTÈME DES VALEURS
et autres articles

Présentation, traduction et notes
par
Julien FARGES

PARIS
LIBRAIRIE PHILOSOPHIQUE J. VRIN
6, Place de la Sorbonne, Ve
2007

© *Librairie Philosophique J. VRIN*, 2007
Imprimé en France
ISSN 0249-7972
ISBN 978-2-7116-1947-4

www.vrin.fr

Nous remercions vivement le professeur Rainer A. Bast de l'université de Düsseldorf, directeur de la réédition critique en cours des *Sämmtliche Werke* de Rickert et éditeur du volume des *Philosophische Aufsätze* dans lequel figurent, parmi d'autres, les articles ici traduits, de nous avoir autorisé à disposer du contenu de certaines des notes historiques et philosophiques qui accompagnent son édition. Toujours vérifiées, à l'occasion développées et complétées, elles ont été incorporées à notre propre annotation.

PRÉSENTATION

SITUATION DES ARTICLES DANS LA PHILOSOPHIE DE RICKERT

Il n'est plus véritablement nécessaire de présenter au lecteur français Heinrich Rickert, l'une des figures les plus significatives de l'école néokantienne du sud-ouest de l'Allemagne, également appelée école de Bade ou de Heidelberg. Philosophe d'une influence autrefois considérable, Rickert sort aujourd'hui peu à peu de l'ombre au gré du regain d'intérêt suscité depuis quelques années par le néokantisme en général et par les travaux de l'école de Heidelberg en particulier, de sorte que le constat fameux de Raymond Aron au milieu des années 30 peut désormais être largement tempéré : « Aujourd'hui, écrivait-il alors que Rickert vivait ses deux dernières années, bien que Rickert soit le seul survivant de la période critique, sa pensée est morte, bien plus que celle de Dilthey ou même de Simmel. Après avoir été l'objet d'une longue querelle, sa doctrine n'est plus discutée, elle commence à être ignorée »[1]. La comparaison avec Dilthey et Simmel, commandée par la perspective qui était alors celle d'Aron (et en raison de laquelle c'est essentiellement le versant épistémo-logique de la philosophie de Rickert qui était pris en considération par lui), ne doit pas masquer le fait qu'à cette époque, le destin de la pensée de Rickert était à l'image de celui du néokantisme en général : après l'apogée au tournant du XXe siècle, la « fracture »[2] constituée par la Première Guerre

---

1. R. Aron, *La philosophie critique de l'histoire*, Paris, Vrin, 1969, rééd. Seuil, 1970, p. 139.

2. M. Ferrari, *Retours à Kant. Introduction au néokantisme*, trad. fr. par T. Loisel, Paris, Cerf, 2001, p. 160.

mondiale et son issue catastrophique en Allemagne bouleversent radicalement le contexte philosophique, lequel devient tout d'abord dans les années
20 celui d'une remise en cause du néokantisme dans son ensemble, puis de
son oubli progressif dans le cours des années 30 au profit, essentiellement,
de la philosophie phénoménologique[1].

Fondée par Wilhelm Windelband (1848-1915) à partir de sa thèse
d'habilitation de 1873 *Sur la certitude de la connaissance* ainsi que de ses
essais rassemblés dans le recueil intitulé *Préludes*[2], puis représentée par
Rickert (dont la pensée peut être considérée à bien des égards comme un
effort d'approfondissement systématique des thèses Windelband, dont il
fut l'étudiant), l'école de Heidelberg constitue, à côté de l'école de
Marbourg fondée par Hermann Cohen au même moment, le deuxième des
principaux courants néokantiens allemands. Si, animées par le même esprit
d'un retour critique à Kant[3], les deux écoles ont naturellement en commun
des présupposés fondamentaux – et dont le moindre n'est pas la promotion
de la théorie de la connaissance (*Erkenntnistheorie*) comme pièce maî-
tresse de toute philosophie véritablement scientifique[4] –, l'école de
Heidelberg diverge et s'oppose toutefois au néokantisme de Marbourg en
refusant, d'une part, d'adosser la théorie de la connaissance au seul fait de
la science mathématique de la nature pour prendre systématiquement en
considération la connaissance propre aux sciences historiques de la culture,

1. *Cf.* É. Dufour, *Les néokantiens*, Paris, Vrin, 2003, p. 20., en accord avec le diagnostic
de R. Aron, *op. cit.*, p. 139 : « l'indifférence actuelle, en Allemagne, à l'égard de Rickert, tient
moins aux insuffisances de la théorie qu'à l'orientation nouvelle de la philosophie de
l'histoire et de la philosophie en général. La philosophie de l'histoire n'est plus une critique de
la connaissance historique, mais une analyse de la "structure de l'histoire", ou une méditation
sur "l'historicité de l'homme", ou encore une réflexion sur le caractère historique des valeurs
et de la vérité. On se détourne du problème logique, soit qu'on le déclare insoluble, soit qu'on
le subordonne, selon l'esprit de la phénoménologie, à l'"ontique" ».
2. W. Windelband, *Über die Gewissheit der Erkenntnis*, Berlin, 1873 ; *Präludien.
Aufsätze und Reden zur Einleitung in die Philosophie* [*Préludes. Articles et discours d'introduction à la philosophie*], Fribourg-Tübingen, 1884. Pour une présentation d'ensemble de la
philosophie de Windelband, nous renvoyons à É. Dufour, « La philosophie de Wilhelm
Windelband », introduction à W. Windelband, *« Qu'est-ce que la philosophie ? » et autres
textes*, Paris, Vrin, 2002, p. 7-65.
3. *Cf.* le célèbre mot d'ordre lancé par Windelband en 1883 dans ses *Präludien* : « Nous
tous qui philosophons au XXe siècle sommes des disciples de Kant. Mais notre "retour" actuel
vers lui ne saurait être la simple remémoration de la forme historiquement conditionnée dans
laquelle il expose les idées de la philosophie critique. [...] Comprendre Kant signifie dépasser
Kant » (cité par M. Ferrari, *op. cit.*, p. 66).
4. Voir sur ce point É. Dufour, *Les néokantiens*, *op. cit.*, p. 9 *sq.*

et, d'autre part, en mobilisant toutes les ressources de la notion de valeur, héritée de la philosophie de Rudolf Hermann Lotze[1], jusqu'à faire de la vérité elle-même une valeur, en un geste qui n'est évidemment pas sans appeler une confrontation avec la philosophie nietzschéenne[2]. Ces deux aspects, que nous nous contentons ici d'indiquer, s'articulent naturellement puisque, la culture étant l'ensemble des productions et des formations historiques qui ont de la valeur en général, l'affirmation selon laquelle la vérité est une valeur implique la reconnaissance de la signification culturelle de la science théorique en même temps que la transformation du domaine de la validité en objet d'interrogation théorique. Le néokantisme de l'école de Heidelberg semble donc se caractériser par une orientation résolument pratique de la philosophie critique, ce qui lui a valu d'être parfois caractérisé comme un néo-fichtéanisme. Sans entrer dans l'examen de la justesse d'une telle filiation avec la philosophie de Fichte, contentons-nous d'en nuancer la portée et de rappeler que si l'école de Heidelberg est bien caractérisée par une attention portée au monde et à la connaissance historiques, il n'en reste pas moins qu'on ne saurait figer le rapport entre les deux écoles néokantiennes dans une opposition statique entre un courant théoriciste et un courant pratique, ou du moins ayant fait de la reconnaissance du « primat de la raison pratique » le cœur de sa philosophie. En effet, comme le rappelle fort justement É. Dufour, la doctrine des valeurs, propre au néokantisme de Heidelberg, est partie prenante d'une philosophie qui se comprend comme théorie de la connaissance, et a dans cette mesure une signification théorique incontestable[3]; c'est dire que sa portée à la fois architectonique et critique est indissociable d'une interrogation réflexive sur le connaître en général.

C'est ce développement de la théorie de la connaissance en une philosophie des valeurs qui est au cœur de la quasi-totalité des articles rassemblés ici. S'échelonnant de 1910 à 1932 et abordant des thèmes apparemment fort divers, ils présentent néanmoins, dans un premier temps, une unité historique qu'on peut appréhender d'un double point de vue. En premier lieu, comme beaucoup d'autres articles de Rickert, les six que nous avons retenus ont été publiés dans la revue *Logos*, dont Rickert lui-même

---

1. Nous reviendrons plus bas sur cette filiation, p. 22 *sq.*
2. Voir sur cette question les indications d'É. Dufour dans son introduction à W. Windelband, « *Qu'est-ce que la philosophie ?* » *et autres textes, op. cit.*, p. 20-21.
3. É. Dufour, *Les néokantiens, op. cit.*, p. 18.

fut l'un des fondateur en 1910[1]. Cette circonstance n'est pas dépourvue de signification dans la mesure où, sans être l'organe officiel de la philosophie de l'école de Heidelberg, la revue *Logos*, dont le sous-titre est «Internationale Zeitschrift für Philosophie der Kultur» [«Journal international pour la philosophie de la culture»], constitue en elle-même une sorte de manifeste pour une conception de la philosophie qui est celle-là même que Windelband développe et que Rickert systématise à sa suite[2] : une philosophie qui, d'une part, ne s'oppose plus à l'histoire mais qui, pénétrée des problèmes, des méthodes et des résultats de la connaissance historique, se pense elle-même comme une discipline historique (et à vrai dire comme la plus haute de toutes les productions culturelles), et, d'autre part, une philosophie dont la nature critique se mesure de manière privilégiée à la radicalité de son opposition à toute forme de psychologisme[3]. Cette revue se présentait ainsi comme un lieu privilégié pour exposer la portée et la

1. Ces articles couvrent même la quasi-totalité de l'histoire de cette revue, puisque le premier article ici présenté appartient à son premier numéro et que le dernier appartient à l'avant-dernier numéro. C'est en effet à partir d'octobre 1933 que la revue change de nom pour devenir la *Zeitschrift für Deutsche Kulturphilosophie*.

2. Nous renvoyons sur ce point à l'avant-propos du premier volume de la revue, qui s'ouvre sur le premier article ici traduit : «la philosophie de la culture doit chercher partout la *raison* dans la culture, et c'est pourquoi cette revue s'est appelée *Logos*» (cité par M. Ferrari, *op. cit.*, p. 146). *Cf.* aussi É. Dufour, Introduction à W. Windelband, *«Qu'est-ce que la philosophie?» et autres textes, op. cit.*, p. 10, note 1 : «Cet intérêt pour la "culture" sous toutes ses formes culmine dans la fondation, en 1910, de *Logos*, [...] qui admet les tendances philosophiques les plus diverses, pourvu qu'elles voient dans la culture le problème général de la philosophie».

3. Rappelons que la fondation de la revue *Logos* intervient dans un contexte de forte mobilisation des tenants d'une philosophie «pure» contre l'influence de la psychologie expérimentale et sa prétention à valoir comme un savoir philosophique. En effet, depuis avril 1908 et la polémique ayant opposé Hermann Cohen et Paul Natorp à la faculté de philosophie de Marbourg à propos de questions d'attribution de postes à des représentants de la psychologie expérimentale, l'idée de la constitution d'un «front anti-psychologiste» dans l'université allemande n'avait pas cessé de se renforcer. Elle culmina en 1912-1913 avec la rédaction commune par Natorp, Husserl, Rickert, Windelband, Alois Riehl et Rudolf Eucken d'une pétition anti-psychologiste demandant que cessent les nominations de psychologues dans les facultés de philosophie. Signée par 107 philosophes allemands, autrichiens et suisses, cette pétition est l'une des expressions les plus spectaculaires de l'antipsychologisme dans le monde germanique de cette époque. Pour des compléments historiques sur ce point, nous renvoyons à l'ouvrage de M. Kusch, *Psychologism. A Case Study in the Sociology of Philosophical Knowledge*, London, New York, Routledge, 1995 : on y trouvera une traduction anglaise du texte de la pétition (p. 191 *sq.*), ainsi que la liste de ses signataires (p. 285 *sq.*).

signification culturelle de la théorie de la connaissance comprise comme philosophie des valeurs. Mais l'intérêt produit par le rapprochement de ces articles ne se limite pas à cette coïncidence éditoriale. D'un autre côté en effet, à l'exception du dernier texte ici présenté (sur le statut duquel nous reviendrons d'un mot), les articles qu'on va lire présentent l'intérêt d'appartenir à une période de la philosophie de Rickert dont le foyer est constitué par la première partie du *System der Philosophie* [*Système de la philosophie*], publiée en 1921[1], soit qu'ils témoignent de la gestation de l'ouvrage à l'époque où Rickert en élaborait également le contenu dans ses cours à Fribourg (c'est le cas des trois premiers articles traduits ici), soit qu'ils en exploitent les perspectives et les résultats (comme le font les quatrième et cinquième). Pour préciser ce point et saisir au mieux la situation de ces textes dans la production philosophique de Rickert, rappelons brièvement quelles en furent les grandes étapes, sans toutefois viser par là une quelconque périodisation de son œuvre.

Ce sont les recherches philosophiques de Windelband qui éveillèrent le jeune Rickert d'un sommeil positiviste influencé notamment par la philosophie empirio-critique de Richard Avenarius[2], et qui le conduisirent à prendre conscience de la richesse du monde historique et du fait que seul un retour à la philosophie kantienne pouvait permettre un traitement authentiquement philosophique de ce monde historique. C'est ainsi que les travaux de Rickert se situèrent dans un premier temps dans le sillage exact de ceux de Windelband, qu'ils contribuèrent à développer selon deux directions. Après sa thèse, la *Théorie de la définition*[3], réalisée sous la direction de Windelband et soutenue en 1888, Rickert propose tout d'abord en 1892, dans la première édition de l'un de ses ouvrages fondamentaux, *Der Gegenstand der Erkenntnis*[4], une critique du réalisme articulant une réflexion sur la transcendance de l'objet et une doctrine du jugement, et qui

---

1. H. Rickert, *System der Philosophie*, Tübingen, J. C. B. Mohr (Paul Siebeck), 1921, dont seule la première partie, intitulée *Allgemeine Grundlegung der Philosophie* [*Fondation générale de la philosophie*], sera finalement publiée.

2. *Cf.* M. Ferrari, *op. cit.*, p. 73.

3. Trad. fr. par C. Prompsy et M. de Launay, précédé de *Science de la culture et science de la nature*, trad. A. H. Nicolas, Paris, Gallimard, 1997.

4. H. Rickert, *Der Gegenstand der Erkenntnis. Ein Beitrag zum Problem der philosophischen Transzendenz* [*L'Objet de la connaissance. Contribution au problème de la transcendance philosophique*], Tübingen, J. C. B. Mohr (Paul Siebeck), [1]1892, [2]1904, [3]1915, [4-5]1921, [6]1928.

scelle ce faisant la signification *logique* que Rickert accordera toujours à la théorie de la connaissance. Ainsi qu'il l'écrit en 1909, dans un texte remarquablement clair :

> La théorie de la connaissance est [...] la science de la pensée *dans la mesure où elle est vraie*. La logique aussi s'occupe de cela, et en réalité, nous ne voulons faire aucune différence ici entre logique et théorie de la connaissance. Nous ne pensons aussi de façon logique, en effet, que si nous pensons de façon vraie. Il est vrai que nous ne pensons logiquement que lorsque nous pensons vrai. La logique, dès lors, n'est pas la théorie de la pensée, mais la théorie de la pensée vraie, et nous emploierons donc également l'expression « logique » pour désigner la pensée dans la mesure où elle est vraie. Nous pourrions aussi parler d'une théorie de la vérité, car le mot « vérité » n'est pas seulement ajouté à la pensée en tant que prédicat, mais on l'emploie aussi pour désigner l'acte de penser vrai ou la connaissance elle-même. Mais précisément à cause de cette ambiguïté, l'expression « théorie de la connaissance » est meilleure. Nous ne voulons pas traiter, d'une part, de la pensée en général, ni d'autre part, de la seule vérité abstraite, mais de la pensée vraie ou de la connaissance effective. Tout cela, l'expression « théorie de la connaissance » le fait ressortir au mieux. Du reste, il est naturellement inessentiel que nous disions « logique », « théorie de la vérité » ou « théorie de la connaissance ». Le principal est que nous fassions d'emblée une différence *absolue* entre la pensée en général et la pensée vraie ou la connaissance, et qu'ainsi nous distinguions nettement la théorie de la connaissance d'une science qui se limite à examiner le processus psychique comprenant les pensées vraies aussi bien que les fausses [1].

Il apparaît ainsi que c'est leur commun rapport fondamental au vrai qui justifie l'identification entre théorie de la connaissance et logique, en même temps qu'il les oppose à toute démarche psychologiste. Ce geste d'une réfutation du psychologisme et du positivisme à partir de la thématisation du rapport au vrai comme élément proprement logique dans la connaissance, qui n'est pas sans parenté avec celui de Husserl dans les *Prolégomènes à la logique pure*, implique pour les néokantiens de Heidelberg l'élaboration d'une nouvelle théorie du jugement, dont

---

1. H. Rickert, « Zwei Wege der Erkenntnistheorie : transzendentalpsychologie und transzendentallogik », in *Kantstudien*, XIV, 1909, p. 169 *sq.* ; trad. fr. par A. Dewalque, *Les deux voies de la théorie de la connaissance. 1909*, Paris, Vrin, 2006, p. 111-112.

Windelband a formulé les principes et que Rickert développe dès la première édition du *Gegenstand der Erkenntnis*.

Cette théorie repose sur la remise en cause de la distinction, traditionnellement admise, entre le jugement de fait et le jugement de valeur. Plus exactement, il s'agit de reconnaître qu'il y a *dans tout jugement* un moment pratique d'évaluation dans lequel le sujet de la connaissance, en tant qu'authentique sujet jugeant, prend position par rapport au contenu jugé[1]. On retiendra ici deux points principaux pour mesurer la portée d'une telle équivalence entre jugement et appréciation, entre *Urteil* et *Beurteilung*[2]. Cette équivalence implique d'une part la reconnaissance d'une sphère de validité irréductible tant aux contenus représentés qu'aux actes cognitifs du sujet, dont il faut par conséquent reconnaître la transcendance. Cette thématique de la validité, déjà mise en lumière par Rickert dans sa *Théorie de la définition*[3], se précise ainsi en 1892 en une thématisation directe de cette sphère de valeurs transcendantes, de valeurs valides *en soi*, rendant possible une critique définitive de toute philosophie accordant un primat de la représentation sur le jugement et pensant ainsi la vérité sur le modèle de la reproduction d'une réalité posée comme un en-soi : l'objet de la connaissance, cet élément transcendant qui garantit la vérité d'une connaissance, n'est pas cette réalité prétendument en soi mais il est constitué par les valeurs elles-mêmes dans leur transcendance. Mais n'est-ce pas là troquer un en soi contre un autre et demeurer dans le réalisme? Ce n'est pas le cas, car les valeurs, pour les néokantiens de l'école de Heidelberg, ne «sont» rien d'effectivement réel : elles ne «sont» rien d'autre qu'exigences de validité. Si donc la sphère de la validité en général ne peut être pensée que comme sphère du devoir-être, on s'oriente dès lors vers un idéalisme axiologique dont la thèse centrale est que «c'est le

---

1. Comme l'écrit É. Dufour : «Le "jugement de fait" implique non seulement l'établissement d'un rapport entre le sujet et le prédicat judicatifs – ce qu'on nomme traditionnellement "jugement" –, mais aussi l'affirmation de la validité de ce rapport. Il implique en ce sens une appréciation. Ainsi tout jugement est-il une appréciation et renferme-t-il un moment pratique par lequel le sujet connaissant approuve (affirmation) ou désapprouve (négation) la liaison judicative» (*op. cit.*, p. 42).

2. *Ibid.*, p. 43 *sq.*

3. *Op. cit.*, p. 268 : «à tout sens vrai ou faux d'un énoncé, et donc à tout contenu de jugement, correspond un oui ou un non, qui vient s'ajouter au rapport entre représentations comme un nouveau moment».

devoir-être et non l'être qui constitue ce qui logiquement est l'originel » [1]. Mais la théorie du jugement comme appréciation évaluative ne conduit pas seulement à cette position idéaliste d'une sphère de valeurs *transcendantes*. Elle implique d'autre part que la théorie de la connaissance ne peut prendre la forme que d'un idéalisme *transcendantal*, en ce sens qu'il s'agit pour elle de poser l'activité judicative du sujet comme constituante de toute connaissance en général, ce qui conduit à un second argument contre le réalisme dogmatique. Contre les philosophies selon lesquelles le sujet n'est en quelque sorte que le spectateur d'une adéquation reproductive entre ses représentations et la réalité, Rickert est en effet conduit à radicaliser la pensée de Windelband en faisant valoir que « même la connaissance perceptive implique une appréciation et n'est en aucun cas immédiate », de sorte que, abstraction faite de cette appréciation subjective, la perception n'est rien d'autre qu'une matière impropre à fournir une connaissance [2]. Aucune connaissance n'est à proprement parler immédiate, et la médiation primordiale est celle du sujet qui prend position et qui juge affirmativement ou négativement, ne serait-ce tout d'abord que de l'effectivité de ce qui est perçu. Cette corrélation entre l'affirmation de la transcendance des valeurs et le développement d'une théorie transcendantale de la connaissance, présente dès 1892, sera mise en avant par Rickert de manière beaucoup plus explicite dans les éditions postérieures du *Gegenstand der Erkenntnis* : le sous-titre de l'ouvrage deviendra dès la deuxième édition de 1904 « Introduction à la philosophie transcendantale ».

Après ce premier moment d'approfondissement de la philosophie windelbandienne de la validité, Rickert développe, à partir de 1894 et dans les quinze ans qui suivent, l'aspect proprement épistémologique des thèses de Windelband à travers une réflexion de fond sur l'articulation des différents domaines scientifiques. Animé par la volonté de répondre à la tendance à une autonomisation croissante des sciences de la nature et développant les acquis de sa *Théorie de la définition*, Rickert propose une épistémologie renouvelée des disciplines scientifiques, sur la base logique d'une théorie de la formation de concepts (*Begriffsbildung*) propre à chaque type de science. Les deux ouvrages les plus représentatifs de cet effort en vue d'une « logique des sciences de la culture » sont *Die Grenzen*

---

1. H. Rickert, *Der Gegenstand der Erkenntnis*, *op. cit.* ([1]1892), p. 84, cité par M. Ferrari, *op. cit.*, p. 74.
2. É. Dufour, *op. cit.*, p. 45.

der naturwissenschaftlichen Begriffsbildung [*Les limites de la formation de concepts dans les sciences de la nature*] et *Science de la culture et science de la nature*[1]. Parti de la distinction windelbandienne – elle-même héritée d'Otto Liebmann[2] – entre le procédé « nomothétique » des sciences de la nature et le procédé « idiographique » des sciences historiques, Rickert est conduit à en critiquer le caractère trop restrictif sur chacun des deux versants. D'une part, les sciences de la nature ne procèdent pas seulement en vue de la découverte de lois, mais plutôt en vue de la généralité, laquelle n'est pas nécessairement apriorique mais peut être également empirique[3]; d'autre part, cette distinction laisse échapper le caractère proprement scientifique ou logique de la science historique, laquelle, comme toute science, procède à une formation de *concepts* (et non de simples figures) dont il s'agit de rendre compte[4]. Il faut donc abandonner l'opposition du *nomos* et de l'*idios* en raison de son manque de rigueur logique, pour prendre en considération le but logico-théorique qui est celui de chacun des deux types de formation de concepts. La distinction doit dès lors passer entre deux manières d'opérer la *Begriffsbildung* à partir de la réalité en tant qu'unique matériau prélogique, à la fois continu et hétérogène : là où, mettant en œuvre une méthode *généralisante*, les sciences de la nature transforment ce matériau en un continu homogène, les sciences historiques en font, par une méthode *individualisante*, un discret hétérogène[5].

On peut mesurer l'intérêt de cette conception à l'aune de certaines de ses conséquences les plus remarquables, notamment dans la discussion qu'elle entretient avec la philosophie de Wilhelm Dilthey. Ce dernier

---

1. H. Rickert, *Die Grenzen der naturwissenschaftlichen Begriffsbildung*, Freiburg, J.C.B. Mohr (Paul Siebeck), [1]1896-1902, [2]1913, [3-4]1921, [5]1929; *Kulturwissenschaft und Naturwissenschaft*, Freiburg, Leipzig, Tübingen, J. C. B. Mohr (Paul Siebeck), [1]1899, [2]1910, [3]1915, [4-5]1921, [6-7]1926, trad. fr. par A.-H. Nicolas, *Science de la culture et science de la nature*, Paris, Gallimard, 1997.

2. *Cf.* E. W. Orth, Préface à H. Rickert, *Science de la culture et science de la nature*, *op. cit.*, p. XXVIII *sq.* On notera toutefois que cette filiation ne concerne que la formulation conceptuelle de cette distinction qui oppose le *nomos* et l'*idios*. Pour ce qui est du souci logique lui-même d'une distinction entre ces deux domaines de scientificité, Rickert propose lui-même une généalogie plus précise en renvoyant à Schopenhauer, Harms, Naville et Simmel (*Ibid.*, p. 87, note 1).

3. *Ibid.*, p. 87.

4. *Ibid.*, p. 112 *sq.*

5. *Ibid*, p. 60 *sq.*, et p. 88.

rassemble sous l'expression de « sciences de l'esprit » (*Geisteswissen-schaften*) l'ensemble des sciences qui n'ont pas la nature pour objet, de sorte que seule une psychologie intégralement renouvelée est à même d'en fonder la spécificité. Or, quel peut être le statut de la psychologie au sein de la distinction logique proposée par Rickert, fondée sur la prise en considération du but visé par chaque science ? Dans la mesure où la psychologie vise à exhiber des connexions légales entre des phénomènes psychiques, elle ne peut faire usage que de la méthode généralisante. Peu importe, donc, que son objet propre soit donné au sujet selon un mode spécifique ou selon une immédiateté *sui generis* (argument avancé respectivement par la psychologie intentionnelle et par la philosophie diltheyenne pour penser la spécificité des phénomènes psychiques), la psychologie doit *logiquement* être mise au compte des sciences de la nature[1]. Est-ce à dire que la théorie de Rickert reconduise un naturalisme de principe ? Non : il s'agit seulement de comprendre que la spécificité de l'esprit ne suffit pas à fonder l'« opposition principale »[2] entre deux domaines scientifiques, de sorte que cette opposition ne saurait passer entre nature et esprit mais bien plutôt, matériellement, entre nature et culture, et formellement entre nature et histoire. Culture et histoire n'étant donc respectivement que la matière et la forme de toute réalité non naturelle, c'est l'ensemble des *sciences historiques de la culture* qui s'oppose au tout des sciences de la nature[3].

Reste à comprendre comment cette réflexion épistémologique s'articule avec le contenu de la philosophie des valeurs transcendantes. Pour cela, il suffit d'indiquer que pour Rickert, d'une part, l'opposition entre sciences de la nature et sciences historiques de la culture coïncide avec l'opposition entre l'être insignifiant et incompréhensible, ou plutôt incompréhensible parce qu'insignifiant, et l'être compréhensible car signifiant, et d'autre part que compréhension et signification présupposent la mise « au premier plan » de l'idée de valeur[4]. C'est ainsi que, dans un second temps seulement, Rickert est conduit à distinguer les deux types de sciences à partir de leurs objets propres. La culture n'est pas constituée par l'ensemble des valeurs mais par l'ensemble des *biens*, c'est-à-dire des réalités effectives auxquelles des valeurs irréelles sont attachées, et qui sont

1. H. Rickert, *Die Grenzen...*, *op. cit.* (³⁴1921), p. 53 *sq.*, 62 *sq.*, 130 *sq.*
2. H. Rickert, *Science de la culture et science de la nature*, trad. cit., p. 33 *sq.*
3. *Ibid.*, p. 39.
4. *Ibid.*, p. 45. De manière générale, pour les lignes qui suivent, cf. *Ibid.*, p. 42 *sq.*

ainsi individués qualitativement par ces valeurs. Par opposition, l'objet des sciences de la nature est la chose ou l'ensemble des choses dépourvues de valeur, ce qui n'exclut évidemment pas qu'un même objet puisse être considéré alternativement comme une chose ou comme un bien. On ne confondra donc pas le fait que toute science, dans la mesure où elle vise la vérité, se rapporte au moins à une valeur et le fait que certaines sciences n'ont d'objets que déterminés par des valeurs; inversement, on ne s'appuiera pas sur la nécessaire qualification axiologique des objets des sciences de la culture pour affirmer que celles-ci prennent effectivement position par rapport à leurs objets. Pour prévenir cette dernière confusion, Rickert introduit la distinction entre jugement de valeur et rapport à la valeur (*Wertbeziehung*), distinction que Max Weber reprendra à son actif pour asseoir la neutralité axiologique des sciences historiques[1] : nécessairement référées à des valeurs, les sciences de la culture n'en sont pas pour autant des sciences en elles-mêmes axiologiques, car la valeur y est attachée à l'objet et non à l'acte du sujet connaissant[2].

Ces développements logiques et épistémologiques ainsi que leurs limites – qui tiennent notamment au fait que Rickert n'y envisage que deux types logiques purs qui s'entremêlent en fait constamment dans la pratique effective de toute science – sont probablement l'un des aspects les plus connus et des plus discutés de l'œuvre de Rickert; c'est pourquoi nous nous limiterons à ces indications encore générales. Nous retiendrons que l'élaboration des ces thèses épistémologiques, loin de ne former qu'une annexe aux considérations fondamentales sur la transcendance des valeurs, en accompagnent bien plutôt l'approfondissement régulier, ainsi qu'en témoigne la réédition du *Gegenstand der Erkenntnis* en 1904 à l'occasion de laquelle l'ouvrage est augmenté de six nouvelles sections et s'enrichit de perspectives et de problématiques nouvelles.

Cette dynamique sera confirmée dans les années suivantes, puisqu'à partir de 1909, notamment sous l'impulsion des critiques internes de son

1. *Cf.* M. Ferrari, *op. cit.*, p. 132 *sq.*
2. *Cf.* H. Rickert, *Science de la culture et science de la nature*, trad. cit., p. 125 : « Le procédé *qui se réfère aux valeurs*, s'il doit exprimer l'essence de l'histoire en tant que science théorique, doit donc être très strictement distingué du procédé évaluatif, et cela veut dire que les valeurs ne doivent entrer en compte pour l'histoire que dans la mesure où elles sont *de fait* évaluées par des sujets, et où certains objets sont donc *de fait* désignés comme biens. Par conséquent, même si l'histoire a affaire à des valeurs, elle n'est pourtant *pas une science évaluative*. Elle se contente au contraire de constater ce qui *est* ».

disciple Emil Lask et en constant dialogue avec lui[1], Rickert cherche à consolider sa doctrine des valeurs, en thématisant désormais la sphère purement idéale dans son irréductibilité au seul *Sollen*. En effet, la possibilité de résorber intégralement la sphère de la validité dans celle du devoir-être expose la philosophie des valeurs à l'objection selon laquelle, loin de garantir la pureté de la logique, cette philosophie la réduirait au rang d'une discipline pratique et normative. La défense de la philosophie des valeurs ne pourra dès lors prendre que deux formes. Elle devra passer tout d'abord par l'approfondissement de la distinction entre normativité du devoir être et validité transcendante des valeurs d'une part, et donnera lieu à la distinction critique de deux orientations de l'interrogation transcendantale : il sera ainsi montré non seulement qu'une orientation « objective » parvient à établir la transcendance des valeurs sans aucune référence à la normativité d'un devoir-être, mais également et surtout qu'une orientation « subjective » (celle de la « psychologie transcendantale » qui analyse le sens en tant que sens de l'*acte* de connaître) est justifiée à venir compléter la démarche purement objective de la logique transcendantale[2]. Mais ce premier moment ne suffit pas : il faudra, en second lieu, étudier la sphère des valeurs elle-même dans son idéalité propre, c'est-à-dire indépendamment de toute distinction entre une voie d'accès objective ou subjective au règne des valeurs constitutives de toute objectivité. C'est cette exigence d'une étude systématique de la sphère des valeurs, mise au service d'un approfondissement de la théorie transcendantale de la connaissance qui fournit le cadre des cinq premiers articles ici rassemblés et qui leur confère une unité philosophique. En eux s'affirment en effet l'ensemble des thèmes qui structurent la réflexion de Rickert en ces années, et dont le *System* de 1921 présente la thématisation détaillée.

Avant d'envisager ces thèmes pour eux-mêmes, il nous faut dire un mot du dernier article proposé dans ce recueil, les « Thèses pour le système de la philosophie ». Plus tardif et plus circonstanciel que les autres (il date de 1932 et est destiné à un *Lexique de la philosophie*), son titre semble inviter à considérer qu'il appartient au même ensemble que les articles précédents.

---

1. Nous renvoyons sur ce point à É. Dufour, *op. cit.*, p. 55-81, ainsi qu'à l'étude d'A. Dewalque, « Analyse noétique et analyse noématique », Introduction à H. Rickert, *Les deux voies de la théorie de la connaissance. 1909*, *op. cit.*, p. 26 *sq.*, 89 *sq.*

2. C'est là le nerf de l'argumentation de l'article de 1909 « Les deux voies de la théorie de la connaissance » (cf. *supra*, p. 14, note 1).

Mais le « système » en question ne coïncide pas exactement avec l'ouvrage de 1921. Il s'agit ici de ce système qu'est la philosophie elle-même en tant que science du tout – détermination par laquelle Rickert n'a jamais cessé de caractériser la philosophie par opposition aux sciences particulières. Aussi l'intérêt de ce texte est-il de condenser en quelques pages les articulations notionnelles et thématiques qui structurent son œuvre, en une sorte de regard rétrospectif englobant. Toutefois, ces pages témoignent simultanément d'un ultime développement de la pensée de Rickert, caractérisé notamment par une accentuation ontologique de la problématique d'ensemble de la philosophie transcendantale, dans le contexte d'une discussion des philosophies de Martin Heidegger et de Nicolai Hartmann, et dans la lignée de son ouvrage de 1930 intitulé *La Logique du prédicat et le problème de l'ontologie*[1]. Après la relativisation de l'identité entre valeur et devoir-être dans les années 10, ce dernier mouvement de la pensée rickertienne consacre en effet une évolution intervenue au début des années 20, par laquelle l'être n'est plus pensé par opposition à la validité, mais en un sens plus large selon lequel la validité est elle-même un mode d'être particulier. La doctrine de la valeur s'inscrit désormais dans une philosophie des différents types d'être, que Rickert caractérise ici par l'expression de « pluralisme ontologique »[2], et qui culmine dans l'édification d'une anthropologie philosophique, ainsi que viendront le confirmer deux ans plus tard les *Problèmes fondamentaux de la philosophie*[3]. Le sous-titre de cet ouvrage semble en effet déjà gouverner l'argumentation de l'article de 1932 : à la fois récapitulation et anticipation, ces « Thèses » s'élèvent de la méthodologie à l'anthropologie en passant par l'ontologie. Ces précisions étant introduites, nous pouvons à présent examiner les principaux thèmes qui structurent les cinq premiers articles de ce recueil.

1. H. Rickert, *Die Logik des Prädikats und das Problem der Ontologie*, Heidelberg, Carl Winters Universitätsbuchhandlung, 1930. Sur la problématique d'ensemble de cet ouvrage, sur sa portée polémique ainsi que sur la question de savoir s'il faut y voir ou non une rupture avec la philosophie du *Gegenstand der Erkenntnis*, on se reportera à l'article d'A. Dewalque, « L'Ontologie critique de Rickert », *Philosophie*, n° 87, automne 2005, p. 39-58.

2. *Cf.* « Thèses pour le système de la philosophie », *infra*, p. 267. A. Dewalque écrit à ce propos : « La question de la validité se trouve de ce fait réintégrée dans la problématique ontologique », art. cit., p. 43.

3. H. Rickert, *Grundprobleme der Philosophie. Methodologie, Ontologie, Anthropologie*, Tübingen, J. C. B. Mohr (Paul Siebeck), 1934.

ENJEUX D'UNE PHILOSOPHIE SYSTÉMATIQUE DES VALEURS

Par leur contenu comme par leur ton, ces articles peuvent être considérés comme formant dans leur ensemble une introduction générale à la philosophie critique des valeurs. On notera toutefois qu'ils ne semblent plus relever de la perspective qui fut celle de Rickert dans les deux premières éditions du *Gegenstand der Erkenntnis*, à savoir celle de la corrélation entre philosophie des valeurs et idéalisme transcendantal. À l'horizon de ces articles se trouve bien plutôt l'idée d'une philosophie systématique des valeurs, c'est-à-dire d'un système qui soit comme l'image de ce tout que Rickert désigne par le concept de *monde* et dont la philosophie, en tant que science théorique, doit rendre compte en en suivant les articulations fondamentales. Ce sont ainsi l'objet, la méthode, les résultats et la portée d'une telle philosophie critique des valeurs qui sont alternativement mis en lumière dans nos articles, de sorte que, sans jamais être remise en cause, la définition de cette philosophie systématique comme idéalisme transcendantal y reste toutefois au second plan.

L'ineffectivité des valeurs et la question du « troisième règne »

Nous avons déjà mentionné que le néokantisme de l'école de Heidelberg trouvait l'une de ses origines dans la philosophie de Lotze. Sans ici examiner cette dernière dans le détail, rappelons toutefois que son apport fondamental est la mise en lumière de la validité en tant que type irréductible d'effectivité, se distinguant notamment de l'être, lequel ne revient proprement qu'aux choses matérielles. Lotze écrit en effet en 1874, dans le troisième livre de sa *Logique* :

> nous appelons « effective » une chose qui est, par opposition à une autre qui n'est pas ; « effectif » aussi un événement, qui se produit ou qui s'est produit, par opposition à celui qui ne se produit pas ; « effective » une relation qui consiste (*besteht*) par opposition à celle qui ne consiste pas ; enfin, nous appelons « effectivement vraie » une proposition qui vaut (*gilt*) par opposition à celle dont la validité est encore en question [1].

---

1. H. Lotze, *Logik, Drittes Buch. Vom Erkennen*, Hamburg, Meiner, 1989, § 316, p. 510 ; trad. fr. par A. Dewalque, *Philosophie*, n° 91, 2006, p. 14. On se reportera au commentaire qu'en propose F. Dastur, « La logique de la "validité" (Husserl, Heidegger, Lotze) », *Kairos. Revue de philosophie*, Toulouse, PUM, n° 5, 1994, repris dans *La phénoménologie en questions. Langage, altérité, temporalité, finitude*, Paris, Vrin, 2004, p. 26 *sq*.

C'est ainsi au sein d'un concept large de l'effectivité qu'être et validité se distinguent mutuellement, (de même qu'ils se distinguent du « se produire » caractéristique de l'événement ainsi que de la « consistance » des relations en général), ce qui permet notamment à Lotze de situer sa propre pensée en rapport critique avec la philosophie platonicienne des Idées, qu'il interprète comme l'esquisse d'une philosophie de la validité comme telle. Or si le dégagement de la sphère de la validité est reconnu de manière unanime par les néokantiens de Heidelberg comme le mérite impérissable de la philosophie de Lotze, ils n'en divergent pas moins dans l'appréciation de cette philosophie et dans le rapport qu'ils entretiennent avec elle. Quelle est la position de Rickert?

Dans le premier article ici traduit, datant de 1910, Rickert se réapproprie de manière largement critique l'héritage lotzéen, en procédant à un réaménagement global de l'articulation entre validité et effectivité. Partant de l'opposition entre sujet et objet et des doctrines unilatérales que sont le subjectivisme et l'objectivisme, Rickert introduit le domaine de la validité en commençant par le soustraire à toute réduction subjectiviste ou objectiviste. Alors que le subjectivisme n'est autre qu'un psychologisme qui repose sur la confusion entre l'acte d'évaluation par lequel une valeur est liée à un objet et la valeur elle-même, l'objectivisme est caractérisé quant à lui par la confusion entre les valeurs et les objets évalués ou dotés de valeur; autrement dit, l'objectivisme confond les biens (les objets pourvus de valeur ou, comme dit Rickert, auxquels une valeur est attachée) et les valeurs elles-mêmes. Il apparaît en définitive que l'erreur de ces deux perspectives est identique : elle consiste à faire de la valeur quelque chose d'effectif, soit en tant qu'acte d'un sujet effectif, soit en tant qu'objet effectivement réel. Contre ces deux formes d'une même réduction, Rickert affirme l'ineffectivité de la sphère des valeurs, en un geste qui le démarque dès lors des thèses de Lotze. En montrant que l'opposition entre validité et être ne peut pas être pensée comme une opposition entre deux modes singuliers d'effectivité mais bien plutôt comme une opposition de la sphère de la validité à toute effectivité en général, Rickert ne procède pas seulement à un réaménagement du vocabulaire philosophique de Lotze, mais il surmonte l'opposition prétendument définitive du sujet et de l'objet et établit l'idéalité de la sphère des valeurs en libérant par là même l'être de sa réduction lotzéenne à la sphère de la réalité matérielle. Tout ce qui est effectif est; seules les valeurs ne sont pas mais valent. Une telle redistribution des rapports entre l'effectif et l'axiologique permet du coup à Rickert de se livrer à son tour à une appréciation de la philosophie platonicienne [1]. Comme Lotze, il peut considérer que Platon n'est pas parvenu à développer de manière satisfaisante son concept d'Idée ; mais l'erreur de Platon n'est pas, ainsi que Lotze le pensait, d'avoir considéré des effectivités axiologiques comme des effectivités ontologiques, ou d'avoir *réifié* les Idées, mais, plus généralement, de leur avoir attribué une effectivité alors qu'elles n'ont qu'une validité, d'avoir *réalisé* les Idées, pourrait-on dire. Mais l'opposition de l'effectivité et de la validité permet en outre à Rickert, et ce à travers même la lecture de Platon qu'elle rend possible, de défendre d'ores et déjà la philosophie des valeurs contre les objections qui lui viendront dès l'année suivante de sa propre école, en la personne de Lask.

C'est en effet en 1911 que ce dernier publie son étude sur *La logique de la philosophie et la doctrine des catégories*, dans laquelle il prend ses distances avec la philosophie des valeurs de Windelband et de Rickert, en remettant notamment en cause le primat du jugement sur les catégories [2]. Il revient pour ce faire sur les thèses de Lotze et sur l'interprétation de Platon qui les accompagne. Tout en accordant que Platon a effectivement anticipé, avec sa doctrine des Idées, le principe d'une philosophie de la validité, Lask refuse également d'interpréter l'« erreur » platonicienne en termes de réification de la sphère de la validité, mais ce refus procède d'un autre diagnostic que celui de Rickert. S'il y a bien une hypostase de la validité chez Platon, elle consiste en une confusion qui découle elle-même de « la profonde intrication des sphères du *supra*-réel et du non-réel » : « L'erreur commise lors de cette hypostase c'est de confondre le non-sensible valide et le suprasensible métaphysique » [3]. De sorte que, d'après Lask, le mérite de la philosophie de Lotze consiste précisément, malgré son interprétation erronée de la philosophie platonicienne, dans le dégagement de la sphère de la validité dans sa spécificité, c'est-à-dire sans la confondre avec le monde suprasensible ou métaphysique : « Ce fut, tout récemment, la réussite décisive de Lotze que d'avoir découvert, à côté des modalités de l'étant et

---

1. *Cf.* « Le concept de la philosophie », *infra*, p. 73 *sq.*

2. Voir sur ce point É. Dufour, *op. cit.*, p. 54 *sq.*

3. E. Lask, *La logique de la philosophie et la doctrine des catégories. Étude sur la forme logique et sa souveraineté*, trad. fr. par J.-F. Courtine, M. de Launay, D. Pradelle et P. Quesne, resp. p. 40 et 41. Pour une analyse plus détaillée de la conception laskienne de la logique de la validité, notamment dans son rapport avec les phénoménologies de Husserl et de Heidegger, on lira l'article de F. Dastur, « La problématique catégoriale dans la tradition néokantienne (Lotze, Rickert, Lask) », *Revue de métaphysique et de morale*, 1998, n° 3, p. 394 *sq.*

du *supra*-étant, le valoir comme un domaine tiers, et ainsi – du moins implicitement – d'avoir rendue patente l'archaïque dualité, sensible/ suprasensible, de toute l'ancienne théorie des deux mondes » [1]. Le « valoir » est donc pour Lask, comme pour Rickert, une sphère de non-réalité ; mais, pour Lask, cette sphère constitue, selon l'expression consacrée à l'époque, un « troisième règne » [2] dont la fonction est de rendre insuffisante l'opposition antique entre sensible et intelligible et de fonder la logique de la connaissance sur l'opposition entre l'étant et le non-étant, le « valant » n'étant dès lors qu'un mode représentatif du non-étant en général. Or il est remarquable que la conception rickertienne de la validité comme sphère de l'ineffectivité soit précisément corrélée à la détermination d'un « troisième règne », mais dans une perspective tout à fait distincte de celle de Lask : pour Rickert, le règne des valeurs *ne constitue pas* à proprement parler ce troisième règne, bien qu'une doctrine de la valeur ne soit pas pensable sans lui. Comment le comprendre ?

Dans la mesure où la sphère des valeurs s'oppose à celle de l'être compris comme effectivité, elle constitue un deuxième règne, et à vrai dire le seul autre règne opposable à l'être en général. Dans les termes de Rickert : valeur et être effectif forment une alternative hétérologique, qui exclut par principe la possibilité d'un troisième règne. Or la mise au jour de la validité comme règne alternatif en opposition à l'effectivité subjective et objective ne saurait épuiser la tâche de la philosophie : dans la mesure où celle-ci doit rendre raison de l'unité du tout, elle ne peut se restreindre à n'être qu'une doctrine de la valeur. Elle doit aussi et surtout se confronter au problème de la composition des deux membres de l'alternative, à la tâche de fonder en raison cette unité des deux règnes fondamentaux dont la possibilité est attestée *de facto* par l'existence de *biens* culturels, c'est-à-dire d'effectivités objectives pourvues de valeur. Si pour cela un troisième règne doit être déterminé, ce ne pourra donc être qu'à titre de règne intermédiaire et non comme règne supplémentaire. Ainsi, non seulement le troisième règne n'est pas, chez Rickert, le règne de la validité lui-même, mais il n'est pas non plus à proprement parler un règne au sens où la validité

---

1. E. Lask, *op. cit.*, p. 41.

2. *Ibidem.*, Lask parle en effet d'un « domaine tiers ». Sur cette expression elle-même et ses usages, *cf.* « Le concept de la philosophie », *infra*, p. 72-73 note 3.

ou l'effectivité le sont[1]. La détermination de ce règne intermédiaire au sein duquel valeur et effectivité s'articulent exige quant à elle un retour sur l'acte par lequel un sujet attribue une valeur à une effectivité afin de saisir cet acte pour ainsi dire « sur le fait », en-deçà de son possible traitement psychologique objectivant, dans son dynamisme pré-effectif. Il s'agit moins, dès lors, d'un acte à proprement parler que d'un « vécu d'acte », d'une « amorce » de conceptualisation – autant d'expressions aporétiques par lesquelles Rickert cherche à identifier ce troisième règne. Celui-ci sera finalement conçu comme règne du *sens*, dans la mesure où « le sens de l'acte ou de l'évaluation n'est ni son être psychique ni la valeur, mais la signification, inhérente à l'acte, *pour* la valeur – et, dans cette mesure, la liaison et l'unité des deux règnes »[2]. Quelle est la portée de cette détermination des rapports entre effectivité, validité et sens?

Dans le contexte de la discussion avec Lask à propos des tâches d'une philosophie des valeurs, ces analyses de Rickert prolongent l'article de 1909 sur les « deux voies de la théorie de la connaissance » et répondent par avance à la *Logique de la philosophie* de Lask. Il s'agit en effet pour Rickert de fonder la légitimité et la nécessité d'un accès subjectif, fondé sur le sens de l'acte judicatif, à la sphère des valeurs transcendantes, et de réaffirmer par là le primat d'une logique du jugement, en tant qu'elle ne peut se passer d'une référence à un sujet qui juge, sur une logique objective strictement catégoriale, sans référence à un sujet constituant, comme celle que cherche à édifier Lask[3]. La définition de la philosophie comme « interprétation du

---

1. On remarquera que les formules de Rickert entretiennent malgré tout une certaine ambiguïté : tantôt le troisième règne est présenté avec un statut qui les distingue des deux précédents (*Ibid.*, p. 76), tantôt il est nommé à la suite de ceux-ci sans aucune rupture apparente (p. 81 et 89). On rencontrerait donc, avec l'union de l'effectivité et de la validité chez Rickert, une difficulté analogue à celle de l'union de l'âme et du corps chez Descartes qui, pour être union de substances, n'est pas pour autant elle-même substantielle.

2. Cf. *Ibid.*, p. 80. Voir également p. 81 : « le sens propre à l'acte d'évaluer n'est pas un être psychique, mais il renvoie par-dessus celui-ci aux valeurs. Mais, d'un autre côté, il n'est pas non plus une valeur, car il ne fait que renvoyer aux valeurs. En tant que troisième règne, il rattache finalement l'un à l'autre les deux autres règnes dissociés précisément en vertu de sa position intermédiaire ». Précisons que dans les années 30, lorsque Rickert infléchira son interrogation selon une orientation ontologique, ce règne pré-effectif du sens sera « ontologisé » et conçu comme le domaine de l'être prophysique qui s'oppose au monde de l'expérience des objets, lequel se divise ensuite en un monde de l'être effectif et un monde de la validité ineffective (*cf.* « Thèses pour le système de la philosophie », *infra*, p. 268).

3. Principalement dans *Die Lehre vom Urteil* [*La Doctrine du jugement*], Tübingen, J. C. B. Mohr (Paul Siebeck), 1912, rééd. in *Gesammelte Schriften*, t. II, J. C. B. Mohr, 1924,

sens » de l'acte judicatif doit ainsi être corrélée à ce que Rickert nommait en 1909 la voie de la psychologie transcendantale, et qui forme comme un moment phénoménologique au sein du néokantisme de Heidelberg. L'opposition avec Lask s'inscrit donc par là même dans la question plus large de la définition de la philosophie des valeurs comme idéalisme transcendantal et de ses difficultés. On voit en effet que la conception rickertienne de la philosophie transcendantale comme interprétation du sens est une conséquence directe de la réciprocité fondamentale entre objet de la connaissance et connaissance de l'objet, affirmée par Rickert à la suite de Windelband, et qui prévient la philosophie des valeurs de sa déformation en un réalisme transcendantal : si les valeurs constituent bien l'objet de la connaissance au sens d'une transcendance qui fonde la validité des jugements de connaissance, elles sont indissociables du jugement dans l'acte duquel elles sont articulées à l'effectivité. L'idéalisme transcendantal est ainsi défini par cette réciprocité des points de vue subjectif et objectif ; mais ils faut toutefois ajouter que cette réciprocité repose elle-même sur la présupposition fondamentale d'une subjectivité pré-effective constituante, qui semble compromettre la pensée d'une valeur authentiquement transcendante. Il y a là une tension manifeste entre validité transcendante et subjectivité transcendantale, qui constitue la difficulté intrinsèque du néokantisme heidelbergien « orthodoxe » de Windelband et de Rickert, telle que Lask a contribué à la faire éclater au grand jour, et qu'on peut formuler en citant ici É. Dufour : « comment fonder cette transcendance [des valeurs] sans montrer que la condition ultime de la vérité du jugement se trouve dans une valeur véritablement transcendante, c'est-à-dire inscrite dans l'être lui-même et pour cette raison exempte d'opposition ? La valeur rickertienne [...] reste dépendante d'une subjectivité qui la constitue comme telle – et, du coup, on voit mal comment cette valeur subjective peut fonder la possibilité d'une connaissance »[1]. L'articulation rickertienne de l'effectivité, de la validité et du sens est-elle donc de part en part aporétique ? Non, car si Rickert définit la philosophie comme « interprétation du sens », c'est-à-dire s'il la comprend comme élucidation systématique de l'articulation de l'effectivité et de la valeur, c'est aussi qu'il refuse de réduire la tâche de la philosophie à la seule édification théorique d'une

---

p. 283-463. On trouvera un commentaire introductif à cette doctrine par M. de Launay, « La théorie du jugement chez Lask », *Philosophie*, n° 74, 2002, p. 58-74.

1. É. Dufour, *op. cit.*, p. 62.

logique de l'ineffectivité, soucieux qu'il est de la corrélation de la philosophie et du problème de la vision du monde. La philosophie doit répondre à la question du sens de la vie dans le monde. C'est pour cette raison que loin de s'épuiser en une doctrine pure de la valeur, mais tout aussi loin de se réduire à une théorie de la connaissance, c'est-à-dire à une doctrine de l'explication du monde, la philosophie ne peut parvenir à répondre à cette question ultime que si elle ne se dégrade pas à son tour en une vision de monde particulière mais si, au contraire, elle se fait interprétation de la vie effective à partir de valeurs transcendantes, c'est-à-dire doctrine de la vision du monde (*Weltanschauungslehre*).

Nous nous contentons ici d'indiquer cette signification positive de la définition de la philosophie comme interprétation du sens, car avant de l'approfondir, il faut préciser que c'est seulement en tant que système que la philosophie est à même, pour Rickert, de remplir cette tâche ultime.

Système ouvert et hétérothèse

Rappelons tout d'abord qu'en héritier conséquent de la philosophie kantienne et de l'idéalisme allemand, Rickert réaffirme la double exigence selon laquelle la philosophie ne peut se concevoir que comme science, et que comme science systématique. Il faut d'emblée préciser que la nécessité de cette systématicité n'est pas imposée de l'extérieur et formellement à la philosophie mais qu'elle découle tout simplement pour Rickert de la tâche qui est la sienne. Si la philosophie ne se distingue en effet des sciences particulières qu'en tant qu'elle est pour sa part la science du tout du monde, « elle ne peut saisir le monde en totalité que si elle s'organise elle-même en un tout structuré, c'est-à-dire en un système cohérent de concepts et de jugements »[1]. Cette forme systématique est ainsi ce qui soustrait la philosophie à la particularité et à la diversité indéfinie des visions du monde historiques. Une telle exigence de systématicité semble toutefois singulièrement problématique dans le cas d'une philosophie qui se définit par ailleurs de manière générale comme philosophie des valeurs. Si en effet, comme nous l'avons vu, les valeurs constituent bien une sphère autonome

---

1. A. Dewalque, « Heidegger, Rickert, Nietzsche et la philosophie de la vie : sur le problème de la formation des concepts en philosophie », texte disponible sur Internet : http://www.pheno.ulg.ac.be/Arnaud_Dewalque_Conference_Messkirch_29_5_2004.pdf, p. 5.

d'ineffectivité, leur signification philosophique provient toutefois de leur liaison avec des effectivités objectives qu'on nomme dès lors des « biens », et qui sont par définition des objectivités historico-culturelles. Autrement dit, et c'est là une thèse caractéristique du néokantisme heidelbergien, c'est l'histoire dans sa diversité infinie qui constitue le champ d'investigation de la philosophie des valeurs. Le problème inhérent à l'idée d'une philosophie systématique des valeurs apparaît ainsi dans toute son acuité : si « un système est quelque chose d'achevé, qui est parvenu à un terme »[1], alors son rapport nécessaire au champ historique semble interdire par principe à la philosophie des valeurs toute possibilité de systématicité prise en ce sens, ou du moins la condamner – dans la mesure où le système doit être « à l'image » de ce tout que la philosophie doit s'efforcer de concevoir – à l'aporie d'un « système ouvert ».

Pour donner un sens et un contenu à cette idée d'une totalité systématique ouverte, Rickert s'emploie dans un premier temps à dissiper la contradiction qui paraît s'y trouver. Il s'agit de concilier les deux déterminations selon lesquelles la philosophie doit avoir pour objet des valeurs dont la validité est par définition *supra*-historique et pour champ d'investigation (ou pour matériau) l'histoire elle-même dans son ouverture et sa variabilité essentielles. En d'autres termes cette conciliation doit montrer qu'un système des valeurs « peut reposer sur des facteurs qui, tout en surplombant toute histoire, n'entrent pas pour autant en conflit avec elle »[2]. Or cela implique de reconnaître que la complétude, au sens de la clôture matérielle, ne peut plus jouer le rôle de critère de la systématicité, parce qu'elle n'a tout simplement aucun sens lorsque le matériau est historique. Seule une complétude formelle, au sens d'un dénombrement exhaustif des facteurs *supra*-historiques du système, est encore de mise dans ce contexte, avec cette restriction qu'il s'agit avec elle d'une condition nécessaire mais non suffisante de la systématicité. Que manque-t-il à cette complétude

---

1. H. Rickert, « Le système des valeurs », *infra*, p. 133.

2. *Ibid.*, p. 136. *Cf.* également la formulation du problème dans le premier article, *infra*, p. 71 *sq.* : « C'est donc au contact du matériau historique que la philosophie doit porter à sa propre conscience les valeurs en tant que valeurs. Ce n'est que lorsque cela s'est produit qu'elle peut se consacrer à la tâche de délimiter les différentes espèces de valeurs les unes par rapport aux autres, de concevoir chacune d'entre elles dans son caractère propre et de déterminer les rapports dans lesquels elles se tiennent les unes relativement aux autres, pour parvenir finalement sur cette voie à un système des valeurs, pour autant que c'est possible en utilisant un matériau historique et, par suite, nécessairement non clos ».

formelle pour signifier la systématicité ouverte? La réponse de Rickert fournit en même temps la clé de l'édification d'un système des valeurs : c'est l'ordre hiérarchique des facteurs (par opposition à leur simple juxtaposition), ou encore leur articulation avec un principe, qui fait de leur complétude une systématicité. Seulement, la mise au jour d'une hiérarchie au sein des valeurs, leur évaluation comparative, implique la prise en considération des conditions de leur rattachement à des biens culturels, dans la mesure où, considérées en elles-mêmes, les valeurs s'équivalent toutes. La hiérarchie des valeurs est dès lors celle « des degrés de [leur] réalisation effective »[1], et elle est, comme telle, absolument nécessaire. De sorte que, la philosophie des valeurs reliant de manière interprétative l'effectivité et la validité ineffective, sa systématicité prendra finalement la forme de la conjonction de deux ordres : l'ordre hiérarchique des valeurs transcendantes et l'ordre typologique des biens culturels que l'histoire présente *de facto*, dans une ouverture essentielle. Cette conjonction conduit dès lors à distinguer des domaines axiologiques fondamentaux et hiérarchisés dans lesquels toutes les valeurs viennent se ranger, indépendamment de la question de savoir si ces valeurs ont déjà été réalisées historiquement : par-delà tout formalisme, le système est à la fois formellement clos et matériellement ouvert.

À cette conception singulière de la systématicité de la philosophie des valeurs est intrinsèquement articulée la mise en œuvre d'un principe déterminant de la philosophie rickertienne dont il nous faut à présent dire un mot, l'hétérothèse[2]. Il s'agit là du principe général selon lequel toute connaissance procède de la position d'une dualité. L'une des illustrations les plus fameuses de ce principe est pour Rickert la thèse kantienne de la nécessaire dualité des concepts et des intuitions[3]. Mais ce principe signifie aussi que certains concepts n'ont eux-mêmes de sens qu'au sein de la

---

1. *Ibid.*, p. 139.

2. Ce principe trouve sa première formulation explicite dans un article de 1912 intitulé « Das Eine, die Einheit und die Eins », in *Logos. Internationale Zeitschrift für Philosophie der Kultur*, II, 1911-12, p. 26-78. Pour un commentaire du rôle de ce principe dans le contexte de l'article de 1909 sur « Les deux voies de la théorie de la connaissance », *cf.* A. Dewalque, « Analyse noétique et analyse noématique », *op. cit.*, p. 96 *sq.*

3. Cette dualité est exprimée par Kant dans la formule célèbre de l'introduction de la « Logique transcendantale » de la *Critique de la raison pure* : « des pensées sans contenu sont vides, des intuitions sans concepts sont aveugles », A51 / B75, trad. fr. par A. Renaut, Paris, Aubier, 1997, p. 144.

relation qui les unit à d'autres concepts, qu'en tant que membre d'un couple conceptuel. Rickert écrit ainsi dans le cinquième article ici traduit :

> bien des concepts perdent tout sens si on ne les pense pas en connexion avec d'autres concepts. Le premier exige l'autre comme complément nécessaire et seul le tout procédant des deux est véritablement pensable. Sans doute pouvons-nous séparer conceptuellement le premier membre d'une telle corrélation de l'autre membre, mais nous devons alors du même coup nous *rapporter* à l'autre, parce que, sans cela, la séparation conceptuelle ne serait pas du tout possible. De tels concepts sont généralement les membres d'une alternative et constituent ensemble une totalité dans laquelle ni l'un ni l'autre ne peut manquer [1].

Dans de tels couples conceptuels, c'est donc la relation entre les concepts qui prime sur les concepts eux-mêmes, de sorte qu'aucun des deux concepts ne prime sur l'autre et que toute considération de l'un de ces concepts indépendamment de l'alternative qu'il constitue avec l'autre est vouée à la vacuité de l'abstraction. Il faut insister en outre sur le fait que ce principe d'hétérothèse ne saurait être confondu avec une relation dialectique entre thèse et antithèse. En effet, si toute alternative hétérologique exclut par définition un troisième terme et si elle garantit par conséquent qu'une totalité pensable est donnée en elle, il serait tentant de voir dans le principe d'hétérothèse un héritage « désontologisé » de la dialectique hégélienne. Or Rickert est on ne peut plus clair : « la philosophie doit [...] procéder de manière hétérologique. Sa méthode est apparentée à la méthode "dialectique" (au sens de Hegel) et doit malgré tout en être nettement séparée. La *négation* de la thèse, ou l'"antithèse", ne suffit pas. Il s'agit, avec l'hétérothèse, d'une *ad-jonction positive* à la thèse » [2]. Autrement dit, l'autre de la thèse n'est pas, comme dans la dialectique hégélienne, l'auto-aliénation de la thèse ou encore le devenir autre à soi de la thèse elle-même ; l'autre de la thèse est bien autre que cette thèse, c'est une autre thèse, venant ajouter quelque chose à la première qui est étranger à celle-ci mais qui est toutefois requis et comme impliqué par elle. Le principe d'hétérothèse doit ainsi être tout autant distingué d'un procès dialectique intérieur à la thèse que d'un ajout extérieur à elle – double distinction rendue possible par la priorité de la relation sur les termes relatifs. Dans une alternative hétéro-

---

1. H. Rickert, « Le commencement de la philosophie », *infra*, p. 233.
2. H. Rickert, « Thèses... », *infra*, p. 266.

logique, l'altérité est une autre identité, complément à la fois nécessaire et positif de la première.

On comprend dès lors dans quelle mesure la question de la systématicité est intrinsèquement liée à la mise en œuvre du principe d'hétérothèse : inscrivant le tout dans une relation non dialectique entre le même et l'autre (dans une alternative), ce principe constitue pour Rickert le critère général de la totalité pensable, et c'est à ce titre qu'il s'articule à la question de la systématicité. À partir de là, il est possible d'indiquer rapidement trois niveaux où ce principe intervient de manière déterminante dans nos textes, correspondant à trois niveaux distincts de totalisation systématique. Le premier niveau est celui de la détermination la plus générale de la philosophie en tant que science du tout. En effet, ce tout n'est pas et ne peut pas être envisagé directement, à travers un concept qui en épuiserait les déterminations. Saisir conceptuellement le tout ne sera donc possible qu'à travers des alternatives conceptuelles excluant par définition tout concept tiers : la philosophie ne sera pas tant un système du monde qu'« un système d'*alternatives du monde* dont les membres, pris ensemble, englobent le tout du monde et garantissent ainsi à la pensée son universalité »[1]. C'est le caractère véritablement « alternatif » des oppositions conceptuelles qu'une pensée met en œuvre qui garantira son aptitude à saisir le tout. Ainsi l'opposition du sujet et de l'objet ne constitue-t-elle pas une alternative susceptible de définir la philosophie comme science du tout du monde car, comme nous l'avons vu, sujet et objet relèvent d'un même domaine, celui de l'effectivité. Cette opposition est bien plutôt englobée par une opposition plus large, constituant pour sa part une alternative satisfaisante : celle de l'effectivité et de la validité. Une philosophie qui en resterait à l'opposition du sujet et de l'objet ne saisirait donc pas le tout du monde dans la mesure où elle serait incapable de rendre compte de l'ineffectivité constitutive du règne de la validité – quand bien même l'opposition du sujet et de l'objet forme par ailleurs une authentique alternative au sein du règne de l'effectivité[2].

---

1. *Ibid.*
2. À travers ce premier exemple, on peut remarquer que si elle est étrangère à la dialectique spéculative hégélienne, la méthode hétérothétique semble étonnamment proche de la dialectique au sens platonicien du terme. De fait, il est possible de présenter le principe rickertien d'hétérothèse comme un procédé apparenté à la méthode platonicienne de *la division* telle qu'elle est mise en œuvre par exemple dans le *Sophiste* ou dans le *Politique*.

Le deuxième niveau d'application du principe d'hétérothèse intervient dans l'édification de cette totalité ouverte qu'est le système des valeurs lui-même, au cœur de l'article intitulé « Le système des valeurs ». Nous avons vu que le système s'édifiait à partir de la conjonction de l'ordre hiérarchique des valeurs et de l'ordre typologique des biens ; dans chacun des deux cas, c'est une alternative hétérologique qui est au principe de la répartition. Ainsi la hiérarchie des valeurs est-elle déterminée par la manière dont se différencie une même tendance subjective au plein achèvement systématique, en fonction de l'opposition du tout et des parties : Rickert distingue en effet les domaines de la totalité in-achevée, de la particularité pleinement-achevée et de la totalité pleinement-achevée. Or cette tripartition peut être ramenée à l'alternative hétérologique de l'immanence (deux premiers termes) et de la transcendance (dernier terme). D'un autre côté, c'est l'alternative hétérologique de la contemplation et de l'activité (redoublée par l'opposition entre chose et personne, puis entre caractère social et caractère asocial) qui permet d'ordonner les différents types de biens culturels. La conjonction des deux ordres consiste dès lors à déployer les trois stades du plein achèvement sur chacun des deux versants alternatifs de la contemplation et de l'activité. Il en résulte six domaines axiologiques présentés selon un axe de symétrie hétérologique : la tendance à l'achèvement s'accomplit contemplativement à travers la science, l'art et la religion panthéiste, alors que du côté actif elle s'accomplit à travers la vie

Comme on le sait en effet, cette division est dichotomique, c'est-à-dire qu'elle consiste à découper chaque genre en deux espèces, lesquelles doivent dès lors épuiser exhaustivement le genre qu'elles divisent tout en étant exclusives l'une de l'autre ; sans être nécessairement opposées, ces deux espèces n'en forment donc pas moins une alternative. De même, pour Rickert, l'alternative hétérologique est une manière de diviser exhaustivement un tout (*cf.* « Le système des valeurs », *infra*, p. 145 *sq.*). Mais l'hétérothèse rickertienne se présente aussi parfois comme le procédé inverse, celui que Platon appelle *le rassemblement*, et qui est à la fois symétrique et complémentaire de la division (cf. *Phèdre*, 265 e-266b, et M. Dixsaut, *Métamorphoses de la dialectique dans les dialogues de Platon*, Paris, Vrin, 2001, p. 127 *sq.*). En effet, alors que la division n'est qu'un procédé analytique de spécification au sein d'un tout générique, l'alternative hétérologique est également pour Rickert, ainsi qu'on le voit ici, une méthode constructive de composition du tout à partir de l'alternative. Dans cette perspective, division et hétérothèse sont exposées à des erreurs symétriques et inverses : alors que la division doit toujours se garder de prendre une partie pour l'espèce (voir le *Politique*, 262a-264b), l'hétérothèse doit veiller pour sa part à ne pas prendre un ensemble pour le tout. Ces remarques, qui ne peuvent que suggérer une mise en perspective, conduisent donc à situer le principe d'hétérothèse au point d'articulation de la division et du rassemblement ou, en termes plus modernes, de l'analyse et de la synthèse.

socio-éthique, la vie éthique personnelle et la religion théiste. L'hétéro-thèse est donc le principe architectonique du système des valeurs.

Il nous faut enfin mentionner un dernier niveau d'application de ce principe. Rickert le met de fait en œuvre dans la détermination du premier terme du système, autrement dit à son commencement. Le premier terme du système du tout du monde doit lui aussi être un tout, le tout du donné immédiat, et le problème du commencement est dès lors celui de « la liaison de l'immédiateté et de la totalité »[1] en un terme inaugural. C'est l'applica-tion du principe d'hétérothèse qui permet une telle liaison, et c'est à travers des alternatives hétérologiques que ce tout du commencement doit être saisi. Ainsi que le montre le cinquième article présenté ici, l'alternative fondamentale est celle du moi et du non-moi, en un sens approfondi. En effet, si le commencement ne peut être que le tout de ce qui est immédia-tement donné, et si un donné n'a pas de sens sans un sujet auquel il est donné, le commencement véritable ne peut être pensé que comme ce moi non-donné, présupposé par tout donné immédiat. Mais puisque le moi n'est pas pensable en dehors de l'hétérothèse d'un non-moi, il n'est pas séparable de ce non-moi qui lui appartient en propre et qui n'est rien d'autre que ce qui lui est immédiatement donné. Rickert parlera ainsi du donné en termes de non-moi immanent par opposition au non-moi transcendant, lequel renvoie à tout ce qui excède la sphère du commencement immédiat. C'est dans l'ensemble formé par le moi pur et son non-moi immanent que se lient immédiateté et totalité, de sorte que, de manière quelque peu surprenante mais parfaitement cohérente, Rickert désigne ce premier terme du système comme un « monde » et parle du moi qui est au commencement du système comme d'un « monde égoïque »[2]. Puisqu'il constitue lui-même une telle totalité, le commencement peut par suite être déterminé plus précisément par une série d'alternatives reposant sur le fait qu'il ne s'agit pas ici d'un moi individuel mais d'un moi pur formel, c'est-à-dire d'un moi imperson-nel. Retrouvant la série d'alternatives que nous avons mentionnée plus haut, Rickert peut ainsi avancer que le moi pur, en tant que monde égoïque du commencement, est une totalité contemplative. Mais la conséquence la plus profonde de la détermination hétérologique du commencement

1. H. Rickert, « Le commencement de la philosophie », *infra*, p. 227.
2. On peut ainsi extraire de ces indications une définition du concept rickertien de monde : un monde est une totalité hétérologique, et toute totalité, dans la mesure où elle peut être saisie à travers des alternatives hétérologiques, peut être appelée un monde.

systématique de la philosophie est sans aucun doute le fait qu'il est affirmé par là que la philosophie repose tout entière sur une dualité fondamentale : « nous devons commencer le système par une *dualité*, parce qu'il n'est pas possible de penser quelque chose comme donné immédiatement sans le rapporter par là même à un moi ou à un sujet non donné », écrit Rickert[1]. Dualité paradoxale puisqu'il s'agit en même temps de l'unité d'un monde, mais dualité fondamentale qui traverse tout le système de la philosophie sous la forme de la dualité entre intuition et concept. Si le donné immédiat est l'objet d'une intuition et si, d'un autre côté, il présuppose un moi non donné, c'est bien que le commencement échappe par principe à toute philosophie strictement intuitive et que, plus radicalement, l'intuitionnisme est incapable de fonder la philosophie. L'hétérologie est la méthode d'une philosophie radicalement dualiste, et il y a donc, dans la thèse qui affirme que le commencement est un monde égoïque, l'affirmation complémentaire du caractère nécessairement construit de ce commencement, qui signifie en même temps une critique principielle de tout monisme de l'intuition. Or, sous la plume de Rickert, cette critique s'inscrit dans un cadre plus vaste que nous voudrions évoquer à présent, avant d'en venir enfin à la question de l'articulation de la philosophie et de la vision du monde.

Critique de la « philosophie de la vie »

Dès le début des années 10 en effet, Rickert se montre sensible à l'un des traits caractéristiques de la situation philosophique de son époque, à savoir sa tendance à un certain irrationalisme s'exprimant dans le recours toujours plus fréquent à la notion de « vie ». Le deuxième article ici traduit, datant de 1912, témoigne de cet intérêt critique et jette les bases de ce qui deviendra, huit ans plus tard, une critique englobante de la philosophie de la vie[2]. Il faut ainsi retenir que ce que nous désignons par l'expression de « philosophie de la vie » (*Lebensphilosophie*) n'est pas intégralement reconducti-

---

1. H. Rickert, « Le commencement de la philosophie », *infra*, p. 247.
2. Cette critique sera en effet exposée par Rickert en 1920 dans le célèbre ouvrage *Die Philosophie des Lebens. Darstellung und Kritik der philosophischen Modeströmungen unserer Zeit*, [*La philosophie de la vie. Exposition et critique des courants philosophiques à la mode à notre époque*], Tübingen, J. C. B. Mohr (Paul Siebeck). On rappellera que cet ouvrage est conçu à l'origine par Rickert comme un chapitre du *System der Philosophie*, et que sa fonction est celle d'une préparation critique à la réalisation de la philosophie des valeurs.

ble au premier conflit mondial et à son issue dramatique pour l'Allemagne : ces événements ont plutôt contribué à radicaliser et à approfondir certaines tendances intellectuelles déjà effectives avant la guerre.

Les perspectives de l'article de 1912 sont assurément moins vastes que celles de l'entreprise critique de 1920, dans la mesure notamment où cet article ne considère la philosophie de la vie que pour autant qu'elle se formule comme un biologisme. Autrement dit, et dans les termes de l'ouvrage de 1920, l'article de 1912 se restreint au caractère spécial de cet ensemble de pensées à la mode, et ignore son «orientation la plus englobante», celle qui lui vaut le nom de «philosophie *intuitive* de la vie »[1]. Rickert écrit en effet dans notre article que «le caractère de la philosophie à la mode à notre époque, en tout cas pour autant qu'elle élève la prétention à être une science, est celui d'un *biologisme* naturaliste »[2]. Mais cette restriction, comme le fait clairement entendre la concession, n'est que le corrélat de la volonté de répondre à l'exigence d'une discussion *logique* de la philosophie à la mode, en la ramenant à une position théorique identifiable conceptuellement. Il va de soi qu'en procédant de la sorte, Rickert fait précisément de cette philosophie ce qu'elle ne veut pas être, à savoir une théorie philosophique ; mais d'un autre côté, il prend ainsi la *philosophie* de la vie au sérieux en refusant de n'y voir qu'une opinion infondée ou un préjugé répandu, et il n'est pas anodin qu'un tel souci chez son contradicteur suffise à mettre la philosophie de la vie en contradiction avec elle-même. En tant que philosophie, la philosophie de la vie se laisse donc reconduire à un biologisme, lequel peut dès lors être présenté sous la forme d'une thèse axiologique :

> le trait particulièrement caractéristique du biologisme moderne est le suivant : il ne voit pas seulement dans la vie l'être véritablement réel, mais le bien de tous les biens, qui porte seul les valeurs qui valent véritablement. Toutes les valeurs doivent donc se révéler fondamentalement des *valeurs de vie*, c'est-à-dire des valeurs qui sont attachées à la vie simplement parce qu'elle est vie[3].

L'intérêt de la démarche de l'article de 1912 est donc de placer d'emblée la confrontation avec la philosophie de la vie sur le terrain d'une

---

1. H. Rickert, *Die Philosophie des Lebens*, *op. cit.*, p. 36.
2. H. Rickert, « Valeurs de vie et valeurs de culture », *infra*, p. 93 *sq.*
3. *Ibid.*, p. 94.

réflexion sur les valeurs, quel que soit, par ailleurs, l'éloignement « de principe » de cette philosophie par rapport à toute réflexion théorique sur les valeurs et la validité. En tant qu'elle prétend énoncer quelque chose du sens de l'existence humaine, la philosophie de la vie implique, malgré elle peut-être, la sphère de la validité. La question directrice qui anime la réflexion de Rickert en ces années est donc double : est-il légitime, d'une part, de faire reposer l'ensemble des valeurs culturelles sur la vie selon sa détermination biologique ? D'autre part et plus largement : la vie constitue-t-elle en elle-même une valeur ? On ne saurait bien entendu suivre ici le détail de l'argumentation de Rickert dans ces pages si riches, mais l'attention se portera sur ce qui se présente comme son foyer et qui commande la réponse à chacune des deux questions, à savoir une réflexion philosophique sur l'articulation de la conditionnalité et de la finalité.

En tant que biologisme, la philosophie de la vie attribue à la science du vivant une position d'exception au sein des sciences de la nature, non pas tant en prétendant qu'il est possible de tirer de la biologie des valeurs et des normes pour la culture qu'en affirmant que le savoir biologique est d'emblée un savoir normatif, c'est-à-dire renvoyant à des valeurs. Précisons ce point[1]. Si l'on admet que les sciences de la nature décrivent des enchaînement causaux de phénomènes, il est toujours logiquement possible d'inverser le sens de la relation causale et d'en venir ainsi à une relation conditionnelle entre ces mêmes termes : si tel processus physique ou vital est la cause de tel effet, la production de cet effet est, à l'inverse, conditionnée par un tel processus. Cette inversion est possible et légitime en physique comme en biologie. Mais il ne semble pas en aller de même avec cette autre transformation de la relation selon laquelle le rapport de conditionnalité entre le processus et son effet devient un rapport dans lequel le processus est moyen d'un effet dès lors doté d'une *valeur finale*. Alors que, dans la physique, il est manifeste qu'une telle transformation de la conditionnalité en finalité est l'effet de la volonté humaine qui pose l'effet comme fin (ce qui justifie l'exclusion du discours téléologique hors du champ de cette science), les connexions conditionnelles de la biologie semblent en quelque sorte spontanément téléologiques : les effets conditionnés seraient toujours en même temps et en eux-mêmes des fins. À l'encontre d'une telle apparence,

---

1. Nous empruntons, dans les lignes qui suivent, l'argumentation de Rickert dans « Valeurs de vie et valeurs de culture », *infra*, p. 106 *sq.*

l'argumentation de Rickert consiste à montrer que la biologie ne fait pas exception à la loi selon laquelle l'introduction d'un point de vue axiologique – en l'occurrence sous l'espèce du point de vue téléologique – dans la considération de la nature suppose toujours l'intervention d'un facteur extérieur, ici la volonté évaluante. La portée de cet argument est double. Il consiste tout d'abord, en une sorte de critique justificatrice de la rationalité biologique, à mettre la biologie à égalité avec la physique, à travers le maintien de son essentielle neutralité axiologique : on ne peut pas plus fonder les valeurs de culture sur la biologie que sur la physique. Mais l'argument suppose en outre une distinction entre deux sens du *telos* qui soit à même de justifier également l'apparence selon laquelle la biologie ne connaîtrait pas une telle neutralité. Les effets conditionnés dont la biologie rend compte sont bien des fins, mais seulement au sens où ce sont les *résultats* de processus évolutifs, et non au sens où il s'agirait des *buts* poursuivis à travers cette évolution. Seule une confusion entre ces deux sens de la fin est à l'origine de l'illusion selon laquelle le dynamisme vital devrait être compris comme un processus intrinsèquement téléologique plutôt que conditionnel. Lorsqu'elle prend la forme d'un biologisme, la philosophie de la vie est donc victime de cette illusion et ne voit pas qu'elle est elle-même le résultat d'une évaluation arbitraire de relations conditionnelles axiologiquement neutres.

Cette critique fournit simultanément la réponse à la question plus large portant sur l'articulation générale de la vie et de la valeur. Pour Rickert, la vie ne saurait avoir de valeur que conditionnellement, et non par elle-même. De fait, partout où l'on affirme que la vie est elle-même une valeur, ce n'est pas la vie elle-même qui est valorisée mais, par exemple, le plaisir pris à son accroissement. En ce sens, c'est un aspect de la vie qui est mis en avant et non la vie comme telle, et cette confusion est à l'origine du caractère abstrait de toute philosophie de la vie qui la commet, puisqu'une telle philosophie est incapable, par définition, de fournir le principe d'après lequel un aspect de la vie a été retenu plutôt qu'un autre. Comme dans le cas du biologisme, il faut reconnaître ici que c'est l'ajout d'un élément extérieur à la vie qui est à l'origine de sa signification axiologique. Comment préciser ce point ? C'est la philosophie de la vie elle-même qui indique le chemin lorsqu'elle objecte que toute valeur culturelle suppose bien une vie vivante. Cet argument signifie en effet que la vie n'est que la présupposition de la validité, ou encore la condition la plus générale de celle-ci. Rickert peut donc introduire la distinction fondamentale entre des valeurs qui sont en elles-mêmes des valeurs (des « valeurs en propre », *Eigenwerte*) et des valeurs dont la validité dépend d'autres valeurs (des « valeurs conditionnelles », *Bedingungswerte*). La vie n'a ainsi de valeur que conditionnellement : la seule manière de lui attribuer une valeur « consiste à [la lui] conférer [...] sur le fondement de valeurs en propre qui *ne* sont *pas* des valeurs de vie ». La conclusion va dès lors de soi : « c'est justement parce que la vie est condition de *toute* réalisation effective de valeurs qu'elle ne peut posséder de valeur en propre. Elle ne reçoit jamais de la valeur que parce que nous produisons à partir d'elle un bien en prenant en considération des valeurs en propre indépendantes »[1]. Peut-on tirer de cette liaison conditionnelle entre vie et culture une liaison téléologique ? Oui, mais cette liaison sera absolument univoque : la vie n'est un bien qu'en tant que *moyen* en vue de ce d'où elle tire sa validité conditionnelle, à savoir de la culture en général.

Même si Rickert affirme en 1920 que « la valeur elle-même n'est ni un bien, ni un objectif, ni une fin, non plus qu'un moyen »[2], les développements précédents n'en attestent pas moins qu'il y a assurément une corrélation entre validité et finalité, à propos de laquelle il convient de faire quelques remarques. On notera tout d'abord que si le caractère axiologique d'une valeur s'exprime dans la façon dont cette valeur ineffective ordonne l'effectivité en vue d'elle-même comme fin, cela ne signifie absolument pas qu'il soit justifié d'inverser ce rapport et de s'appuyer sur lui pour user de la teneur axiologique de certaines effectivités (les biens) de manière explicative. Contrairement à la finalité, l'efficience explicative suppose une continuité ontologique entre la cause et l'effet, que l'ineffectivité de la valeur fait par définition voler en éclat. Le lien entre validité et finalité n'implique donc aucun finalisme dogmatique. On remarquera en outre que la philosophie de la vie représente par conséquent pour Rickert la figure paradigmatique de l'*absurdité axiologique*. Celle-ci est le fruit de deux déplacements : elle consiste d'une part à attribuer une validité en propre à ce qui n'a de validité que conditionnelle et conséquemment, d'autre part, à glisser d'une relation conditionnelle dans une relation téléologique inver-

---

1. *Ibid.*, p. 118. *Cf.* également la conclusion, p. 132 : « La simple vie reste toujours un bien conditionnel et ne peut recevoir de valeur qu'en tant que présupposition de la réalisation effective d'autres biens dont les valeurs valent en elles-mêmes ».
2. H. Rickert, « Psychologie des visions du monde et philosophie des valeurs », trad. fr. par A. Larivée et A. Leduc, *Philosophie*, n° 87, automne 2005, p. 6.

sée dans laquelle c'est la condition qui est comprise comme fin. Pour reprendre l'exemple fourni par Rickert dans le quatrième article ici traduit, il en va de la philosophie de la vie comme de l'avarice[1] : il ne fait aucun doute que l'argent est un bien dans la mesure où il est la condition de réalisation d'autres biens fondés sur des valeurs en propre; mais l'avare est précisément celui qui lui attribue une telle valeur en propre et qui, dès lors, le transforme en une fin. Or, à l'encontre de cette analyse, il semble possible d'objecter que la science elle-même paraît avoir procédé, à l'origine, d'un tel renversement de l'ordre conditionnel en un ordre téléologique. L'idéal théorique n'est-il pas né du passage de l'état où le savoir était au service de la vie pratique à celui où c'est la vie qui, chez le savant, s'ordonne au savoir comme fin? La question à laquelle Rickert est ainsi amené à se confronter est celle de l'intellectualisme : la philosophie de la vie ne cherche-t-elle pas à restaurer un ordre ancien de la vie que la science théorique est venue bouleverser? L'absurdité axiologique première n'est-elle pas celle de l'intellectualisme qui soumet la vie au savoir et, en son sein, celle de la prétention à un savoir théorique des valeurs?

La réponse de Rickert se formule en deux temps. Ce qui préserve l'inversion axiologique d'où procède l'idéal théorique de l'absurdité qui est celle de la philosophie de la vie ou, dans le registre de la vie morale, de l'avarice, c'est d'abord l'affirmation selon laquelle le savoir n'est pas un bien conditionnel. La valeur qui fait de lui un bien est en effet une valeur en propre, et c'est ici la vérité elle-même. De sorte que l'inversion téléologique et axiologique selon laquelle la vie est mise au service du savoir a très exactement le sens d'une prise de conscience de la valeur non-conditionnelle de la vérité, ce qui fait d'elle en retour « un événement culturel d'une portée considérable »[2]. Mais à ce premier élément de réponse s'ajoute la conséquence selon laquelle l'apparition de la science comme idéal théorique doit être interprétée moins comme une régression de la vie ou comme une dégénérescence que comme l'accès à une nouvelle vie, totalement distincte du *bios* de la biologie. Si l'on pense cette apparition en termes de naissance, il faut reconnaître en effet que celle-ci n'est pas le premier moment d'un cycle vital passant par la jeunesse, la maturité et s'achevant par la mort. La naissance de la science est bien plutôt le

---

1. H. Rickert, « La vie de la science et la philosophie grecque », *infra*, p. 188 *sq*.
2. *Ibid*., p. 189.

commencement d'une jeunesse potentiellement éternelle dans la mesure
où la science ne vit que de la vitalité de l'aspiration au savoir elle-même,
laquelle ne cesse pas de passer d'une génération de savants à une autre. S'il
est donc légitime de parler d'une vie de la science, c'est en un sens non
biologique qui court-circuite par avance les objections de la philosophie de
la vie selon lesquelles la science signifie une dégénérescence de la vie.
Nous n'approfondissons pas ce point, mais nous soulignons qu'à travers les
deux moments que nous venons d'évoquer, la philosophie des valeurs se
fait manifestement philosophie de l'histoire. Dans celle-ci, l'historicité est
pensée comme la transmission en droit infinie de la signification téléologique d'un événement, lequel n'est toujours, au sens fort, que l'avènement
d'une valeur en propre – pour paraphraser une formule de Paul Ricœur
interrogeant le sens de la philosophie husserlienne de l'histoire[1].

Nous achèverons précisément ces remarques par l'indication de pistes
pour un rapprochement de ces thèses de Rickert avec la conception
husserlienne de l'historicité, telle qu'elle se formule dans le contexte de la
Crise des sciences européennes[2] ; à l'horizon d'un tel rapprochement se
trouverait l'idée d'une philosophie transcendantale de l'histoire. Il est
remarquable en effet que chez ces deux philosophes, la critique de la philosophie de la vie soit solidaire de l'édification d'une conception téléologique de l'histoire fondée sur le modèle de la transmission infinie d'un
sens idéal dont le paradigme est celui de l'idéalité scientifique. Au vocabulaire husserlien de l'institution originaire du sens (*Urstiftung*) correspond
chez Rickert celui d'une prise de conscience de la validité, et, chez ces deux
philosophes comme chez bien d'autres à l'époque, l'origine de la science
est reconduite au lieu commun de l'origine de la philosophie en tant que
science du tout, la Grèce antique, où «une vie téléologique d'un genre
nouveau»[3] fit son apparition en rompant radicalement avec la vie naturelle

---

1. P. Ricœur, «Husserl et le sens de l'histoire», *Revue de métaphysique et de morale*, 54,
1949, p. 310, repris dans *À l'école de la phénoménologie*, Paris, Vrin, 2004, p. 51 : «une Idée,
une tâche en général, développent-elles une histoire véritable? *Un avènement fait-il un
événement?*».

2. E. Husserl, *La Crise des sciences européennes et la phénoménologie transcendantale*,
trad. fr. par G. Granel, Paris, Gallimard, 1976. Nous songeons également à la Conférence de
Vienne de mai 1935 intitulée *La Crise de l'humanité européenne et la philosophie*, traduite en
troisième Annexe de cet ouvrage, p. 347-383, mais aussi à *L'Origine de la géométrie*, qui
forme pour sa part l'Appendice III, p. 403-427.

3. E. Husserl, *La Crise des sciences européennes...*, Appendice XXVI, trad. cit., p. 557.

pré-scientifique. L'apparition de la science dans l'histoire de l'humanité ne signifie donc pas tant l'émergence d'un nouveau mode de vie que celle d'un nouveau régime d'historicité, parce que la vie naturelle est désormais saisie dans la perspective d'un but qui n'est plus lui-même naturel ou vital, mais qui est un *telos* absolu : la vérité elle-même en son idéalité, que celle-ci soit pensée comme horizon d'infinité chez Husserl [1] ou comme validité en propre chez Rickert. Ainsi la crise de la science est-elle pour les deux auteurs une crise du sens de la science, lequel renvoie au problème de l'articulation de la science et de la vie ; cette crise constitue dès lors un problème authentiquement philosophique, dont la résolution ne peut passer que par l'inscription volontaire des recherches philosophiques présentes dans le mouvement historique même par lequel l'exigence philosophique s'est transmise jusqu'à nous, mouvement que Husserl désigne de son côté par le concept de « traditionalité », c'est-à-dire de « tradition et auto-transmission vivante » du sens idéal [2]. Au-delà des ressemblances et des divergences, c'est cette corrélation entre idéalité et transmissibilité infinie de la vérité, au sein d'une démarche philosophique qui fonde une téléologie dans le geste même par lequel elle identifie une origine, qui nous paraît remarquable chez ces deux philosophes en ce qu'elle peut permettre d'isoler la possibilité d'une philosophie de l'histoire à égale distance des dangers opposés du naturalisme biologiste d'un Spengler et de la spéculation métaphysique dont l'idéalisme allemand constitue la meilleure illustration.

Cet horizon téléologique de la philosophie des valeurs étant clarifié, il nous est à présent possible de revenir sur la détermination proprement rickertienne de la philosophie des valeurs comme « doctrine de la vision du monde ».

---

1. E. Husserl, *La Crise de l'humanité européenne et la philosophie* : « l'idée de la vérité au sens de la science se détache [...] de la vérité de la vie pré-scientifique. Elle veut être vérité inconditionnelle. Cela enferme une infinité qui donne à toute mise en sécurité et à toute vérité factuelle le caractère d'une simple relativité, d'une simple approximation, reliée précisément à l'horizon infini dans lequel la vérité en soi vaut pour ainsi dire comme un point infiniment éloigné » (in *La Crise des sciences européennes...*, trad. cit., p. 357).

2. E. Husserl, *L'Origine de la géométrie*, dans *La Crise des sciences européennes...*, trad. cit., p. 420 *sq*. Il est donc possible de définir l'histoire à partir de la traditionalité du sens : « l'histoire n'est d'entrée de jeu rien d'autre que le mouvement vivant de la solidarité et de l'implication mutuelle de la formation du sens et de la sédimentation du sens originaires » (*Ibid.*, p. 420).

Philosophie des valeurs et vision du monde

Comme nous l'avons vu, la philosophie ne s'épuise pas pour Rickert en une théorie de la connaissance comprise comme logique mais, dans la mesure où elle s'interroge sur l'articulation de la validité et de l'effectivité, elle doit culminer en une doctrine de la vision du monde. Rappelons tout d'abord ce que Rickert entend par cette expression dont il reconnaît à plusieurs reprises qu'elle n'est pas vraiment satisfaisante[1]. Le point important est qu'une vision du monde ne se réduit pas à une explication englobante du monde. Rickert est fort clair :

> dans une vision du monde, nous ne voulons pas seulement prendre connaissance des causes qui nous engendrent, nous et toutes les autres choses, pour ainsi tout expliquer selon sa nécessité causale, mais nous voulons aussi obtenir une compréhension du monde qui nous fasse connaître, comme on a coutume de le dire, le « sens » de notre vie, la signification qui est celle du moi dans le monde[2].

L'opposition passe donc entre explication causale et compréhension du sens, sans qu'il soit exclu par là qu'une vision du monde puisse jamais s'édifier sur la base d'une simple explication causale des connexions mondaines ; il s'agira alors d'une vision du monde objectiviste ou, comme Rickert l'écrit parfois, « physicaliste ». En tant que compréhension globale du sens de la vie dans le monde, toute vision du monde est articulée par définition à des valeurs[3], dont elle présuppose non seulement la validité mais aussi l'articulation possible avec l'effectivité du monde. L'« interprétation du sens », dont nous avons vu qu'elle était la tâche authentique d'une philosophie des valeurs, ne saurait donc être confondue avec l'interprétation compréhensive du monde qu'elle rend possible sous le titre de « vision du monde ». Bien que ses expressions soient parfois ambiguës sur ce point[4], Rickert sépare nettement la philosophie de toute vision du monde :

---

1. *Cf.* « Le concept de la philosophie », *infra*, p. 52, et les « Thèses pour le système de la philosophie », *infra*, p. 265.

2. H. Rickert, « Le concept de la philosophie », *infra*, p. 57.

3. *Cf.* par exemple *Ibid.*, p. 61 : « Lorsque nous exigeons une vision du monde qui nous dise ce que signifie le monde, nous demandons alors [...] si notre vie a une *valeur* ainsi que ce que nous devons faire pour qu'elle ait de la valeur ».

4. Rickert s'exprime parfois en effet comme si la philosophie devait elle-même proposer une vision du monde (cf., par exemple, *Ibid.*, p. 73 : « La même tâche lui incombe du fait qu'elle [la philosophie] doit fournir une vision du monde, c'est-à-dire qu'elle doit interpréter

Elle [*sc.* la philosophie] doit se contenter de développer, sur le fondement du système des valeurs, les différentes formes possibles d'une interprétation, conséquente en soi, du sens de la vie, et d'abandonner à l'individu singulier le choix de la vision du monde qui convient le mieux à sa singularité *supra*-scientifique personnelle. Rien de cela ne concerne plus, en tout cas, le système axiologique [...] [1].

Théorie des formes possibles de vision du monde, condition de leur cohérence, la philosophie des valeurs se trouve ainsi préservée de deux formes funestes de subjectivisme, que Husserl avait dénoncées pour sa part en 1911 comme des obstacles à l'édification d'une philosophie comme science rigoureuse – le naturalisme et l'historicisme relativiste [2]. À travers la première de ces deux tendances, Rickert vise essentiellement l'entreprise de Karl Jaspers qui, dans sa *Psychologie des visions du monde* de 1919, définissait le traitement philosophique du problème de la vision du monde par opposition à toute démarche « prophétique » ou évaluative. C'est au contraire le privilège de la philosophie transcendantale des valeurs de pouvoir garantir, à travers l'édification d'un système des valeurs, la scientificité de son traitement de la notion de vision du monde, et d'éviter ainsi de se muer en un discours prophétique. Mais un dernier problème se pose précisément au sujet de l'articulation de la doctrine et de la vision du monde elle-même.

---

le sens de la vie »); il ne fait pourtant aucun doute que la philosophie elle-même n'est pas vision du monde, mais, en tant que philosophie des valeurs précisément, condition de possibilité ultime de toute vision du monde conséquente. Elle la « fournit » en ce sens qu'elle la rend possible.

1. H. Rickert, « Le système des valeurs », *infra*, p. 167.

2. Caractérisant ces deux écueils à partir de ses propres catégories méthodologiques, Rickert écrit ainsi en 1920 : « Le *subjectivisme psychologique* joue un rôle considérable dans la philosophie la plus récente et prend deux formes différentes selon qu'il considère de manière individualisante la diversité de la vie de l'âme chez divers hommes, à diverses époques et pour divers peuples, ou qu'il envisage de manière généralisante la "nature" universelle et invariable des réalités psychiques. Ainsi, soit ce subjectivisme prend une forme *historiciste*, comme chez Wilhelm Dilthey, c'est-à-dire qu'il reconnaît dans la présentation historique des différentes visions du monde, en tant qu'opinions effectivement adoptées par des hommes réels, l'unique forme scientifique de philosophie comme doctrine scientifique des visions du monde. Soit, il doit présenter les facteurs et les forces universels, *naturels* et psychiques permanents, faire ressortir les visions du monde comme des croyances humaines afin de remplacer, de manière conséquente, la philosophie par une "psychologie des visions du monde" au sens étroit » (in « Psychologie des visions du monde et philosophie des valeurs », art. cit., p. 10 *sq.*).

Le système des valeurs a montré en effet que la science ne pouvait être comprise que comme un bien contemplatif de la totalité in-achevée, car son matériau est par principe inépuisable. Autrement dit, la science constitue un bien d'avenir, au sens où elle implique nécessairement un horizon de vérités en droit infini. Par opposition, une vision du monde est nécessairement particulière, relative, et se rapporte manifestement au présent, en tant que principe d'appréciation du monde tel qu'il se présente, et prend finalement la forme d'un système interprétatif fermé. Le problème vient donc de l'apparente incompatibilité entre scientificité et doctrine de la vision du monde, entre le fondement et ce qu'il fonde : satisfaire à l'exigence de scientificité semble rendre impossible, d'après le système des valeurs lui-même, la légitimation de quelque chose comme une vision du monde. Pour résoudre ce problème, Rickert commence par reformuler le problème de la manière suivante : que doit être la scientificité de la philosophie pour être compatible avec sa détermination en tant que doctrine de la vision du monde ? Il est ainsi conduit à un élargissement nécessaire de la notion de scientificité [1] afin de pouvoir rendre compte, au sein de la science, de l'opposition entre les sciences particulières et la philosophie en tant que doctrine de la vision du monde.

Comme toutes les autres sciences, la philosophie est caractérisée par son rattachement à la valeur de vérité, mais elle est cette science qui, visant une vérité *dernière*, ne peut s'inscrire dans le même horizon de totalité in-achevée du savoir. Mais si son accomplissement consiste donc en un rapport *particulier* à la vérité, elle doit pourtant rester absolument distincte de toute forme d'art, c'est-à-dire de ce qui relève, dans l'ordre de la contemplation, du domaine axiologique de la particularité achevée. Ni prise dans l'horizon de la totalité in-achevée ni cloisonnée dans la particularité achevée, la philosophie est en réalité le lieu d'articulation de ces deux dimensions. Elle n'est rien d'autre que l'effort toujours renouvelé pour mettre l'état présent particulier du savoir en perspective avec l'horizon ouvert par l'exigence de la vérité. Autrement dit, elle est une réflexion particularisante sur cette exigence qui est au fondement de la science, réflexion qui s'extrait par là de l'horizon ouvert de la scientificité et se fige sous la forme d'un système philosophique particulier. Chaque système philosophique est donc une vue, prise en un moment particulier de l'évolution

---

1. H. Rickert, « Le système des valeurs », *infra*, p. 168 *sq.*

de la science, sur le sens axiologique de la vérité qui dépasse tout moment particulier. La contradiction qui caractérise ainsi l'essence de la philosophie est celle-là même du désir, qui se nourrit de sa propre satisfaction et se porte toujours au-delà de lui-même, de sorte que la philosophie est à proprement parler un bien érotique. Avec cette détermination de la scientificité propre à la philosophie en tant que doctrine de la vision du monde, Rickert retrouve donc le sens originaire de la philosophie comme désir de la vérité, et avec lui la pensée de Platon qui, si elle est probablement la source de toute philosophie des valeurs, en constitue assurément l'horizon.

TRADUCTION

La langue de Rickert dans ces articles ne présente guère de difficultés techniques remarquables en dehors du vocabulaire de la validité, qui s'élabore au fil de l'approfondissement des problèmes en donnant lieu à un certain nombre de créations conceptuelles et, par conséquent, de néologismes. Si nous avons toujours traduit *Wert* par « valeur », les nombreux termes composés que Rickert forge pour désigner ce qui relève de la sphère des valeurs, tels *Wertgegensatz*, *Wertbeziehung*, *Wertgebiet* etc., nous ont semblé requérir une traduction ne faisant pas intervenir la locution ambiguë « de valeur ». Nous avons préféré recourir à l'épithète « axiologique », et avons donc proposé « opposition axiologique », « relation axiologique », « domaine axiologique » etc. (sur ce modèle, nous avons également traduit des termes comme *Seinswissenschaft* ou *Ich-Welt* par « science ontologique » et « monde égoïque ») – sauf dans le cas des épithètes *wertindifferent* ou *wertfeindlich*, que nous avons rendues respectivement par « indifférent à la valeur » et « hostile à la valeur ». Nous avons, la plupart du temps, réservé la locution « de valeur » pour la traduction de l'adjectif *wertvoll* (qui peut également, dans son usage courant, signifier « précieux »), alors que « pourvu de valeur » correspond généralement au terme *werthaft*, plus rare sous la plume de Rickert. Quant au verbe *werten* et au substantif correspondant *Wertung*, ils sont traduits de manière souple, tantôt par « évaluer » et « évaluation », tantôt par « valoriser » et « valorisation », et parfois par des périphrases comme « attribuer une valeur » et « attribution de valeur ».

Étant donné la nature de ces articles qui, souvent, suggèrent des pistes de réflexion plutôt qu'ils ne traitent à fond des problèmes, et étant donné leur ton général, nous avons renoncé dans l'ensemble à traduire systématiquement un terme allemand par le même équivalent français, et ce parfois au sein d'un même article. De manière générale, afin d'éviter toute ambiguïté et toute confusion, nous avons indiqué entre crochets obliques dans le cours du texte les termes allemands les plus significatifs et précisé en note certaines difficultés lexicales et certains choix de traduction.

Nous tenons à remercier le professeur Jean-François Courtine d'avoir encouragé ce projet de traduction et permis sa réalisation. Nous adressons également nos remerciements à Daniel Macher pour son aide à la résolution de certaines difficultés de traduction et à Arnaud François pour sa relecture, attentive et féconde, de l'ensemble de ces textes.

Julien Farges
mars 2006

ORIGINE DES TEXTES

« Le concept de la philosophie » : *Logos. Internationale Zeitschrift für Philosophie der Kultur*, I, 1910-1911, p. 1-34. Repris *in* H. Rickert, *Philosophische Aufsätze*, édité par R. A. Bast, Tübingen, J. C. B. Mohr (Paul Siebeck), 1999, p. 3-36.

« Valeurs de vie et valeurs de culture » : *Logos. Internationale Zeitschrift für Philosophie der Kultur*, II, 1911-1912, p. 131-166. Repris *in* H. Rickert, *Philosophische Aufsätze*, édité par R. A. Bast, Tübingen, J. C. B. Mohr (Paul Siebeck), 1999, p. 37-72.

« Le système des valeurs » : *Logos. Internationale Zeitschrift für Philosophie der Kultur*, IV, 1913, p. 295-327. Repris *in* H. Rickert, *Philosophische Aufsätze*, édité par R. A. Bast, Tübingen, J. C. B. Mohr (Paul Siebeck), 1999, p. 73-105.

« La vie de la science et la philosophie grecque » : *Logos. Internationale Zeitschrift für Philosophie der Kultur*, XII, 1923-1924, p. 303-339. Repris *in* H. Rickert, *Philosophische Aufsätze*, édité par R. A. Bast, Tübingen, J. C. B. Mohr (Paul Siebeck), 1999, p. 153-188.

« Le commencement de la philosophie » : *Logos. Internationale Zeitschrift für Philosophie der Kultur*, XIV, 1925, p. 121-162. Repris *in* H. Rickert, *Philosophische Aufsätze*, édité par R. A. Bast, Tübingen, J. C. B. Mohr (Paul Siebeck), 1999, p. 189-229.

« Thèses pour le système de la philosophie » : *Logos. Internationale Zeitschrift für Philosophie der Kultur*, XXI, 1932, p. 97-102. Repris *in* H. Rickert, *Philosophische Aufsätze*, édité par R. A. Bast, Tübingen, J. C. B. Mohr (Paul Siebeck), 1999, p. 319-324.

La pagination indiquée en marge renvoie aux pages des volumes de la revue *Logos* dont les articles sont tirés.

Les notes appelées par des lettres sont de Rickert. Toutes les autres notes sont celles du traducteur. Tout ce qui figure entre crochets carrés [] est ajout du traducteur.

HEINRICH RICKERT

LE CONCEPT DE LA PHILOSOPHIE
VALEURS DE VIE ET VALEURS DE CULTURE
LE SYSTÈME DES VALEURS
LA VIE DE LA SCIENCE ET LA PHILOSOPHIE GRECQUE
LE COMMENCEMENT DE LA PHILOSOPHIE
THÈSES POUR LE SYSTÈME DE LA PHILOSOPHIE

LE CONCEPT DE LA PHILOSOPHIE [1]

| Pour quelle raison les philosophes parlent-ils tant du concept de leur 1
science au lieu de travailler, comme le font les autres chercheurs, à
l'élaboration de ses problèmes? Jamais ils ne sont d'accord sur leur objet!

Si cet étonnement qu'on exprime souvent contenait une désapproba-
tion, il serait alors injustifié. Il est vrai que dans les autres sciences, l'incer-
titude quant à l'objet n'a lieu qu'exceptionnellement, lorsque apparaissent
de nouvelles disciplines ou de nouvelles découvertes qui estompent les
limites des anciennes disciplines. Mais les sciences singulières ne doivent
cet avantage qu'au fait qu'elles sont des sciences singulières, c'est-à-dire
qu'elles se bornent à des parties du monde. La philosophie, devant faire du
tout son objet, est dans une autre situation. Puisque la recherche spéciale
traite de parties de ce même tout, le concept de la philosophie – laquelle
contient originellement toutes les sciences – doit se modifier avec le
développement et l'extension de cette recherche; en outre, on ne peut
construire, avant son étude approfondie, que des concepts des parties du
monde suffisamment déterminés pour délimiter le domaine d'une science
de manière univoque. Ce qu'est le tout du monde, cela relève de ces
questions qui ne peuvent recevoir de réponse que de la philosophie. D'un
côté, donc, ce sont constamment d'anciens problèmes qui sont repris
par cette science et, d'un autre côté, de nouveaux problèmes lui échoient
à partir du développement du concept de monde. C'est pourquoi la
question de l'objet de la philosophie doit toujours réapparaître. Que faut-il

---

1. Cet article de Rickert ouvre le premier tome de la revue *Logos. Internationale
Zeitschrift für Philosophie der Kultur*, dans lequel se trouvent également entre autres des
articles de G. Simmel, B. Croce, E. Troeltsch, W. Windelband, E. Husserl et H. Cornelius.

comprendre par « monde » ? Quelles sont les tâches des sciences singulières par rapport à lui ? Quel problème nous pose le monde quand nous portons notre attention sur le tout, et en quoi consiste, par suite, le travail authentiquement philosophique ? Les remarques qui suivent tentent de fournir une petite contribution à la résolution de ces questions.

2 | I. Sujet et objet

Il est incontestable que la philosophie doive explorer le tout <*das All*> et parvenir finalement à ce qu'on nomme, d'un terme qui n'est pas très significatif mais dont on peut difficilement se dispenser, une « vision du monde » <*Weltanschauung*>. Seule *la* science qui se propose la tâche de connaissance la plus englobante qu'on puisse penser mérite le nom de philosophie. C'est ainsi seulement qu'elle peut être délimitée en général par rapport aux sciences singulières. C'est dans cette seule et unique perspective que son concept est constant. Le fait que bien des époques n'ont pas connu de problème du monde indique seulement qu'elles étaient non-philosophiques. Or, on peut établir clairement en quoi ce problème du monde consiste par l'indication d'un double sens du terme « monde ». Qui réfléchit au monde se met lui-même par là en opposition par rapport à lui. Nous disons « moi et le monde », et nous n'entendons manifestement pas alors par « monde » le tout <*das Ganze*>, mais seulement une partie, quelle que soit sa taille par ailleurs. Mais en outre, le monde doit bien signifier précisément la totalité <*die Totalität*> qui englobe toute chose <*Alles*>, donc moi y compris ainsi que le monde au sens plus étroit, et c'est vers ce concept plus large du monde que la philosophie est orientée. C'est dès lors dans le rapport du moi au monde que se cache le problème du monde. Nous pouvons également désigner ce rapport comme celui du sujet et de l'objet et chercher à ramener sous ces deux concepts tout ce en quoi consiste le monde au sens le plus large du terme. La philosophie doit alors interroger la manière dont sujet et objet s'intègrent dans un concept unitaire de monde. La réponse à cette question doit donner lieu à une « vision du monde » qui nous éclaire sur notre place dans le tout du monde.

D'après ces présuppositions, deux voies se présentent pour résoudre le problème du monde. On peut soit concevoir le tout du monde à partir de l'objet, et parvenir ainsi à l'unité en insérant d'une certaine manière le sujet dans le monde des objets, soit poser à l'inverse le sujet au fondement, et trouver dès lors les objets dans un sujet du monde omni-englobant. C'est ainsi qu'apparaissent deux visions du monde opposées l'une à l'autre que, par des expressions ternes mais univoques dans ce contexte, nous pouvons désigner comme philosophies objectivante et subjectivante, de sorte qu'il devrait être possible de ramener la plupart des questions philosophiques litigieuses qui ne cessent de réapparaître à l'opposition de l'objectivisme et du subjectivisme, ainsi comprise comme fondement dernier du litige. Nous devons chercher à montrer comment il faut construire cette opposition pour qu'elle contienne effectivement le problème du monde le plus englobant | qu'on puisse penser, et à montrer sur quelle voie il est permis d'espérer 3 progresser jusqu'à une résolution de cette opposition relative au monde <*Weltgegensatzes*>.

Ceux qui se conforment au procédé des sciences singulières inclineront à une vision objectivante du monde. Il semble aller de soi qu'on ne puisse connaître les corps qu'en tant qu'objets et, comme la psychologie moderne l'a montré, il n'en va pas autrement avec la vie psychique. Elle ne connaît plus d'âme [1] mais seulement des processus psychiques qui, si l'on veut les décrire ou les expliquer scientifiquement, doivent être objectivés comme toute autre réalité effective. Mais nous ne connaissons d'être que physique et psychique. L'opposition de l'objet et du sujet se résout donc dans cette distinction, et la question portant sur le concept de monde semble ainsi tranchée. Ce qui vaut pour toutes les parties doit valoir pour le tout constitué de ces parties. Concevoir le monde signifie donc le concevoir comme monde d'objets et y intégrer le sujet, ce complexe de processus psychiques, comme un objet parmi les autres objets. Cela devient particulièrement net si l'on pense que la tâche la plus haute de la connaissance consiste en l'explication d'un processus à partir de sa cause. Dès lors, la vision objectivante du monde peut également recevoir un fondement du point de vue de la théorie de la connaissance. Quelle que soit la manière dont elles sont habituellement conçues, des connexions causales sont des chaînes d'effectivités objectives <*Objektwirklichkeiten*> s'écoulant dans le temps. Ce qui ne s'insère pas ainsi en elles se soustrait du même coup à la science en

---

1. L'expression «psychologie sans âme» vient de F. A. Lange, *Geschichte des Materialismus und Kritik seiner Bedeutung in der Gegenwart*, t. II, Iserlohn, ²1875, p. 381 ; trad. fr. sur le texte de la deuxième édition par B. Pommerol, *Histoire du matérialisme et critique de son importance à notre époque*, Paris, Reinwald, 1877, 1879, rééd. Paris, Coda, 2004, p. 691 *sq.* Le contexte est celui d'une réflexion sur la signification globale de la psychologie de Herbart.

général. Le seul concept scientifique de monde ne peut être, par conséquent, que celui d'un ensemble causal d'objets. Les sujets n'en sont rien
d'autre que des membres, c'est-à-dire, comme tout le reste, des objets.

D'après l'opinion de ses représentants, seule une saisie trop étroite du
concept d'objet fera qu'on s'oppose à cet objectivisme. Il est bien évident
que la philosophie objectiviste n'a rien à voir avec le matérialisme. La vie
psychique est parfaitement reconnue dans sa singularité. Il importe
seulement que le tout que nous nommons « âme », tout comme chacune de
ses parties, puisse être inséré, en tant que causalement déterminé, dans une
effectivité objective. Il n'est pas nécessaire non plus que cette vision du
monde ait un caractère naturaliste, c'est-à-dire qu'elle identifie effectivité
et nature, mais elle peut au contraire s'unir tout aussi bien à une appréhension historique qu'à une appréhension religieuse. Le premier cas
s'éclaircit pour peu qu'on ne laisse pas coïncider causalité et loi de la
nature. Les séries causales doivent dès lors être considérées tout aussi bien
de manière individualisante en tant que procès unique de développement
historique, que de manière généralisante en tant que nature en constant
4 retour et demeurant égale à soi[1]. En ce qui concerne la religion, | l'objecti-
visme n'exclut ainsi qu'un Dieu-sujet qui se tient en tant qu'effectivité à
côté du monde des objets. Rien, d'après les principes de l'objectivisme, ne
s'oppose au contraire à ce que nous cherchions Dieu dans la réalité
effective elle-même, dans la nature ou dans l'histoire. Et un tel Dieu, dans
lequel tous nous vivons, nous nous mouvons et nous sommes[2], n'est-il pas

1. On reconnaît ici la distinction fondamentale par laquelle Rickert répond au problème
philosophique d'une fondation différenciée pour les sciences de la nature et les « sciences de
l'esprit » (qu'il préfère nommer pour sa part les sciences de la culture), problème qui constitue
un des *topoi* philosophiques de l'époque. C'est sur cette question notamment que Rickert
s'opposera à la philosophie de W. Dilthey en proposant, sur les pas de son maître
W. Windelband, une conception logico-épistémologique de l'articulation entre les deux types
de science, par opposition à toute tentative de distinction ontologique. On notera que c'est
également sur cette question que portera la lecture critique qu'E. Husserl développera de la
philosophie de Rickert en 1927, dans un cours intitulé *Natur und Geist* (cf. *Husserliana
XXXII*, Kluwer Academic Publishers, Dordrecht, Boston, Londres, 2001). Pour des exposés
plus détaillés de cette distinction, nous renvoyons au dernier article ici traduit (« Thèses pour
le système de la philosophie », *infra*, p. 267), et surtout à l'essai intitulé *Science de la culture et
science de la nature*, trad. fr. par A.-H. Nicolas, Paris, Gallimard, 1997, p. 60 *sq.* et p. 88.

2. Allusion à la formule de Saint Paul devant l'Aréopage, Ac, XVII, 28 : « C'est en elle [la
divinité] en effet que nous avons la vie, le mouvement et l'être ». Toutefois, étant donné qu'il
le cite à la ligne suivante, on peut penser que Rickert renvoie également par ces mots au poème
de J. W. Goethe intitulé *Dieu, âme et monde* dans lequel cette formule de Saint Paul est reprise

le seul à mériter ce nom? « Qu'en serait-il d'un Dieu n'œuvrant que du dehors? » [1]. L'objectivisme est, par suite, non seulement la seule vision du monde véritablement scientifique et « objective », mais elle est aussi la seule qui satisfasse les besoins « subjectifs » bien compris de notre esprit. Avec le panpsychisme et le panthéisme, par exemple, l'objectivisme croira avoir dit le dernier mot en philosophie, et pensera que nous ne pouvons pas aspirer rationnellement à autre chose qu'à fondre notre existence subjective singulière dans cet ensemble d'objets grandiose, animé et divin.

Bien des penseurs ne veulent pas se contenter malgré tout d'un monde d'objets, même si grand et si élargi. D'après eux, les objets ne sont aucunement des effectivités indépendantes en soi, mais ils dépendent du sujet, de sorte que ce n'est qu'en celui-ci qu'il est possible de trouver la vérité et l'essence. En premier lieu, il est possible de retourner contre l'objectivisme cette fondation qu'il recherche pour la théorie de la connaissance. S'il est juste que, pour pouvoir concevoir quoi que ce soit scientifiquement, les sciences singulières doivent l'intégrer dans une connexion causale, cela ne tient qu'à ce que la causalité est une forme du sujet connaissant et qu'il n'y a par conséquent d'effectivité objective causalement déterminée que *pour* ce sujet. C'est une simple « apparition » <*Erscheinung*>, pour ainsi dire la face extérieure du monde. Les sciences singulières peuvent bien se contenter de le décrire, de le calculer ou de l'expliquer de quelque autre manière objectivante que ce soit. La philosophie, dans sa recherche de la connaissance du monde, ne peut jamais s'y restreindre. Cela signifierait un oubli du sujet. Et même s'il fallait croire impossible de connaître véritablement ce qu'est en soi l'essence – parce que la vie intérieure n'est accessible, elle aussi, qu'en tant qu'apparition – il est certain que rien ne serait changé par là au caractère phénoménal de tous les objets. Du reste, les doutes quant à la possibilité d'une connaissance de l'essence ne sont cependant justifiés qu'aussi longtemps qu'on entend par connaissance la connaissance objectivante. Or c'est là une opinion tout à fait unilatérale, voire superficielle. Nous avons une connaissance immédiate de l'effectivité dès que nous jetons ne serait-ce qu'un œil sur nous-mêmes. C'est vers l'intérieur que va

---

v. 19 *sq.*: « Si bien que ce qui vit et vibre et est en Lui / De Sa force et de Son esprit jamais ne manque », trad.fr par R. Ayrault, *Poésies, 2 – Du voyage en Italie jusqu'aux derniers poèmes*, Paris, Aubier, 1982, p. 577.

1. J. W. Goethe, *Ibid.*, v. 15; trad. cit., p. 577.

le chemin mystérieux qui dévoile le mystère du monde[1]. Nous ne pouvons
<dürfen> pas tourner seulement autour des choses de manière objectivante,
5 | mais nous devons <müssen> pénétrer en leur cœur, et la porte qu'il nous
faut franchir à cette fin ne se trouve que dans le moi.

Après avoir ainsi justifié son principe de connaissance, le subjectivisme
peut aussi chercher à déterminer positivement le principe du monde et à
montrer qu'il parvient partout au résultat opposé à celui de la tendance
objectivante. Une forme de subjectivisme est ici particulièrement importante. Elle enseigne que nous nous saisissons nous-mêmes en tant que
volonté, en tant que position de fins, en tant qu'action vivante. Nous sommes
ici dans l'opposition la plus rude à une simple connexion d'objets, et c'est
ici seulement que nous devons chercher l'essence du monde. L'objectivisme détruit cette vie élémentaire qui jaillit toujours neuve et fraîche, cette
évolution créatrice[2], et laisse tout se figer en un mécanisme causal mort. Il
nie la volonté, lorsqu'il la transforme en un complexe d'associations de
représentations ou en un simple écoulement quelconque d'événements
psychiques. C'est ainsi que nous ne devons pas penser de manière « intellectualiste », mais « volontariste ». Enserrant le sujet dans une connexion
d'objets, l'objectivisme fait de nous des automates. Il ne sait rien de
l'immédiateté de la vie égoïque personnelle spontanée. À l'encontre de ce
passivisme, la vision du monde subjectivante établit le principe d'activité et
la liberté dans leur droit. Il n'y a aucune chose morte mais seulement des
actions vivantes. Elles seules sont l'effectif. Par conséquent, l'objectivisme
ne connaît aucune effectivité vraie. Enfin, pour ne mentionner encore que
ce point, c'est seulement à partir du vécu <Erlebnis> immédiat du moi
qu'une vision religieuse du monde est aussi possible, vision que l'objectivisme revendique pour lui-même à tort. Le Dieu-objet dont il parle n'est
pas un Dieu. Seule mérite le nom d'Être le plus haut la personnalité libre,
englobant le monde, vivante, créatrice, qui laisse sortir hors de soi les objets
en tant que sa propre extériorité et qui dispose librement d'eux. Le Dieu de

1. Citation de Novalis, non indiquée comme telle, tirée de *Pollens*, § 17 : « le chemin
secret va vers l'intérieur : en nous, sinon nulle part, est l'éternité avec ses mondes, le passé et
l'avenir » (trad. fr. par A. Guerne dans *Œuvres complètes I, Romans, Poésies, Essais*, Paris,
Gallimard, 1975, p. 357-358), doublée d'une allusion au conte *Les disciples à Saïs*, dans
lequel Hyacinthe dévoile la déesse Isis, « mère des Êtres » et « vierge voilée » (*Ibid.*, « Conte
de Hyacinthe et Fleur-de-Rose », p. 50-53).
2. Allusion évidente à l'ouvrage de Bergson de 1907, qui a été traduit en Allemand sous le
titre *Die schöpferische Entwicklung*, Leipzig, [1]1912, [2]1921.

l'objectivisme est une « substance » morte et abstraite avec laquelle on ne peut entrer en rapport religieux que par inconséquence.

Ces indications devraient suffire à un éclaircissement de l'opposition principale. Elles montrent en même temps qu'une longue série de questions philosophiques litigieuses s'y trouve liée. Nous avons déjà mentionné le combat entre intellectualisme et volontarisme, entre passivisme et activisme, entre déterminisme et doctrine de la liberté, entre panthéisme et théisme. Il n'est pas nécessaire de développer ici davantage le fait qu'à cette opposition se rattachent également de la manière la plus étroite les oppositions du mécanisme et de la téléologie, du dogmatisme et du criticisme, de l'empirisme et du rationalisme, du psychologisme et de l'apriorisme, du nominalisme et du réalisme, du naturalisme et de | l'idéalisme ou de toute autre forme de supranaturalisme. Seul le motif 6 dernier – celui qui est au fondement de ces questions litigieuses et par lequel beaucoup sont amenés à contester à l'objectivisme son caractère de vision du monde en général – est celui qu'il nous faut encore comprendre un peu mieux.

Que voulons-nous dire au juste lorsque nous parlons d'une « vision du monde » ? Grâce à elle en effet, nous ne voulons pas seulement prendre connaissance des causes qui nous engendrent, nous et toutes les autres choses, pour ainsi tout expliquer selon sa nécessité causale, mais nous voulons aussi obtenir une compréhension du monde qui nous fasse connaître, comme on a coutume de le dire, le « sens » de notre vie, la signification qui est celle du moi dans le monde. C'est la seule raison pour laquelle l'opposition du sujet et de l'objet devient problème du monde. Mais sens, signification et leur compréhension sont autre chose que sens, effectivité et leur explication. Interroger le sens et la signification, c'est, en dernière analyse, chercher aussi des points de repère et des points de mire en vue de notre prise de position par rapport au monde, de notre volonté et de notre action. À quoi aspirons-nous donc au juste ? Quel est le but de cette existence ? Que devons-nous faire ? Il peut certes se trouver des penseurs pour qui de telles questions ne relèvent pas de la science. Mais, s'agissant ici du concept le plus général de la philosophie, nous devons en faire abstraction. C'est un fait que presque tous les grands philosophes du passé ont également posé plus ou moins expressément la question du sens de la vie, et que la réponse qu'ils ont trouvée était même ce qu'il y avait de véritablement caractéristique dans leur « vision du monde ». Abstraction faite de cela, il serait inadmissible et arbitraire d'exclure de telles questions de la philosophie. Et même si personne ne les avait encore posées jusqu'à présent, ce serait maintenant à la philosophie de s'en acquitter enfin. En tant que philosophie, elle doit interroger tout ce qui peut être sérieusement interrogé, et poser toutes les questions auxquelles d'autres sciences ne veulent pas répondre.

Dans ce besoin d'une vision du monde qui soit plus qu'une explication de l'effectivité se trouve la dernière raison pour laquelle on ne se satisfait pas de l'objectivisme. En effet, il ne peut jamais dire plus que : ceci ou cela est ou doit nécessairement <*muss*> être ainsi. Plus, l'intégration du sujet dans la connexion causale des objets semble supprimer tout simplement la pensée de quelque chose qui confère importance, profondeur et grandeur à notre vie. Par sa négation du sujet, l'objectivisme fait du monde un être et un événement totalement indifférents, dont il n'est plus possible d'interroger le sens. Ce n'est qu'à partir du sujet qu'on peut s'attaquer au problème du sens | qui est celui du monde. Ce n'est que pour le sujet et par le sujet que l'effectivité reçoit une signification. C'est pourquoi le subjectivisme fait porter l'accent sur la volonté et son aspiration à un but <*Zielstrebigkeit*>, c'est pourquoi il se dresse contre l'appréhension de la vie psychique comme une simple suite de représentations, c'est pourquoi il insiste sur l'activité du moi et saisit le monde comme produit d'un faire : car c'est ainsi seulement que naît pour nous un monde familier, propre à devenir comme notre foyer <*Heimat*>, monde dans lequel nous pouvons effectivement vivre et agir. Ce n'est qu'avec un tel monde que nous entrons dans un rapport intérieur; de ce monde seul nous pouvons dire que nous le comprenons. Lui seul est chair de notre chair, esprit de notre esprit. En revanche, plus la tendance objectivante progresse, plus elle éloigne de nous le monde et finit par nier ce qu'il y a de plus familier, comme la volonté et l'action. Il faut dire, tout simplement, que mieux l'objectivisme explique le monde, moins il le rend compréhensible. Nous finissons par ne plus comprendre notre propre moi, si nous devons le comprendre comme un simple écoulement d'événements psychiques. Ce qui est immédiatement vécu ou connu devient un spectre blafard et inquiétant, une mécanique mondaine <*Weltmaschinerie*> morne et stupide. Bref : l'objectivisme, entreprenant de construire l'unique concept de monde omni-englobant, est l'ennemi de toute « vision du monde » effective, car il détruit toute vie personnelle qui travaille dans la liberté et la responsabilité à des fins posées en elles-mêmes, et qui, sur le sens de cette vie, possède une certitude qui se moque de toute objectivation. Seul le subjectivisme nous donne effective-

ment un concept unitaire du monde dans lequel nous obtenons des éclaircissements sur notre place dans le monde, alors que l'objectivisme aggrave
le problème du monde et ne cesse d'élargir l'abîme entre vie et science.

Si nous comprenons ainsi le point central du conflit, nous découvrons
alors les meilleures raisons que le subjectivisme peut invoquer pour son
propre compte. En effet, la vision objectivante du monde ne parvient pas à
expliquer le sens de notre vie. En tant que pur objet d'effectivité <Wirklich-
keitsobjekt>, le monde est absolument dépourvu de sens. Voilà qui ne
devrait pas être contesté. Nous ne pourrions cependant renoncer, dans la
philosophie, à une interprétation du sens que s'il était montré de manière
irrécusable qu'elle ne peut en aucun cas donner plus qu'une explication par
les causes. De ce que l'objectivisme n'en est pas capable, il ne s'ensuit
encore absolument rien. Il lui faudrait tout d'abord nous fournir la preuve
que le monde n'a pas de sens en général, et c'est ce qu'il ne peut jamais
réussir à prouver, car il s'agirait alors également d'une interprétation
du sens du monde, marquée seulement d'un signe négatif. Jamais nous
ne pourrions concevoir, dans un pur monde d'objets, comment il serait
possible de parvenir ne serait-ce qu'à la conscience | de son absence de **8**
sens. Le développement conséquent de l'objectivation contraint, sur ces
questions, à une complète abstention, à la renonciation à toute réponse,
négative ou positive. Par conséquent, l'objectivisme est totalement perdu
si, comme dans les formes du panpsychisme ou du panthéisme, il cherche
lui-même à donner plus qu'une simple explication et à conférer au monde
un sens religieux ou n'importe quel autre sens. Les chaînes causales
d'objets en lesquelles le monde doit consister s'épuisent intégralement
dans leur être, et leurs forces motrices sont rien moins que divines. La déifi-
cation de l'objet, telle qu'elle est aujourd'hui encore à l'ordre du jour, et
telle qu'elle s'étend jusqu'à des concepts auxiliaires physicalistes, ne peut
de fait valoir que comme confusion et comme absence de pensée. C'est
donc ici que se trouve l'aspect puissant de l'appréhension subjectivante de
la réalité effective. Avec de tels arguments, elle ne cesse d'attirer les
penseurs à elle.

Mais ce n'est là qu'une partie de l'affaire. Le subjectivisme est-il dans
son droit pour cette seule raison que l'objectivisme ne parvient à donner
aucune « vision du monde » ? La forme sous laquelle il se présente
habituellement est affectée de défauts qui le rendent scientifiquement
honteux et principiellement incapable de donner ce qu'il promet, et dont il
condamne l'absence chez l'objectivisme.

En premier lieu, si elle veut rabaisser l'effectivité objective à une simple apparition, sa fondation comme théorie de la connaissance doit susciter les réserves les plus profondes. Qu'est donc ce sujet pour lequel seul il doit y avoir des objets ? Saisi irréprochablement du point de vue de la théorie de la connaissance et non pas arbitrairement d'un point de vue métaphysique, il n'est pas lui-même une réalité effective, ni même l'effectivité véritable, mais simplement une forme logique, un concept, qui peut certes être précieux <*wertvoll*> et important pour la théorie de la connaissance, mais à partir duquel on ne doit jamais conclure à une réalité absolue par comparaison avec laquelle l'effectivité empirique tout entière n'a qu'un caractère phénoménal. Les objets <*Gegenstände*> avec lesquels doivent travailler les sciences de la nature et la psychologie, l'histoire et les autres sciences de la culture, et qu'elles traitent de manière généralisante ou individualisante[1], sont les effectivités « véritables ». Leur contester le caractère de la réalité sur le fondement du principe purement logique et formel selon lequel tout objet est là pour un sujet, les dégrader en en faisant la simple face extérieure du monde, c'est pratiquer une métaphysique extravagante qui, pensée conséquemment jusqu'à son terme, conduit au solipsisme[2]. Les sujets effectifs sont effectifs de la même manière que les objets. Toute affirmation selon laquelle ils sont l'« essence » et les objets ne sont que les « apparitions » est irrecevable.

9   Mais si la considération subjectivante reconnaît les objets des | sciences singulières en tant que réalités, elles est alors constamment en danger d'entrer en conflit avec la recherche spéciale. La réalité effective ne peut être traitée par cette dernière que de manière objectivante, et toute unité de la vision du monde est détruite lorsque le même matériau est soumis à deux conceptions qui s'excluent mutuellement. Cela conduit soit à une double vérité scientifiquement intolérable, soit, lorsque les principes de la recherche des causes ne sont pas respectés, à une confusion entre les sciences spéciales. Le vitalisme qui affirme que des fins – c'est-à-dire quelque chose de psychique – agissent au sein de l'existence corporelle, et qui exclut par conséquent toute conception de l'organisme comme formation purement physique, ou encore l'hypothèse de la volonté libre comme processus sans cause et empêchant toute explication de l'être psychique,

---

1. Cf. *supra*, p. 54, note 1.
2. Pour une critique plus détaillée du solipsisme, voir « Le commencement de la philosophie », *infra*, p. 232 *sq*.

sont des exemples repoussants d'une telle conception subjectivante de la réalité effective, qu'on pourrait aisément accumuler. Les sciences singulières ne cesseront de combattre une philosophie de ce genre, et elles peuvent être assurées d'un succès final. Il est certain que sous cette forme, le subjectivisme n'est pas à même de produire un concept unitaire du monde. Il mène un combat sans victoire possible contre les fondements sur lesquels la recherche spéciale a obtenu ses meilleurs succès.

Mais un autre point s'oppose encore à ce subjectivisme. Même si aucune science ne progressait que par le moyen d'une considération objectivante du monde, qu'atteindrait-on grâce aux principes subjectivants du volontarisme et de l'activisme ? En pensant le monde comme produit d'un faire, satisfaisons-nous seulement aux conditions spirituelles qui ont contribué à une lutte contre l'intégration du sujet dans l'ensemble des objets ? Certainement pas, car avec la volonté et l'action seules, rien n'est encore dit de la vision du monde. De quelle *espèce* sont les fins et les buts au service desquels la volonté et l'action se trouvent, voilà ce qui est décisif au premier chef. Lorsque nous exigeons une vision du monde qui nous dise ce que signifie le monde, nous demandons alors – si nous nous comprenons correctement – si notre vie a une *valeur* ainsi que ce que nous devons faire pour qu'elle ait de la valeur. Si les buts et les fins du sujet sont dépourvus de valeur, ils ne donnent alors aucun sens à notre existence. Le meilleur argument du subjectivisme à l'encontre de l'objectivisme est que ce dernier dévalorise <*entwertet*> le monde. La philosophie subjectivante que nous avons considérée jusqu'à présent, prise seulement pour elle-même, ne change encore rien à cette dévalorisation. Même en tant que volonté et en tant qu'action, le monde demeure pour nous incompréhensible comme l'est l'effectivité objective, tant que nous méconnaissons les valeurs de cette volonté et les biens que cette action produit. Même le concept d'évolution créatrice[1] est vide et insignifiant pour la | vision du monde, tant qu'on ne 10 peut le mettre en rapport avec une ascension dans l'ordre des valeurs <*Wertsteigerung*>. Le subjectivisme volontariste succombe à une illusion qu'il est aisé de déceler. Il croit donner une signification au monde en étendant les catégories subjectives à l'ensemble de la réalité effective. Comme si quelque chose pouvait être atteint par le biais d'une telle considération pour ainsi dire quantifiante ! Un moi-monde <*Welt-Ich*> omni-

1. Cf. *supra*, p. 56, note 2.

englobant est tout aussi dépourvu de valeur et nul que peut l'être n'importe quel sujet individuel humain, trop humain. C'est pourquoi le subjectivisme ne nous en dit pas plus que l'objectivisme sur le sens de la vie.

Cela ne doit pas signifier que la philosophie subjectivante soit condamnée par là sous toutes ses formes, ni que toutes les questions qui proviennent de l'intégration sans reste du moi dans la connexion des objets aient perdu leur acuité. Au contraire, si avec la question du sens de la vie ce sont aussi les valeurs qui importent tout d'abord ainsi que la question de ce que nous devons faire, alors il ne sera pas possible d'en rester seulement à ce point, mais il faudra demander en outre comment le sujet peut, en tant que simple objet parmi les objets, prendre position relativement aux valeurs qui donnent un sens à sa vie, et comment vie et valeurs sont reliées entre elles. Enfin, le problème de la réalisation effective des valeurs <Wertverwirklichung> fait aussi certainement son apparition, et des concepts comme la volonté et l'action semblent ici de nouveau essentiels. Mais le besoin d'une appréhension subjectivante ne provient justement que du problème axiologique, et c'est là ce qui importe au premier chef. La validité de la valeur demeure, quoi qu'il arrive, l'élément premier pour la question du sens de la vie. Volonté et action viennent ensuite. Une vision du monde en tant que compréhension du monde ne peut jamais naître d'une simple compréhension subjective <Subjektverständnis>, mais seulement d'une compréhension axiologique <Wertverständnis>. Ce n'est que lorsque nous sommes certains de la valeur que le sujet qui prend position relativement à cette valeur devient important. Qui combat l'objectivisme parce qu'il anéantit le sens de la vie n'atteint encore rien par le seul fait d'extraire le sujet hors de la connexion des objets. C'est là quelque chose de négatif. Un concept de monde obtenu de cette manière, avec son volontarisme, son actualisme et son principe de liberté, est encore complètement vide eu égard aux problèmes de vision du monde. Que nous posions absolument l'effectivité des objets ou que nous la fixions dans le cadre d'un sujet du monde, que nous mettions au « commencement » le monde comme objet <Weltobjekt> ou comme action <Welttat>, cela ne fait aucune différence pour la valeur du monde. Le sujet doit être ancré positivement si nous voulons obtenir une interprétation du sens de la vie, et le fondement dont nous avons besoin pour cela ne peut être qu'un règne de validités axiologiques <Wertgeltungen>, mais en aucun cas la réalité effective du subjectivisme.

| II. VALEUR ET EFFECTIVITÉ   11

Nous voyons ainsi que l'objectivisme tout comme le subjectivisme, dans les formes que nous avons considérées jusqu'à présent, échouent à résoudre le problème de la vision du monde, et la raison en est évidente. Leur concept de monde n'est pas assez large. Tous deux ne connaissent que des réalités effectives, et même si nous pouvons bien penser l'effectivité de manière englobante, elle n'en reste pas moins seulement une partie du monde. Outre les réalités effectives, il y a des valeurs dont nous voulons comprendre la validité. Seuls ces deux règnes pris ensemble constituent ce qui mérite le nom de « monde », et il faut commencer par prendre garde ici à ce que les valeurs que nous opposons aux réalités effectives ne doivent pas être considérées elles-mêmes comme des réalités effectives. C'est ce que nous concevrons de la meilleure manière si nous sommes attentifs à la liaison des valeurs et des réalités effectives, et si nous pensons de nouveau au fait que l'effectivité consiste en objets et en sujets.

Il y a des objets qui, comme on dit, ont de la valeur, ou auxquels des valeurs sont attachées, et qu'on nomme par suite eux-mêmes des valeurs. Une œuvre d'art est un exemple d'une telle effectivité objective. Mais on peut aisément apercevoir que la valeur qui lui est attachée ne coïncide pas, pour ainsi dire, avec sa réalité effective. Tout ce qui est effectif dans un tableau, la toile, les couleurs, la peinture, n'appartient pas aux valeurs qui y sont liées. Nous voulons par conséquent nommer « biens » de telles effectivités objectives liées à des valeurs, pour les distinguer des valeurs qui leur sont attachées. Les « valeurs » économiques dont parle l'économie nationale ne sont donc pas non plus des valeurs mais des biens, et la séparation entre bien et valeur est tout aussi aisée dans d'autres cas.

Cependant, la valeur est liée en outre à un sujet qui évalue des objets, et on peut être alors d'avis qu'une réalité effective ne devient un bien – qu'un tableau devient une œuvre d'art – que par le fait qu'un sujet lui adjoint une valeur. L'acte d'évaluation par lequel cela se produit coïncide-t-il pour autant avec la valeur elle-même ? On est bien souvent enclin à répondre également à cette question par l'affirmative, ou bien l'on dissociera tout au plus l'une de l'autre valeur et évaluation comme dans le « sentiment » on dissocie le plaisir ou la douleur de l'acte de sentir. De même qu'il n'y a de plaisir que dans la mesure où il est ressenti, il n'y aurait ainsi de valeur que dans la mesure où des sujets les évalueraient. La valeur elle-même serait ainsi une réalité effective, plus exactement un être psychique, et une science des valeurs serait par conséquent une partie de la psychologie.

12　　| Dans ce point de vue largement répandu se cache l'un des préjugés les plus égarants de la philosophie, et le mélange de la valeur et de l'évaluation se trouve même là où l'on a bien vu que la psychologie ne peut absolument pas, en tant que science de l'être psychique, commencer par les problèmes axiologiques. Nous devons par conséquent souligner avec la plus grande force que les valeurs doivent être séparées conceptuellement de l'acte psychique du sujet évaluant, comme en général de toute évaluation et de toute volonté, tout aussi fermement qu'elles doivent l'être des objets auxquels elles sont attachées, c'est-à-dire des biens. Il n'est certes pas douteux que les valeurs soient toujours liées pour nous à des évaluations, mais, précisément, elles sont *liées à elles*, et pour cette raison elles ne sont pas *la même chose* que les évaluations effectives. La valeur appartient, en tant que valeur, à une tout autre sphère conceptuelle que l'évaluation effective, et elle recèle par conséquent un tout autre problème. Dans le cas d'un acte d'évaluation, on peut demander alors s'il existe ou non, mais la réponse à cette question ne dit strictement rien de la valeur elle-même. Si c'est en effet la valeur en tant que valeur qui est prise en considération, alors la question portant sur son existence est dépourvue de sens. On ne peut ici demander que si elle « vaut » ou non, et cette question ne coïncide en aucun cas avec celle de l'existence de l'évaluation. C'est ce qui peut aisément être éclairci dans le cas de valeurs théoriques, c'est-à-dire de vérités scientifiques. Personne ne tiendra pour équivalentes la question de savoir si la valeur théorique attachée à une proposition vaut – si, comme on dit d'habitude, la proposition est vraie – et la question de savoir si cette validité est reconnue factuellement, si la valeur théorique est, elle aussi, effectivement évaluée. De la même façon, la vue évidente <*Einsicht*> du fait que quelque chose est effectivement évalué – éventuellement par tout homme en tout temps, et même par tout être évaluant – ne peut absolument rien dire quant à la question de savoir si la valeur concernée vaut ou non. Au contraire, une valeur peut valoir sans qu'un acte d'évaluation ait lieu où que ce soit et à quelque moment que ce soit. C'est de cette manière que valent, par exemple, toutes les vérités qui n'ont pas encore été découvertes par la science. Mais même s'il n'y avait pas une seule valeur telle qu'elle pût valoir indépendamment de toute évaluation, les concepts de valeur et d'évaluation devraient pourtant être distingués pour cette raison aussi strictement l'un de l'autre que le sont les concepts de valeur et de bien.

Bref, biens et évaluations ne sont pas des valeurs mais des liaisons de réalités effectives à des valeurs. C'est pourquoi les valeurs elles-mêmes ne peuvent se trouver ni dans le domaine des objets ni dans celui des sujets, mais elles constituent un règne pour soi qui se situe *par-delà le sujet et l'objet*. Et si le monde consiste ainsi en réalités effectives et en valeurs, alors l'opposition entre ces | deux règnes est en même temps l'opposition 13 dans laquelle se tient le problème du monde. Cette opposition est bien plus englobante que celle de l'objet et du sujet. Les sujets se présentent désormais en même temps que les objets, sur le premier versant, en tant que réalités effectives, et constituent la première partie du monde. Nous devons leur opposer les valeurs en tant que l'autre partie du monde, et demander alors comment ces deux parties se rapportent l'une à l'autre, comment elles peuvent éventuellement être amenées à l'unité. C'est ainsi que nous voyons comment apparaît pour la philosophie un nouveau problème fondamental à partir d'un élargissement du concept de monde. Ce n'est que lorsqu'elle se tourne vers la question du rapport de la valeur et de la réalité effective qu'elle traite effectivement le problème du monde et qu'elle peut espérer fournir une vision du monde qui soit plus qu'une simple explication de la réalité effective.

Avant, toutefois, de nous engager dans la question de l'unité de la valeur et de la réalité effective, nous devons établir avec clarté quelle position occupe la philosophie relativement à chacun de ces deux règnes considéré séparément. Elle ne se rapporte pas autrement à la réalité effec- tive que ne le fait la recherche spéciale, c'est-à-dire qu'elle n'est pas fondée à poser une quelconque limite au procédé objectivant tant que les sciences spéciales en restent à des problèmes d'effectivité et ne s'occupent pas des problèmes axiologiques, qui ne sont jamais identiques aux premiers. La philosophie peut-elle toutefois procéder elle-même de manière objecti- vante? Certainement, lorsqu'elle a elle-même affaire à des problèmes d'effectivité. Mais y a-t-il encore aujourd'hui pour elle de purs problèmes d'effectivité? Manifestement non, pour autant qu'il s'agit de parties de la réalité effective – si l'on veut tracer en général une frontière entre philosophie et science singulière. Car il est caractéristique de la situation scientifique contemporaine que *chaque* partie de la réalité effective soit devenue l'objet d'une discipline singulière. Ce n'a pas toujours été le cas. À l'origine, la philosophie contenait même en elle tous les problèmes d'effectivité. Mais cet état est depuis longtemps révolu, et jamais la philo- sophie ne pourra y revenir. Au cours du temps, les sciences singulières lui ont soustrait les problèmes d'effectivité les uns après les autres, et son objet a dû par conséquent se modifier. Ce procès a, au moins en principe, atteint sa fin depuis quelque temps, ce qui a une signification décisive, non pas, bien sûr, pour l'activité effective des philosophes, mais plutôt pour le concept de la philosophie en tant que science particulière. Il est à présent possible de séparer conceptuellement avec netteté les uns des autres les problèmes des sciences singulières et les problèmes spécifiquement philosophiques, quelque étroite que puisse être leur liaison et combien peu praticable (ou même simplement souhaitable) leur traitement séparé par des chercheurs différents. Tous les processus corporels et tous les processus spirituels sont aujourd'hui étudiés de manière objectivante par des

14 sciences singulières, | et la philosophie n'a qu'à accepter les résultats de ce travail. En aucune des parties de l'effectivité objective elle ne trouve ne serait-ce que la plus petite place libre pour une position de problème et un travail spécifiquement philosophiques.

Face à l'effectivité, la philosophie ne peut par conséquent avoir qu'*une* tâche : par opposition aux sciences singulières, qui se restreignent toujours à des parties, elle doit être la science du tout. Cela n'est pourtant pas sans équivoque. Même les sciences spéciales ont, dans une certaine perspective, affaire au tout. Elles bâtissent des théories qui doivent valoir pour tous les corps et pour toute vie spirituelle, et elles ne voudront finalement pas se priver d'étudier les relations qui existent entre le physique et le psychique, quand bien même on tient encore cela, aujourd'hui aussi, pour un travail qui revient au philosophe. Le procédé qui peut seul conduire à la solution de ces problèmes est le même, en principe, que celui de la recherche singulière. C'est seulement là où le procédé scientifique spécial des sciences objectivantes échoue principiellement que la philosophie peut espérer trouver dans l'effectivité un champ pour l'activité qui n'est propre qu'à elle.

Or on peut montrer de fait que la recherche singulière parvient à une limite qu'elle ne peut réussir à surmonter, même moyennant le plus grand perfectionnement pensable. Elle reste toujours limitée à une partie de l'effectivité, quelle que soit la taille de cette partie. Par souci de simplicité, il n'est que de penser au tout corporel de l'effectivité. En lui, la recherche singulière n'atteint aucune fin, ni dans le petit ni dans le grand. Elle ne parvient toujours qu'à l'avant-dernier terme. Le dernier terme – le tout de l'effectivité au sens fort – n'entre pas dans son concept, et il ne fait pourtant aucun doute que ce concept du tout de l'effectivité contient lui aussi un problème, puisque toute partie est nécessairement liée à ce tout (pour autant seulement qu'elle est une partie effective), en tant qu'elle est une partie de ce tout, qui ne serait donc pas effective sans le tout lui-même. Dans le cas du tout corporel, la philosophie, qui ne peut fondamentalement s'imposer aucune limitation, doit donc entrer en jeu avec son travail, et la même chose vaut aussi pour l'«âme».

Le problème du tout de l'effectivité est-il cependant encore un problème d'effectivité au sens où le sont les problèmes des sciences singulières de l'effectivité? Une différence caractéristique surgit immédiatement. Toute effectivité devant être étudiée par les sciences singulières doit soit être prétrouvée et donnée en tant que quelque chose de factuel <*etwas Tatsächliches*>, soit au moins pouvoir être prétrouvée de la même manière que ce qui est donné factuellement <*faktisch*>. Mais le tout de l'effectivité auquel chacune des parties prétrouvables | appartient et sans **15** lequel elle ne serait pas effective ne peut jamais lui-même être prétrouvé ni donné. Il ne peut être que pensé comme quelque chose qui doit être toujours cherché et jamais trouvé, en tant qu'exigence qui nous est nécessairement adressée; et il s'ensuit que le concept du tout de l'effectivité n'est plus un pur concept d'effectivité mais un concept dans lequel l'effectivité se rattache à une valeur. L'exigence en tant que quoi seulement nous saisissons le tout de l'effectivité – cette exigence vaut, et le moment axiologique de ce concept est justement ce que le tout de l'effectivité soustrait aux sciences singulières et à leurs recherches. Tant que nous parlons de parties de l'effectivité, nous restons donc dans ce qui est simplement effectif, et la philosophie n'a par conséquent plus rien à y faire. Dès que, passant par-dessus les parties, nous nous élevons au tout, nous sommes également portés hors de l'effectivité.

De nouveau, il en résulte que le concept de monde est trop étroit tant qu'on cherche à l'identifier à celui de l'effectivité. Il ne nous est jamais possible de former sans le concept d'une valeur le concept du monde en tant que tout de l'effectivité, et personne ne doutera de la validité de cette valeur. Par là, c'est du même coup le concept de la philosophie qui se trouve éclairci moyennant la détermination de son rapport à celui des sciences singulières. Tous les purs problèmes d'effectivité sont des problèmes qui ne s'étendent qu'à des parties de l'effectivité, et c'est pourquoi ils relèvent du principe de la recherche spéciale. Parmi eux, il faut donc aussi traiter les évaluations et les biens de manière objectivante, et pour peu qu'on fasse seulement abstraction de la validité des valeurs qui leur sont liées, on ne peut rencontrer là aucune difficulté. Aucune partie de l'effectivité ne se soustrait donc aux sciences singulières objectivantes. C'est pourquoi en elles, pour parler avec Hegel, l'objectivisme est « supprimé »[1]. Parce qu'il ne reste plus pour la philosophie de pur problème d'effectivité, son travail n'entre en jeu qu'avec les problèmes axiologiques. Ainsi la limite entre elle et la recherche spéciale est-elle nettement tracée. À cela correspond le fait qu'il n'y a plus de place dans la philosophie pour le procédé objectivant. On ne peut pas s'attaquer aux problèmes axiologiques de manière objectivante. Même le problème du tout de l'effectivité ne tolère aucun traitement objectivant.

Mais est-ce la raison pour laquelle la considération subjectivante gagne pour ainsi dire plus de place, et faut-il alors opposer la philosophie en tant que science subjective de la valeur et les sciences singulières en tant que sciences objectivantes de l'effectivité ? Tant qu'il ne s'agit que des valeurs en tant que valeurs, il faut répondre par la négative à cette question, et les

16   raisons s'en tirent aisément des remarques portant sur le | concept de valeur. Il est toutefois nécessaire de le dire avec insistance, aujourd'hui où l'on confond la plupart du temps valeurs et évaluations ; c'est pourquoi, de même que nous avons déterminé sa situation relativement aux réalités effectives considérées pour soi, nous allons aussi déterminer expressément la situation de la philosophie relativement aux valeurs considérées pour soi. C'est alors seulement que nous pourrons nous tourner vers la question du rapport de la valeur et de la réalité effective – c'est-à-dire vers le problème fondamental de la vision du monde – et que nous pourrons aussi en venir à une décision quant à la signification du subjectivisme.

On énonce souvent la pensée selon laquelle c'est dans les valeurs que se trouvent les problèmes philosophiques et, au moins depuis le réveil de l'intérêt philosophique, cette pensée fait progressivement son chemin. S'il est vrai que dans sa forme la plus radicale selon laquelle la philosophie signifie une inversion de toutes les valeurs[2], elle est devenue un pur et

1. On reconnaît là un des concepts centraux de la dialectique hégélienne, l'*Aufhebung*, dont Rickert aime à rappeler le triple sens : il signifie pour lui en effet tout à la fois dépasser (*überwinden*), conserver (*bewahren*) et élever (*hinaufheben*).
2. Allusion évidente à la formule nietzschéenne (*Umwertung aller Werte*). Avec l'« éternel retour du même » et la « volonté de puissance », l'« inversion de toutes les valeurs » constitue l'une des pensées cardinales de la philosophie nietzschéenne. Rappelons ici que cette formule d'une « inversion de toutes les valeurs » constituait au départ (été 1886) le sous-titre de l'ouvrage projeté par Nietzsche sous le titre de *Volonté de puissance*, avant de devenir (à partir de septembre 1888) le titre principal de ce projet qui, comme on le sait, ne sera pas

simple slogan à la mode, et même si l'on fait abstraction de ce point, les recherches sur l'évaluer et sur les valeurs n'en occupent pas moins à notre époque une large place. Comme nous l'avons vu toutefois, tant qu'il s'agit de l'évaluer, et donc tant que le sujet effectif et ses évaluations sont mis au premier plan, on n'a pas encore atteint ce dont il s'agit pour la philosophie. Une philosophie des évaluations n'est pas une philosophie des valeurs, même quand elle en porte le nom. Elle inclut tout au plus un traitement des problèmes axiologiques et, tant que n'en sont pas nettement distingués les problèmes de l'effectivité, elle ne peut jamais parvenir à la position claire d'une question. Il est impossible, en particulier, de déduire de la nature générale du sujet qui évalue la diversité de contenu des valeurs; or c'est précisément de cette diversité qu'il retourne pour la philosophie, car ce n'est que sur le fondement de sa connaissance que nous pouvons obtenir une vision du monde qui soit une interprétation du sens de la vie. Si nous voulions rattacher nos considérations à l'évaluer, nous ne pourrions alors naturellement pas partir d'un sujet individuel singulier et de la quantité de ses évaluations personnelles, parce que nous resterions pris alors dans ce qui est purement personnel et individuel sans jamais parvenir à une vision du monde. Nous devrions bien plutôt former le concept général d'un sujet évaluant en général. Mais, dès que nous interrogeons le contenu des valeurs, ce sujet, avec ses actions volontaires et ses positions de buts généralisées, est complètement vide et sa prise en considération serait par suite nécessairement infructueuse pour la doctrine des valeurs. Le combat contre le subjectivisme est justifié lorsqu'il s'oriente contre la tentative de faire du moi voulant, saisi de quelque manière généralisante que ce soit, l'assise fondamentale de la vision du monde. Une philosophie des valeurs qui fait une telle tentative ne va pas au-delà d'un mauvais | subjectivisme. Si elle 17 n'a pas affaire non plus à des objets, elle a pourtant besoin d'un principe « objectif », et elle ne peut pas plus l'obtenir à partir du sujet évaluant qu'à partir du sujet en général.

Cela ne doit pas signifier que la doctrine de la valeur doive faire en quelque sorte complètement abstraction de l'effectivité. Au contraire, ce

mené à bien, mais dont procéderont le *Crépuscule des Idoles* et *L'Antéchrist*. Il est naturel que l'idée d'une telle inversion soit celle qui, dans son articulation à l'idée d'une philosophie de la vie, suscite le plus grand nombre de discussions sous la plume d'un philosophe néokantien des valeurs comme Rickert. *Cf.* sur ce point le deuxième article traduit ici, « Valeurs de vie et valeurs de culture », p. 97 *sq.*

n'est qu'*à même* <*an*> les réalités effectives qu'on peut trouver les valeurs dans leur diversité et leur déterminité de contenu, et le concept des réalités effectives liées aux valeurs qui leurs sont essentielles appartient encore, par conséquent, au concept de la philosophie en tant que doctrine de la valeur. Nous trouverons d'autant plus aisément ce concept que nous réfléchirons au fait que l'essence de la valeur est sa validité. Il s'ensuit en effet que les valeurs qui entrent en ligne de compte pour la compréhension axiologique sont *celles* pour lesquelles une prétention à la validité est élevée, et ce n'est pas ailleurs que dans la *vie culturelle* que les réalités effectives auxquelles de telles valeurs sont attachées sont immédiatement accessibles. La culture est le concept d'un bien, et elle ne peut être comprise que comme telle. La diversité des valeurs s'est en quelque sorte déposée dans les biens culturels, et cela s'est produit au cours de l'évolution historique. La philosophie doit donc tourner son regard vers les biens culturels pour y trouver la diversité des valeurs. Pour ce faire, elle se tournera vers la science qui traite de manière objectivante la culture en tant que réalité effective, et qui déploie sa richesse et sa diversité de manière individualisante. Or c'est là ce que fait l'histoire. Ce ne sont donc pas des sujets mais des effectivités objectives que la philosophie doit analyser, pour autant qu'elle est doctrine de la valeur, en prenant en considération les valeurs qui leur sont attachées. Elle doit détacher les valeurs des objets culturels et chercher alors à établir quelles sont ces valeurs qui font des objets culturels des biens culturels. Elle connaîtra et comprendra alors les valeurs en tant que valeurs dans leur pureté. Naturellement, on pourrait aussi trouver les valeurs en s'en tenant aux sujets, dans la mesure où, par leur évaluation, ils prennent position par rapport aux biens culturels – et c'est bien ce qu'on a toujours fait sans le savoir là où il semblait que les valeurs étaient obtenues à partir de l'essence du sujet. Mais la spécificité et la diversité de la prise de position qui serait alors à considérer sont dépendantes de la spécificité et de la diversité des objets culturels face auxquels les sujets se tiennent; c'est pourquoi tant qu'il ne s'agit que de connaître les valeurs elles-mêmes dans leur spécifi-cité et leur diversité, l'étude du sujet évaluant est un détour superflu, et même parfois égarant. On pourrait croire en effet que la doctrine de la valeur est bâtie sur une psychologie de l'évaluer et du vouloir.

18 | La question de savoir comment la philosophie doit élaborer les biens culturels pour y trouver les valeurs conduirait du concept général de la philosophie jusqu'à celui de son système, dont l'exposition doit être réservée à un autre ensemble de pensées[1]. Seul importe ici le principe général du dépassement du mauvais subjectivisme dans la doctrine de la valeur. Il est incontestable que nous sommes dès lors menacé d'aller du Charybde du psychologisme au Scylla de l'historicisme, qui est lui aussi un mauvais subjectivisme. C'est une des tâches les plus importantes de la philosophie que de trouver le moyen dont elle a besoin pour éviter ce danger. Indiquons simplement qu'une grande partie de la philosophie s'est orientée jusqu'à présent d'après la diversité des biens culturels historiques, et que, la plupart du temps, il lui a seulement manqué d'en avoir conscience. La philosophie théorique, ou ce qu'on appelle logique, théorie de la connaissance etc., se rattache au bien culturel qu'est la science. Au cours de l'histoire, les valeurs théoriques de la vérité se sont incorporées en lui, et ce n'est qu'à son contact que nous pouvons les trouver. L'éthique s'en tient aux biens de la vie sociale dans leur devenir historique, au mariage, à la famille, à l'État, à la nation, etc. L'esthétique tourne son regard vers l'art dans sa diversité historique, et les parties de la philosophie dans lesquelles la connexion avec la vie historique n'a pas ce degré d'évidence n'auraient également aucune consistance si les religions historiques n'avaient pas porté à leur conscience les problèmes auxquels elles se confrontent. Il ne s'agit donc pas de remodeler radicalement ce qui a déjà commencé, mais de l'expliquer conceptuellement et de le continuer consciemment.

La pensée selon laquelle les religions appartiennent aussi à la culture historique peut montrer simultanément que le concept de valeur n'est pas saisi pour ainsi dire trop étroitement lorsque nous l'identifions à celui de valeur culturelle. Il est de l'essence de la religion qu'elle s'élève au-delà de toute culture et de toute histoire, et la philosophie tendra elle aussi au *supra*-historique et au transcendant. Mais, de même que le religieux ne trouve son expression que dans la vie terrestre, la philosophie doit malgré tout se rattacher partout à ce qui est historique et immanent, pour disposer en général d'un matériau immédiatement accessible pour l'élaboration de ses problèmes. Ce n'est qu'en passant par l'historique que le chemin peut mener au *supra*-historique. C'est donc au contact du matériau historique que la philosophie doit porter à sa propre conscience les valeurs en tant que valeurs.

---

1. *Cf.* sur ce point le troisième article traduit ici : « Le système des valeurs », p. 133 *sq.*

Ce n'est que lorsque cela s'est produit qu'elle peut se consacrer à la
19 | tâche de délimiter les différentes espèces de valeurs les unes par rapport
aux autres, de concevoir chacune d'entre elles dans son caractère propre et
de déterminer les rapports dans lesquels elles se tiennent les unes relativement aux autres, pour parvenir finalement sur cette voie à un système des
valeurs, pour autant que c'est possible en utilisant un matériau historique
et, par suite, nécessairement non clos[1]. C'est ainsi qu'apparaît le concept
d'une doctrine pure de la valeur, que nous opposons au concept de la
science singulière en tant que concept d'une doctrine pure de l'être. Seule
cette doctrine de la valeur, orientée vers les grandes puissances de l'histoire
et surmontant en même temps l'historicisme par sa systématique, peut,
contrairement à une prise en considération subjective des évaluations,
surmonter le mauvais subjectivisme qui se lie si aisément à la philosophie
des valeurs, et fournir un fondement solide au traitement des questions de
vision du monde. L'expérience de la vie dont nous avons besoin pour une
vision du monde doit être expérience dans la vie historique. Avant le
problème du monde <*Weltproblem*>, il y a le problème axiologique
<*Wertproblem*>, et avant lui le problème de l'histoire. Sans doute la
philosophie ne se résout-elle pas dans l'histoire. Si les philosophes du passé
l'avaient cru, nous ne disposerions aujourd'hui d'aucune histoire de la
philosophie. La philosophie doit anéantir dans sa systématique tout ce qui
est simplement historique. Mais ce qu'on dit de la nature vaut aussi de
l'histoire : nous ne la vaincrons qu'en lui obéissant[2].

III. L'INTERPRÉTATION DU SENS

Le concept de la philosophie n'est pourtant pas encore épuisé par le
concept d'une doctrine pure de la valeur. Le dernier problème doit être
celui de l'unité de la valeur et de l'effectivité, et la philosophie doit par
conséquent se mettre à la recherche d'un troisième règne <*dritten Reich*>[3]

---

1. La résolution de cette difficulté constitue le nerf de l'article déjà mentionné, «Le
système des valeurs». Cf. *infra*, p. 135 *sq*.
2. Allusion à F. Bacon, *Novum Organum*, Livre I, aphorisme 3, trad. fr. par M. Malherbe
et J.-M. Pousseur, Paris, PUF, 1986, p. 101. Voir également le développement de cette idée en
préceptes dans le Livre II, aphorisme 4, trad. p. 188-189.
3. Cette référence à un «troisième règne» est assurément un *topos* de la philosophie au
début du XXe siècle. C'est ainsi qu'il fut notamment thématisé par G. Frege pour désigner un
domaine se trouvant au-delà de l'opposition du physique et du psychique (*Recherches*

qui relie l'un à l'autre les deux domaines qui ont été jusqu'à présent volontairement séparés. La même tâche lui incombe du fait qu'elle doit fournir une vision du monde, c'est-à-dire qu'elle doit interpréter le sens de la vie. La compréhension de la valeur ne suffit pas encore à donner lieu à une telle vision du monde. Il s'agit de remettre en relation les valeurs qui ont été séparées des biens historiques de la culture puis systématisées et la vie effective qu'il est vain de chercher dans l'histoire.

À différentes époques, la philosophie s'est souciée d'une unité entre valeur et effectivité, y compris là où elle ne savait pas qu'elle le faisait, et où elle ne pouvait pas le savoir parce qu'on n'était pas encore parvenu à une dissociation des concepts de valeur et de réalité | effective. On peut dire 20 d'emblée que ce n'est qu'à partir de là que la plupart des recherches que nous avons l'habitude de rassembler sous le terme de métaphysique, et qui se caractérisent par une manière de tenir le monde d'ici-bas pour insuffisant, deviennent compréhensibles d'après le contenu qui leur est propre. La doctrine platonicienne des Idées peut valoir ici comme un exemple classique. Elle est en même temps devenue le paradigme de la plupart des formations de pensée métaphysiques ultérieures. En elle, les valeurs (qui valent) sont devenues de véritables réalités effectives, et ce geste se répète ensuite souvent, par exemple là où l'on considère la loi de la nature comme une réalité. La valeur théorique du « général » se trouve alors hypostasiée. Puisque, cependant, on ne trouve pas d'unité de la valeur et de l'effectivité dans *cette* réalité effective qui nous est immédiatement accessible – et puisqu'on ne peut pas la trouver pour cette simple raison que l'unité doit être « générale », ce que les réalités effectives que nous connaissons ne sont jamais pour nous – elle doit ainsi se trouver par-delà toute expérience, dans

logiques, I, « La pensée », trad. fr. par C. Imbert dans *Écrits logiques et philosophiques*, Paris, Seuil, 1971, p. 184), mais aussi par G. Simmel pour renvoyer à un domaine de contenus idéaux échappant à l'opposition du sujet et de l'objet (*Hauptprobleme der Philosophie*, III, in *Georg Simmel Gesamtausgabe*, Frankfurt am Main, Suhrkamp, 1996, t. 14, p. 96 et 99), ou encore par E. Cassirer à propos du domaine de la signification pure et de la pensée (« Le système symbolique et sa place dans la philosophie », trad. fr. É. Dufour dans *Néokantismes et théorie de la connaissance*, Paris, Vrin, 2000, p. 214). Ajoutons que dans la littérature de l'époque, c'est également par cette expression que T. Mann désigne dans ses *Essais* (Frankfurt am Main, 1993, t. 2, p. 37 *sq.*, 160, 224, 231, 234, 376) le règne de l'humanité religieuse en tant que réunion fusionnante de la nature et de l'esprit. – Rickert évoque souvent ce troisième règne comme un « règne intermédiaire » (cf. *infra*, p. 76). Il est ce « monde antérieur » qui est l'objet de ce que Rickert nomme la *prophysique* (*cf.* le dernier article ici traduit : « Thèses pour le système de la philosophie », *infra*, p. 268).

le métaphysique *<im Metaphysischen>* précisément. C'est là que trône alors l'effectivité du monde *<Weltwirklichkeit>*, ainsi qu'on peut l'appeler, en tant que l'absolu dont provient tout ce qui prétend à la signification, à l'aune duquel est mesurée sa valeur, et vers lequel il doit tendre.

Seul le lieu logique de cette métaphysique doit toutefois être indiqué dans le système des concepts développés précédemment, afin qu'on voie clairement ce que ces concepts englobent. Par ailleurs, il faut encore fournir une indication supplémentaire sur la raison pour laquelle nous avons des réticences à suivre le projet d'une métaphysique de l'effectivité transcendante du monde. Puisque la solution du problème du monde exige de nous que nous pensions comme « essence » quelque chose qui est à la fois effectivité et valeur, il peut se faire que sous ce quelque chose, qui doit être aussi bien l'un que l'autre, nous ne pensions ni l'un ni l'autre, et qu'il ne soit jamais permis d'espérer trouver le tout dans ce néant. Il est vrai qu'on pourrait être tenté de reconduire le type tout entier d'une métaphysique moniste de la valeur à la confusion d'un « ni – ni » et d'un « non seulement – mais encore », et de renvoyer alors à des concepts tels que la substance de Spinoza. Même si, cependant, nous voulions penser valeur et effectivité comme coïncidant dans une réalité transcendante *<jenseitigen>*, nous pourrions encore tout à fait nous demander s'il est jamais possible sur cette voie d'obtenir une vision du monde qui interprète le sens de notre vie. La liaison des valeurs et de notre vie serait ici, en tout cas, toujours encore inéclaircie, et n'est-ce pas précisément la meilleure manière d'anéantir le sens de la vie que de déplacer dans une effectivité transcendante les valeurs qui doivent lui conférer une signification ?

21   Il semble donc que nous soyons fondé à chercher une autre voie, | et la métaphysique de ce style ne constitue assurément pas non plus la seule. D'après l'opinion de plus d'un penseur, ce n'est pas dans une réalité transcendante mais dans l'immédiateté de l'« intuition » que l'essence unitaire du monde doit se révéler à nous, et c'est ainsi que l'« intuitionnisme » pourrait tenter de trouver également l'unité de la valeur et de la réalité effective dans le « vécu » *<Erlebnis>* qui n'est pas encore troublé ni brisé par le concept. La situation d'extériorité réciproque dans les deux règnes serait alors une scission de l'immédiat et de l'absolu, ne devant son être-là qu'à notre intellect, et il nous suffirait d'oublier cette formation dualiste de concepts pour revenir à la pureté et à l'unité de l'essence, et pour parvenir ainsi au troisième règne que nous recherchons.

Notre tâche ne peut pas consister à prendre position de manière complète face à cette philosophie intuitive. Seul semble certain le fait que, suivies de manière conséquente, ces tendances doivent en venir, de concert avec la mystique conséquente, à déclarer que l'unité qu'elles croient avoir trouvée est quelque chose de parfaitement indicible. L'essence se laisse bien vivre intuitivement, mais on ne peut partager ce vécu avec personne d'autre, et on ne peut produire absolument aucune science à partir de lui seul. Toute nomination compréhensible présuppose déjà une formation de concept qui transforme le vécu et qui, par conséquent, détruit de nouveau l'unité. On peut bien former le concept d'un « pur contenu » totalement dépourvu de forme, ce concept peut même être d'une signification éclairante pour le cours de bien des pensées, mais il ne sera jamais plus qu'un concept scientifique limite. Il est sans doute juste, également, que nous devions vivre tout ce dont nous nous occupons dans la science. Si, par suite, la métaphysique de l'intuitionnisme veut seulement renvoyer au fait qu'il y a au fondement de notre pensée dans son ensemble quelque chose de purement et simplement irrationnel, qui ne pénètre dans aucun de nos concepts et qui constitue pourtant le point de départ de toute formation de concept, elle a raison ; comme nous le verrons, il peut être nécessaire, en effet, pour la philosophie de revenir, aussi loin qu'il est possible, à l'immédiateté du simple vécu.

Mais, de manière tout aussi certaine, chaque énoncé, comme finalement toute science, signifie la suppression <*Aufhebung*> du vivre irrationnel, et voici ce que nous visons précisément : dès lors que nous tentons de ramener le contenu d'ensemble de nos vécus élémentaires et originaires sous les concepts les plus englobants, ils tombent nécessairement l'un en dehors de l'autre dans les deux règnes des valeurs et des effectivités. C'est la raison pour laquelle, même par l'intuition, nous ne pouvons rien trouver dans le vécu lui-même qui rattache de nouveau l'un à l'autre ces deux règnes de manière scientifique et qui résolve ainsi le problème du monde. Déjà lorsque nous parlons d'une *effectivité* du | vécu, nous supprimons **22** l'unité immédiate et donnons conceptuellement forme au vécu. Les effectivités de vécu <*Erlebniswirklichkeiten*> ne sont ainsi qu'une partie de nos vécus et s'opposent aux vécus de monde <*Welterlebnissen*>, qui ne sont pas des effectivités de vécu et qui ne s'y laissent jamais reconduire conceptuellement.

Ce qu'opère cette métaphysique de l'expérience immédiate ou de l'immanence pure sert donc tout autant et tout aussi peu à la résolution du problème du monde que ce qu'opère de son côté celle qui cherche l'unité dans le transcendant. Il n'est besoin d'aucune preuve supplémentaire pour monter qu'elle ne produit, elle non plus, aucune vision du monde qui interprète le sens de la vie et qui soit en même temps partageable scientifiquement. Dans le meilleur des cas, le monisme qu'est l'intuitionnisme représente le point de vue préscientifique. Déplorer <*beklagen*> la destruction de l'unité immédiate du vécu c'est dénoncer <*anklagen*> la science en général, et non remplacer en quelque sorte un point de vue scientifique particulier par une vue <*Einsicht*> d'une plus haute scientificité. La science doit toujours être au moins dualiste. Tout monisme qui veut être science constitue en vérité la tentative de former un concept embrouillé à partir de plusieurs concepts clairs dans leur dissociation. Dans cette mesure, nous ne sortons jamais non plus du dualisme de la valeur et de l'effectivité, et dans cette mesure, le problème du monde est donc absolument insoluble. Plus exactement, il n'y a ici aucun problème qui, correctement compris, soit un problème relevant de la science. Former le concept du monde signifie en déployer la multiplicité et la richesse. L'aspiration à l'unité conduit ici au dénuement.

Si nous voulons malgré tout parvenir à un troisième règne qui lie l'une à l'autre valeur et effectivité et dans lequel par conséquent nous puissions aussi espérer trouver cette vision du monde que nous cherchons, il ne peut s'agir que d'une unité qui relie les deux domaines de telle sorte qu'ils y soient en même temps conservés dans leur dualité et leur particularité. C'est donc un règne intermédiaire <*ein Zwischenreich*> que nous cherchons, et non quelque chose comme un troisième règne existant pour soi à la manière de la valeur et de l'effectivité, car celles-ci constituent une alternative. Il ne nous est pas non plus possible de songer mettre d'abord l'unité en lumière par le biais d'un concept totalement nouveau. Elle ne peut être que prétrouvée, et nous devons nous restreindre à comprendre le prétrouvé comme unité de la valeur et de l'effectivité. Mais ici aussi apparaissent pourtant des difficultés caractéristiques. La « liaison » recherchée ne peut avoir quoi que ce soit de commun avec une liaison réelle ou même causale. Cette dernière n'est possible qu'entre deux réalités effectives, alors qu'ici l'effectif doit être rattaché à l'ineffectif. Il en résulte que les expressions dont nous disposons pour l'unité ne doivent être **23** comprises qu'en un sens impropre et ne peuvent pas tolérer d'être | forcées. C'est ce que nous devons garder en vue par la suite.

Trouver en général une liaison entre valeur et effectivité ne réserve aucune difficulté. Nous le savons, les valeurs ne se présentent pour nous que liées à des réalités effectives, à même des biens ou des évaluations. Lorsqu'il s'est agi de les détacher des réalités effectives, nous avons tourné le regard vers les objets auxquels elles sont jointes, vers les biens que la vie culturelle historique nous présente. À présent en revanche, nous ne pouvons pas du tout commencer par les biens, et la raison pour laquelle ils sont inappropriés est à vrai dire celle-là même qui les rendait utilisables précédemment. Quand il s'agit de comprendre la liaison entre valeur et effectivité en tant que liaison, en tant qu'unité, le caractère achevé <*Fertigkeit*> des biens dont les valeurs peuvent être détachées ne signifie rien de plus que rigidité et incompréhensibilité. La valeur est attachée aux biens, mais le principe du rattachement n'est pas précisé ici. En revenant pour ainsi dire en arrière, nous devons tenter à présent de revenir de ce qui est devenu au devenir, des biens achevés à l'acte d'évaluation qui adjoint une valeur à la réalité effective et en fait par conséquent un bien. Si nous devons comprendre l'unité, il nous faut diriger notre attention sur le procès du développement simultané <*Prozess des Zusammenwachsens*> de la valeur et de l'effectivité, et le sujet, que nous avons dû repousser tout à l'heure à l'arrière-plan, regagne ainsi pour nous de l'importance.

Mais cela seul en dit encore peu. Il pourrait tout d'abord sembler que nous en revenions ainsi à une psychologie de l'évaluer, alors qu'il n'en est naturellement pas question. La psychologie est objectivante, y compris lorsqu'elle traite du sujet, et c'est la raison pour laquelle même lorsqu'elle étudie les évaluations elle n'a affaire par conséquent qu'à une effectivité psychique et non aux valeurs en tant que valeurs. Puisque c'est bien la liaison de la valeur et de l'effectivité que nous voulons comprendre, nous ne devons en aucun cas objectiver ni jamais perdre de vue la valeur en tant que valeur. Mais ne sommes-nous pas alors revenu à ce subjectivisme que nous avons réprouvé plus haut? Ce n'est pas le cas non plus; car avec lui, dès lors que nous voudrions considérer les évaluations effectives de manière subjectivante, nous n'entrerions pas seulement en conflit avec la psychologie objectivante, mais nous n'avancerions globalement d'aucun pas vers notre but. Bien que nous ayons présentement affaire aux évaluations, nous ne pouvons rechercher aucune espèce de connaissance de l'effectivité.

Mais qu'est-ce qui, dès lors, est encore possible? De quelle manière pouvons-nous former des concepts s'il doit s'agir d'une appréhension de la réalité effective qui ne soit ni objectivante ni subjectivante, et si les concepts axiologiques purs ne peuvent pas, eux non plus, entrer en ligne de compte ? Nous voulons seulement savoir ce que les actes d'évaluation **24** *signifient* pour | la saisie de la valeur et pour son introduction dans l'effectivité, c'est-à-dire pour la constitution de biens. En effet, la seule chose que nous voulons au fond à présent, c'est d'établir ce qu'il faut entendre par l'acte évaluatif du sujet si nous n'objectivons pas ce qui est désigné par là et ne supprimons donc pas sa relation à la valeur, mais si, à l'inverse, nous portons l'attention précisément sur cette relation. De cet acte qui n'est pas objectivé nous obtenons alors un concept, qui s'insère parfaitement dans celui d'une prise de position à l'égard de la valeur, et nous trouvons même que le mot « acte », abstraction faite de toute objectivation possible, ne reçoit de signification déterminée que s'il désigne uniquement le fait de se rapporter à une valeur. La psychologie objectivante peut bien faire des actes ce qu'elle veut. Elle peut les saisir comme de simples procès d'association ou encore les objectiver de quelque autre façon que ce soit et contester alors qu'existe effectivement un sujet spontané qui soit actif. Elle a peut-être raison lorsque par « effectivité » elle entend seulement celle qui est conçue scientifiquement, et en particulier l'effectivité causalement explicable. Mais elle n'est pas à même, en revanche, d'effleurer la signification qui revient aux actes pour autant qu'ils prennent position à l'égard de valeurs et leur adjoignent des objets – signification par laquelle les actes de l'évaluation demeurent principiellement différents de tout événement même si, selon leur être, ils doivent être considérés sans reste comme des événements objectifs.

Il peut aider à la clarification que nous revenions une nouvelle fois à ce que nous avons dit auparavant à propos du point de vue préscientifique du vivre *<des Erlebens>*, pour laisser en quelque sorte naître à partir de lui le concept de l'acte subjectif d'évaluer que nous visons à présent. Il va de soi que le vivre ne constitue aucun « point de vue » qui puisse être effectivement adopté dans la science, et pour cet irrationnel le terme « vivre » est lui-même, comme tout autre terme, une désignation inadéquate. Mais il est pourtant possible de s'imaginer franchir ce pas qui conduit du vécu non conceptuel, irrationnel et ineffable à ce monde conceptuel dans lequel valeur et effectivité sont dissociées. On peut mettre par là au jour plus distinctement le caractère propre des concepts construits sur cette voie. Nous revenons donc en arrière de l'état de notre pensée dans lequel l'acte évaluatif du sujet est pour nous une effectivité objectivée, et nous

parvenons dès lors à quelque chose que nous pouvons nommer un simple
« vécu d'acte » <*Akterlebnis*>, pour porter à l'expression sa proximité avec
le vécu. Naturellement, ce terme ne désigne encore aucun concept achevé,
et encore moins le concept d'une réalité véritablement effective, mais il ne
signifie en quelque sorte que l'amorce d'un concept, un produit à moitié
fini, requérant encore une élaboration. Mais nous pouvons à présent
nous représenter | qu'à partir de ce vécu d'acte, la formation de concept **25**
s'accomplit non pas dans les deux directions que nous connaissons déjà,
mais dans *trois* directions différentes : tout d'abord en ce que nous saisissons le vécu comme effectivité pure en connexion avec d'autres réalités
effectives, puis en ce que nous ne pensons alors à aucune effectivité mais
seulement à la valeur qui est évaluée (donc à sa validité), et enfin en ce que
nous ne menons aucune de ces deux direction à son terme et que pourtant,
ou plutôt précisément pour cette raison, nous les réunissons. Cela se produit
de telle façon que nous ne pensions l'acte précisément que comme une prise
de position à l'égard de la valeur et que nous laissions donc le vécu d'acte,
autant que c'est possible d'une manière ou d'une autre, à son originarité et à
son immédiateté vécues. Si nous présupposons ici le concept de valeur et ne
l'utilisons qu'en vue de la réalisation complète de cette simple amorce de
la formation de concept qui se tient dans le vécu d'acte, nous obtenons
alors tout de même un concept, et c'est celui qui contient alors la liaison que
nous cherchons entre valeur et évaluation. L'acte est par suite ce que les
sciences objectivantes pourraient saisir en tant qu'effectivité psychique et
pourraient par là détacher, en tant qu'effectivité pure, de la valeur, mais
l'acte est ce qui reste ici lié à la valeur et qui devient pour nous concept,
justement par le fait que nous le comprenons à partir de la valeur, dans sa
signification pour la valeur, en tant que prise de position à l'égard de la
valeur. C'est ainsi que l'unité de la valeur et de l'effectivité devient pour
nous compréhensible autant qu'il est possible en général, car c'est ainsi
qu'elle peut être saisie dans une espèce particulière de formation de
concept qui ne relève d'aucune des espèces précédentes, puisqu'elle ne
conduit ni à la pure effectivité objective ni à la pure valeur.

On ne confondra pas cette recherche avec la connaissance
prétendument intuitive qui n'est pas une formation de concept. Cette
recherche n'en reste pas au vécu en quelque sorte aconceptuel et indicible,
ni même au vécu d'acte en tant que première amorce de la formation de
concept. Elle présuppose bien plutôt les concepts de valeur et d'effectivité
et est impensable sans eux. L'inévitable dualisme du concept de monde

reste ainsi pleinement conservé. Il faut en effet souligner avec la plus grande insistance que nous ne pouvons absolument pas former ce concept d'acte et de sujet sans le concept de valeur, car le simple vécu d'acte est quelque chose qui n'est pas encore effectivement pensé à fond, et, de même, nous avons besoin du concept d'effectivité car nous ne comprendrions jamais ce que doit signifier un vécu d'acte si ne se trouvait pas déjà en lui l'amorce d'une formation de concept dirigée vers une réalité objectivement effective. Nous cherchons seulement à ne pas mener la dissociation entre les deux règnes *jusqu'*au point où valeur et effectivité s'opposent comme deux contraires incompatibles; nous maintenons la

26 liaison | originaire dans son droit en ce que nous interprétons le vécu d'acte à partir de la valeur et que nous laissons complètement de côté la possibilité – qui existe aussi naturellement – de son objectivation, de son appréhension comme pure effectivité. Ainsi procédons-nous par conséquent de manière en quelque sorte « subjectivante », en construisant en effet le concept de sujet et de son acte à partir de la valeur, mais jamais nous ne pouvons entrer en conflit avec l'appréhension objectivante de la réalité effective qui est celle de la psychologie car nous ne *voulons* pas du tout établir l'*être* psychique de l'acte, nous ne voulons en construire aucun concept en tant que pure effectivité.

Si nous cherchons une expression propre à désigner ce que nous visons dans <*an*> l'acte du sujet, alors se présente à nous, outre le « signifier » qui a déjà été utilisé, le terme de « sens », et nous lui associons enfin à présent un concept déterminé. Le sens de l'acte ou de l'évaluation n'est ni son être psychique ni la valeur, mais la signification, inhérente à l'acte, *pour* la valeur – et, dans cette mesure, la liaison et l'unité des deux règnes. Conformément à cela, nous souhaitons désigner désormais le troisième règne comme celui du sens, pour le délimiter par opposition à tout être, et de même, nous souhaitons nommer « interprétation » la pénétration dans ce règne, afin de ne pas confondre ce procédé avec une description ou une explication objectivante, ou encore avec une appréhension subjectivante de la réalité effective. Nous ne pouvons définir avec plus d'exactitude ce « sens » de l'acte évaluatif, pas plus que nous ne pouvons le faire pour les autres concepts auxquels nous nous sommes précédemment heurté dans le développement du concept de monde. Mais nous pouvons pourtant délimiter de manière univoque ces concepts les uns par rapport aux autres, et c'est ainsi qu'est accompli tout ce qui importe pour nous. C'est ce que nous voulons reprendre une nouvelle fois expressément, puisque le développement du concept de sens à partir du « vécu d'acte » présente peut-être des difficultés de compréhension qui ne doivent pas rendre la suite incertaine.

La délimitation des concepts les uns par rapport aux autres est d'autant plus nécessaire qu'on peut aussi très bien employer le terme de « sens » pour les valeurs pures elles-mêmes et qu'on ne peut pas vraiment souhaiter l'éviter, étant donné le manque d'expressions pour désigner le non-effectif. Lorsque par exemple nous comprenons comme vraie une proposition scientifique, donc un bien théorique, nous pouvons aussi appeler la valeur théorique de la proposition son sens. En tant que valeur, ce sens serait alors totalement indépendant de l'acte de visée ou de compréhension qui lui adjoint la proposition, c'est-à-dire qu'il aurait, comme toute vérité, une validité transcendante. Le sens que nous visons ici n'est pourtant pas la valeur, mais il se tient dans l'acte qui vise ou comprend la valeur théorique, donc dans le « jugement » qui, pour les sciences | objectivantes, est une 27 effectivité psychique parmi d'autres effectivités objectives, et il est en outre lié à ce point à ce jugement qu'il disparaîtrait avec lui. Nous souhaitons par conséquent le nommer le *sens immanent*, pour le différencier de la valeur pure. Puisqu'il ne peut être interprété qu'à partir de la valeur, il doit être clair du même coup qu'il ne s'insère pas dans l'effectivité de l'acte et qu'il ne coïncide pas non plus avec une quelconque effectivité en général. Par conséquent, la science ontologique objectivante du psychique pourrait tout aussi peu commencer par ce sens que par la valeur elle-même. Seule l'évaluation, à laquelle le sens est inhérent, est objectivable, mais jamais le sens immanent lui-même.

Bref, d'un côté, le sens propre à l'acte d'évaluer n'est pas un être psychique : il renvoie par-dessus celui-ci aux valeurs. Mais, d'un autre côté, il n'est pas non plus une valeur, car il ne fait que renvoyer aux valeurs. En tant que troisième règne, et précisément en vertu de sa position intermédiaire, il rattache finalement l'un à l'autre les deux autres règnes dissociés. Conformément à cela, l'interprétation du sens n'est ni position ontologique ni simple compréhension axiologique, mais saisie <*Erfassung*> d'un acte du sujet eu égard à sa signification pour la valeur, son appréhension <*Auffassung*> en tant que prise de position à l'égard de ce qui vaut. Les trois règnes de la réalité effective, de la valeur et du sens sont par là suffisamment délimités les uns par rapport aux autres, de même que les trois formes sous lesquelles nous nous emparons d'eux : l'explication, la compréhension et l'interprétation.

Il faut reconnaître que ceux qui ont l'habitude de penser le monde à l'aide de concepts métaphysiques trouveront bien maigre et insatisfaisant le concept du sens en tant qu'unité dernière de la valeur et de l'effectivité. À leur encontre, il faut renvoyer au fait qu'ici, naturellement, seule la question de la philosophie doit être formulée par le développement du concept le plus englobant du monde, et que le problème du monde ne doit pas y être en quelque sorte « résolu » ; au fait que l'ordonnancement logique des trois règnes n'a même encore jamais été établi, et que seul importe d'exposer la supériorité de cette manière de poser la question, en particulier par opposition à la philosophie subjectivante de la réalité effective. Cela sera d'autant plus convaincant que nous reconnaîtrons ainsi en même temps le droit relatif du subjectivisme. Si volontarisme et activisme ne combattent que l'identification du monde et d'une effectivité objective, alors nous sommes en parfait accord avec eux. Même abstraction faite de la valeur, nous ne pouvons éviter, dans une vision du monde englobante, le concept du sujet voulant, actif et prenant position. Mais nous ne devons comprendre le concept de ce sujet que comme concept d'un sens, c'est-à-dire qu'il ne

28 peut être question que d'une interprétation subjectivante du sens et | jamais d'une explication subjectivante de la réalité effective ; nous devons en outre nous rendre clair le fait que le sujet reste encore parfaitement vide tant que le sens de sa prise de position n'est pas interprété à partir de valeurs déterminées dans leur contenu. Même à partir de ce *nouveau* concept de sujet, par conséquent, nous ne pouvons jamais parvenir à une compré7hension ou à une vision du monde qui nous dise ce que nous signifions dans le monde, mais ce n'est qu'à partir d'une compréhension axiologique que peut être effectivement compris le concept de sujet que nous avons présentement obtenu ainsi que sa signification dans le monde. Une inversion complète du chemin habituel, qui cherche à saisir les valeurs à partir du sujet, est requise ici encore. Ce n'est qu'en partant des valeurs que nous pouvons pénétrer dans le sens du sujet et de ses actes. De même que pour l'objectivisme dans les sciences singulières, le subjectivisme considéré en premier lieu se trouve par conséquent « supprimé » <*aufgehoben*> dans notre concept d'interprétation du sens, c'est-à-dire qu'il est reconnu à la fois dans sa justification relative par rapport à l'objectivisme et, tant qu'une doctrine de la valeur ne le complète pas, dans sa stérilité par rapport aux problèmes de vision du monde. Même après que nous avons obtenu le concept d'interprétation du sens, le point principal demeure qu'une vision du monde qui soit plus qu'une explication du monde n'est d'abord possible que sur le fondement d'une doctrine de la valeur. Nous devons d'abord comprendre la valeur de la culture dans sa diversité historique pour que puisse ensuite s'ouvrir pour nous le sens de notre vie par le moyen de l'interprétation des valeurs, car même le rejet de toute culture devrait lui aussi passer, pour être fondé, par une compréhension et une critique des valeurs culturelles[1]. C'est alors seulement qu'est possible une réponse à ces questions : « Vers quoi tendons-nous véritablement ? », « Quel est le but de cette existence <Daseins>? », « Que devons-nous faire ? ». Nous obtenons alors également des points de repère et des buts pour notre vouloir et notre agir. Or c'est là ce qu'il y a de plus élevé à attendre de la part d'une vision du monde.

Et c'est en même temps l'unique chose que la philosophie puisse encore nous donner qui soit spécifiquement philosophique, après que les sciences singulières lui ont fait perdre en principe toutes les parties de la réalité effective et, avec elles, tous les purs problèmes d'effectivité. Mais on ne peut pas considérer véritablement cette restriction de ses tâches elle-même comme un amoindrissement de ses compétences. Car eu égard aux valeurs théoriques qui se trouvent à son fondement ainsi qu'au sens théorique qui lui est inhérent, tout le travail des sciences objectivantes de la réalité effective devient lui-même nécessairement un objet de la philosophie. C'est de cette manière que tous les problèmes d'effectivité qu'on mettait auparavant au compte de la philosophie et au sujet desquels les sciences singulières se donnaient du mal en vain (parce qu'ils sont | insolubles en 29 tant que problèmes d'effectivité), parviennent sous forme modifiée – à savoir en tant que problèmes théoriques de valeur et de sens – à leur plein droit précisément dans cette philosophie de l'interprétation du sens. Tous les objets présumés de connaissance, de même que le tout de la réalité effective, sont saisis en tant que tâches dernières de connaissance, en tant qu'exigences théoriques et buts axiologiques nécessaires de l'homme théorique. Ainsi, en reconnaissant pleinement l'indépendance que les sciences singulières objectivantes doivent exiger pour elles-mêmes, la philosophie n'abandonne pourtant aucun des domaines qui étaient les siens auparavant ;

---

1. Ce rejet de la culture est pour Rickert l'une des conséquences philosophiques caractéristiques de la « philosophie de la vie » en vogue à cette époque en Allemagne. L'examen critique d'un tel rejet des valeurs culturelles sur le fond et au profit de valeurs de vie sera l'objet exclusif du deuxième article ici traduit, « Valeurs de vie et valeurs de culture », mais il constitue plus largement l'un des horizons polémiques constants de la philosophie de Rickert.

et elle ne se distingue finalement de la forme sous laquelle elle tendait elle-même à la connaissance de l'effectivité qu'en ce qu'elle est devenue, à tous points de vue, bien plus englobante. Elle n'a pas seulement élargi le concept de monde – qui contient à présent les valeurs aussi bien que les réalités effectives ou le sens – mais, même à l'intérieur des valeurs et du sens, elle ne peut se restreindre aux valeurs théoriques ni au sens de la connaissance. De même qu'en tant que doctrine de la valeur il lui faut prendre en considération la diversité des biens culturels et comprendre le système des valeurs qui est à leur fondement, de même doit-elle mettre *toutes* ces valeurs en liaison avec la réalité effective, c'est-à-dire tendre vers une interprétation du sens des différentes activités vitales <*Lebensbetätig-ungen*>, et tenter enfin d'obtenir un sens d'ensemble unitaire pour la diversité de l'existence humaine. La plénitude de la vie que l'histoire a développée jusqu'à présent dans le cours de son devenir temporel doit s'insérer dans cette philosophie et, à partir de là, des aperçus s'ouvriront du même coup sur les buts et sur le travail culturel futur de l'espèce humaine, c'est-à-dire, bien entendu, non pas sur ce qui viendra nécessairement <*was kommen muss*>, mais sur ce qui doit venir <*was kommen soll*>. Si l'on pense le concept de sens ainsi développé par un système des valeurs, alors ce concept doit perdre son apparence de pauvreté, et il n'y a pas à nourrir la crainte qu'après avoir abandonné les purs problèmes d'effectivité aux sciences singulières, cette philosophie puisse jamais venir à manquer de problèmes.

Il faut encore remarquer, pour finir, que tout comme la doctrine de la valeur elle-même, l'interprétation du sens sur le fondement de valeurs, en quoi ce type de philosophie doit culminer, n'est absolument pas quelque chose de principiellement nouveau ni inouï. Bien plutôt la philosophie s'en est-elle véritablement toujours souciée, et aussi bien d'ailleurs de l'interprétation de domaines singuliers de vie que du sens d'ensemble de notre existence ; et là s'est trouvé non seulement le terme que nous visons, mais bien la chose. Simplement, l'interprétation du sens est toujours apparue 30 mélangée à d'autres facteurs, et c'est la raison pour laquelle elle n'a pas | pu être clairement connue dans son essence. Deux sciences doivent ici être considérées en particulier : la psychologie et, encore une fois, la métaphysique ; et nous souhaitons, à cet égard, jeter un regard sur elles en guise de conclusion, car ce que nous visons peut ainsi s'éclaircir encore davantage, et peut être exhibé dans ce qui est depuis longtemps connu et familier.

Dans la psychologie, le rôle principal est joué par l'interprétation d'activités vitales *<Lebensbetätigungen>* singulières, et c'est seulement parce que, bien souvent, cette science de l'être psychique ne s'est pas du tout restreinte à une étude de l'être psychique que se comprend le fait qu'on la rapporte à la philosophie d'une façon principiellement différente que dans le cas d'autres sciences, ou qu'on la tient même pour la science véritablement philosophique. Il est juste, comme nous l'avons vu, que toute tentative d'interpréter le sens immanent d'un processus doive se rattacher aux actes du sujet, donc à quelque chose qui, pour la science objectivante, est un être psychique. Ainsi le point de départ de la position ontologique *<Seinsfeststellung>* d'un événement psychique se tient-il exactement là où se trouve celui de l'interprétation du sens, à savoir dans le vécu d'acte qui n'est pas encore conceptuellement clarifié. Nous concevons par là la convergence des deux manières de procéder ainsi que la confusion des deux espèces de formation de concept. Mais si la psychologie veut décrire et expliquer d'après leur être les actes du sujet comme toutes les autres réalités effectives, il est alors égarant d'appeler également « psychologie » l'interprétation du sens de ces actes. Tout comme la philosophie, la science ontologique du psychique a eu à souffrir de cette confusion des problèmes, et elle la combat encore aujourd'hui. La dissociation est par conséquent souhaitable dans l'intérêt des deux.

Il ne devrait pas être difficile de reconduire par exemple les erreurs de fond de la prétendue psychologie des facultés à une interprétation du sens inconsciente. On s'interrogeait sur les opérations de la vie psychique et l'on distingua alors une faculté de connaître, une faculté de désirer et une faculté de sentir. Il n'est pas étonnant que Kant ait pu mettre ses trois domaines axiologiques que sont le logique, l'éthique et l'esthétique à l'unisson avec cette psychologie des facultés, ni que soit même apparue la croyance que la tripartition des valeurs repose sur une partition psychologique de l'être. Dans la mesure où elle saisit la vérité, la connaissance est de part en part un concept de sens, le produit d'une interprétation conduite à partir de valeurs logiques. On ne peut donc en faire sans dégâts une faculté de l'âme, une réalité psychique particulière. Le combat de la psychologie volontariste contre la psychologie intellectualiste est lui aussi de fait un combat contre une | interprétation inconsciente et unilatérale du sens de processus psy- 31 chiques. Du côté psychologico-volontariste, on s'est plaint de la tentative de « déduire tous les processus psychiques (et donc aussi particulièrement les sentiments, tendances et mouvements de volonté subjectifs) à partir des représentations ou, ainsi qu'on peut également les appeler en raison de leur signification pour la connaissance objective (!), des processus intellectuels»[1]. On a ainsi expressément reconduit la fausse psychologie intellectualiste à une interprétation logique, sans toutefois accomplir la dissociation entre position d'être et interprétation du sens. Si l'on se décidait jamais à poser partout la question de savoir s'il s'agit d'une position d'être ou d'une interprétation de sens, et si l'on restreignait la recherche psychologique à la position d'être, la valeur de la psychologie en tant que science ontologique pour les problèmes de la philosophie serait certainement jugée bien plus limitée, mais la psychologie ne pourrait aussi qu'y gagner.

C'est un fait qu'il existe bien des amorces d'une telle séparation. Kant, déjà, a formé des concepts qu'on ne peut comprendre qu'en tant que concepts de sens, et dont il savait aussi qu'ils ne sont pas des concepts psychologiques. Son aperception transcendantale, par exemple, ne peut être ni le concept d'un acte psychique effectif, ni celui d'une pure valeur, ni celui d'une effectivité transcendante[2]. Ne reste disponible pour elle que le concept de sens. Plus récemment, ce que nous visons s'exprime dans la tendance à distinguer différentes sortes de psychologies. C'est ainsi qu'on ne veut pas se satisfaire de la psychologie du moi individuel, mais on exige une science du sujet *supra*-individuel qui doit tout de même s'appeler aussi psychologie[3], bien qu'il soit certain que le moi *supra*-individuel n'est pas

1. Rickert cite ici W. Wundt, *Grundriß der Psychologie* [*Précis de psychologie*], Leipzig, ⁴1901, p. 14 (dans le texte original, « représentations » et « intellectuels » sont soulignés). Fondateur de la psychologie expérimentale en Allemagne, son influence sur les sciences de l'esprit au tournant du XXᵉ siècle fut considérable.

2. Rickert renvoie évidemment en ces lignes à ce « je pense » qui « doit pouvoir accompagner toutes mes représentations » que Kant expose en particulier dans le texte de la seconde édition de la *Critique de la raison pure* (*Cf.* § 16, AK III 108 *sq.*, B 131 *sq.*, trad. fr. par A. Renaut, Paris, Aubier, p. 198 *sq.*). Pour Rickert, il est fondamental de distinguer cette conscience en général en tant qu'aperception transcendantale et la vie psychique de l'individu. Il n'est pas inintéressant de rappeler que cette lecture se situe dans la droite lignée de celle de Fichte, auquel il sera fait allusion dans le paragraphe suivant, et pour lequel, contre la lettre de la philosophie kantienne mais suivant son esprit, cette notion parlait en faveur de la promotion d'une intuition intellectuelle au cœur de la philosophie transcendantale (*cf.* sur ce point la *Deuxième introduction à la Doctrine de la science* de 1797, trad. fr. par A. Philonenko dans *Œuvres choisies de philosophie première*, Paris, Vrin, 1990, en part. p. 278 *sq.*).

3. C'est ici T. Lipps qui est visé par Rickert. L'expression de « moi *supra*-individuel » (*überindividuelles Ich*) se trouve par exemple dans son texte intitulé « Inhalt und Gegenstand, Psychologie und Logik » [« Contenu et Objet, psychologie et logique »], in *Sitzungsberichte*

une effectivité psychique. Même là où l'on oppose à la psychologie telle qu'elle est couramment pratiquée une phénoménologie qui se tient au service de la logique[1], même là où l'on veut séparer de la psychologie explicative une psychologie descriptive et analytique pour en faire la fondation des « sciences de l'esprit »[2], le besoin d'une distinction entre position d'être et interprétation du sens, même fortement traversé d'autres tendances, devrait en grande partie se trouver au fondement en tant que motif dernier du penser. C'est pourquoi l'on peut aussi tirer de ces recherches bien des impulsions en vue de l'interprétation du sens, de même que bien des choses peuvent en être reprises dans la philosophie, dans une terminologie modifiée et moyennant une clarification des points de vue axiologiques qui dominent l'interprétation. Il serait seulement souhaitable qu'on n'utilisât le nom de psychologie que pour la science ontologique objectivante du psychique, pour laquelle il est à présent devenu usuel, afin de séparer | expressément l'interprétation du sens de cette science singulière et 32 de la mettre au compte de la philosophie.

De même que dans la psychologie, on trouve enfin de l'interprétation de sens dans la métaphysique, et particulièrement dans celle qui prend son départ dans le concept de sujet. À l'époque récente, elle se rattache principalement, par exemple chez Fichte et Hegel, à l'aperception transcen-

---

der Königlich Bayerischen Akademie der Wissenschaften zu München, 1906, p. 557. La même expression se retrouve sous la plume du néokantien J. Cohn, *Voraussetzungen und Ziele des Erkennen* [*Présuppositions et buts de la connaissance*], Leipzig, 1908, p. 36 *sq.*, 98, 118.

1. Allusion à la phénoménologie d'E. Husserl, que Rickert ne pouvait connaître, à cette date, que par l'article « La philosophie comme science rigoureuse » (paraissant dans le même premier tome de la revue *Logos* que le présent article – cf. *supra*, p. 51 note 1) et surtout par les *Recherches logiques* (1900-1901) qui, après une vigoureuse critique du psychologisme dans la théorie de la connaissance, entreprennent une refondation de cette théorie de la connaissance et de la logique pure à partir de la description rigoureuse des actes de la conscience intentionnelle. Bien des lecteurs de l'époque ont interprété ce deuxième mouvement de l'entreprise husserlienne comme une rechute dans le psychologisme, ce qu'il n'est assurément pas, malgré la caractérisation rétrospective que Husserl proposera lui-même de la phénoménologie des *Recherches logiques* comme une simple psychologie descriptive.

2. Rickert vise ici W. Dilthey qui, en 1894, avait proposé de fonder la scientificité propre aux sciences de l'esprit (*Geisteswissenschaften*) sur une nouvelle psychologie, descriptive et analytique (trad. fr. par M. Rémy, *Idées concernant une psychologie descriptive et analytique*, dans *Le Monde de l'esprit*, 2 vol., Paris, Aubier Montaigne, 1947, premier volume, p. 145-245). Sur les rapports polémiques délicats de Rickert et de Dilthey, on peut consulter l'ouvrage de J.-C. Gens, *La pensée herméneutique de Dilthey : entre néokantisme et phénoménologie*, Villeneuve-d'Ascq, Presses universitaires du Septentrion, 2002, p. 36-44.

dantale de Kant, et cela suffit à indiquer le point qui est déterminant pour nous. De même que dans la psychologie l'interprétation du sens se transforme en une fixation d'effectivités empiriques, elle se change ici en la création de réalités transcendantes. Après avoir reçu un sens *supra*-individuel – tout comme c'était le cas des valeurs pures dans les autres types, platonisants, de métaphysique – le sujet est métaphysiquement hypostasié sous la forme d'un « esprit » objectif ou absolu. On croit ensuite pouvoir déduire à partir de lui le monde entier, et les traits fondamentaux de la vision du monde qui nous enseignent le sens de notre vie sont eux aussi apparemment déterminés à partir de la position que le moi individuel adopte à l'égard de cet esprit du monde. Cette métaphysique de l'esprit est si proche parente d'une psychologie du moi *supra*-individuel qu'il ne sera pas toujours aisé de tracer une stricte limite entre les deux, et si l'on veut, d'une manière générale, parler d'un sujet *supra*-individuel comme d'une réalité, on sera dans l'obligation de concéder la plus grande conséquence à la conception métaphysique, puisqu'un tel sujet ne peut être trouvé dans l'effectivité empirique.

À partir du concept de l'interprétation du sens, nous comprenons donc dans un premier temps le droit relatif de la métaphysique subjectivante, mais nous devons en même temps reconnaître que le chemin qui conduit à une vision du monde en passant par un esprit absolu est non seulement difficile à fonder scientifiquement, mais qu'il se présente aussi comme un détour tout à fait vain. Nous n'avons pas besoin d'une telle interprétation qui transforme le sens du sujet, et par là le sens du monde, en une transcendance. Tout se trouve pourtant *interprété* de fait à partir des seules valeurs. Si l'on comprend ces valeurs comme valides et si l'on interprète à partir d'elles le sens des actes, on parvient à tout ce qui peut être attendu de la philosophie, et il devient même à nouveau clair qu'un sens inhérent à notre vie et à notre agir, interprété à partir de valeurs valides, nous donne beaucoup plus qu'une effectivité transcendante, même si celle-ci se présente sous la forme d'un esprit absolu du monde. Il devrait être aisé, par conséquent, de montrer que, de même que les théories psychologiques, les différentes productions métaphysiques de cette espèce ne sont devenues vivantes et ne vivent aujourd'hui encore que grâce à ceux de leurs facteurs 33 qui contiennent une interprétation de sens | comme noyau véritable. Il en résulte que la philosophie de notre époque ne pourra apprendre de la métaphysique de l'esprit, exactement comme de la psychologie, que ce qu'elle peut en retirer en guise d'interprétation du sens de la vie tentée à partir de valeurs valides.

Ces remarques sur le concept de la philosophie doivent suffire à notre but; jetons de nouveau un regard rétrospectif. Nous avons tenté de développer le concept de monde, et nous avons montré qu'il ne se compose pas seulement du sujet et de l'objet, mais des règnes des réalités effectives, des valeurs et du sens. Les réalités effectives reviennent sans exception aux sciences singulières objectivantes, et en relèvent aussi les biens et les évaluations du sujet. Que les valeurs soient en revanche considérées en tant que valeurs, et le travail philosophique entre aussitôt en jeu. Sur le fondement d'une compréhension axiologique, ce travail parvient à relier l'un à l'autre les deux domaines dissociés de sorte qu'il interprète le sens inhérent à la vie effective. L'ancienne opposition du sujet et de l'objet perd ainsi son importance, aussi longtemps qu'on oppose ses deux côtés l'un à l'autre en tant que réalités effectives. Si le monde ne consistait qu'en réalités effectives, il n'y aurait alors que des sciences objectivantes. Mais lorsque toutes les parties de l'effectivité auront été revendiquées par les sciences singulières, il n'y aura plus de philosophie non plus. Si, en revanche, on dissocie les problèmes axiologiques des problèmes d'effectivité, les problèmes philosophiques doivent venir au jour de manière plus pure et plus claire que jamais auparavant, et du même coup se taisent les plaintes qui reprochent aux sciences objectivantes d'anéantir le sens de la vie. Les anciennes oppositions de la volonté et de la représentation, de l'action et de la passion, du monde extérieur et du monde intérieur, du mécanisme et de la téléologie, ne peuvent plus être décisives pour la vision du monde. Rien n'est changé à la validité de la valeur par le fait qu'on range le sujet effectif dans l'ensemble des objets. C'est pourquoi la position de l'objectivisme est inattaquable dans sa restriction à la réalité effective. Si nous aspirons en revanche à une vision du monde, alors le procédé objectivant ne nous fait absolument pas progresser. Il nous faut dès lors mettre le sujet en avant. Mais nous ne chercherons pas à concevoir la réalité effective de manière subjectivante ni à attiser ainsi un conflit insoluble avec les sciences singulières; le sujet ne devient important à nos yeux que pour autant qu'il évalue, et c'est dans le souci d'éviter soigneusement toute conception subjectivante de la réalité effective que nous interprétons à partir des valeurs le sens du sujet et de ses actes dans la vie scientifique, artistique, sociale | et **34** religieuse. Ainsi disparaît toute pensée d'une vérité dédoublée, car les deux modes de considération différents que sont la position objectivante de l'être et l'interprétation subjectivante du sens ne se rapportent plus désormais au même matériau. L'inévitable dualisme a perdu son caractère épineux. C'est ainsi par conséquent, et ce n'est qu'ainsi, que nous parvenons à la réconciliation de l'ancienne opposition de l'objet et du sujet, et par là également à un concept unitaire du monde, pour autant qu'il y a un sens à aspirer à l'unité dans la science en général. Il va de soi que seule la possibilité d'une vision du monde unitaire doit être indiquée dans ce concept de la philosophie. Seul le système peut montrer le chemin qui mène vers cette vision du monde elle-même[1].

---

1. C'est la tâche dont s'acquitte le troisième article ici traduit : « Le système des valeurs », cf. *infra*, p. 133 *sq*.

VALEURS DE VIE ET VALEURS DE CULTURE[1]

On aime aujourd'hui à caractériser des époques entières au moyen de slogans généraux, et l'on a même vu dans cette pratique une nouvelle « méthode » d'écriture de l'histoire. C'est donc la situation moyenne qui doit être portée à une expression scientifique, car c'est là, pense-t-on, ce qui importe avant tout, pour ne pas dire seulement, dans la science. Ce qui s'en éloigne peut au mieux prétendre pour lui-même à l'intérêt d'une curiosité.

Que face à la culture dans son ensemble de telles recherches doivent rester insuffisantes, voilà qui ne requiert aucune preuve. Elles ne peuvent pas ne pas faire plus ou moins violence, et de manière plus ou moins non-scientifique, à la vie historique. Chaque époque du développement culturel est bien trop riche pour que se laisse ramener sous *un* concept général ne serait-ce que son état moyen. On pourrait plutôt penser qu'une caractérisation de cette espèce serait possible pour des courants singuliers de culture. Pourquoi par exemple l'économie, la politique, la littérature, l'art ou la science d'une époque ne pourraient-ils pas porter un nom qui mette en

---

1. Cet article constitue l'une des premières discussions de fond, sous la plume de Rickert, de la multiplicité des pensées de tendance irrationaliste, intuitionniste et biologiste qui, parfois dès le tournant du siècle, se sont surtout développées en Allemagne après la Première Guerre mondiale, et qu'on désigne globalement du nom de « philosophie de la vie » (*Lebensphilosophie*). On rappellera que c'est le présent article qui a servi, de l'aveu même de Rickert, de matrice au célèbre ouvrage polémique de 1920 intitulé *Die Philosophie des Lebens. Darstellung und Kritik des philosophischen Modeströmungen unserer Zeit*, [*La philosophie de la vie. Exposition et critique des courants philosophiques à la mode à notre époque*], Tübingen, J. C. B. Mohr (Paul Siebeck). Des paragraphes entiers y seront en effet repris textuellement, et ce qui n'est ici qu'évoqué y trouvera alors son développement exhaustif.

lumière ce qui est commun aux différentes orientations au sein de l'un de ces domaines ?

Et pourtant, parce que le slogan ne concerne que le général au sens de ce qui est généralement répandu, on ne peut jamais, même dans le cas d'une application restreinte, apercevoir en son contenu ce qui seul est l'essentiel. Cela vaut avant tout des domaines culturels dans lesquels on croit à quelque chose comme à un progrès. La science, par exemple, ne reste jamais immobile, et les nouvelles pensées qui la font avancer – qui sont donc ce qu'il y a d'essentiel dans une époque – ne se trouvent d'abord que chez un petit nombre. C'est tout à fait progressivement qu'elles gagnent de nouveaux cercles et lorsque plus tard elles ont gagné une diffusion générale, c'est, la

132 plupart du temps, | de nouveau un petit nombre qui, à son tour, a de nouvelles pensées et qui a ainsi avancé au-delà des opinions qui sont alors devenues un bien commun. Par là même, le slogan est devenu inutilisable pour la nouvelle époque. Bref, ce qui commande aujourd'hui l'opinion générale est presque toujours déjà désuet dans la science, et c'est ainsi qu'il en va dans bien d'autres domaines culturels.

Mais cette circonstance indique précisément pour nous quelque chose de plus. Dans bien des cas, les slogans désigneront justement des *courants à la mode* <Modeströmungen>, et s'ils ne sont consciemment utilisés que pour cela, ils ont alors de fait une signification pour la caractérisation d'orientations scientifiques. Ils ne peuvent certes jamais suffire à mettre au jour tout ce qu'il y a d'essentiel dans la science d'une époque, car dans la science aussi la mode, quand bien même serait-elle « moderne » ou même la mode la plus récente, demeure ce qui date éternellement d'hier. Prendre expressément conscience du caractère du courant à la mode est pourtant bien quelque chose de sensé. On apprendra entre autres par ce moyen ce qui doit être *surmonté* par la science, et l'on sera ainsi à même, au moins négativement, de dessiner plus clairement à l'avance les tâches du travail à venir. De ce point de vue, s'ils ont affaire à une orientation largement répandue de nos jours, les développements qui suivent doivent servir la philosophie. –

Si l'on cherche un slogan pour ce qui commande aujourd'hui, dans une mesure particulièrement large, les opinions philosophiques moyennes, c'est bien l'expression de *vie* qui se présente comme la meilleure désignation. On l'utilise de plus en plus fréquemment depuis quelque temps. Elle n'est pourtant absolument pas univoque. Mais elle partage cette propriété avec la plupart des slogans à la mode, et l'on peut même dire franchement qu'il est rare que quelque chose devienne à la mode s'il ne se prête pas de multiples façons au malentendu. Sous le terme de « vie » on pense aujourd'hui dans bien des cas en premier lieu à l'objet du vivre <*des Erlebens*>, et c'est alors le « vécu » <*Erlebnis*> qui importe à l'homme moderne. En outre, il va de soi pour lui que sa vie doit être « vécue », et c'est ainsi que la « vie accomplie » <*das Ausleben*> devient l'idéal moderne. Dans la science, on vise par conséquent sous le terme de « vie » la nature « vivante » par opposition à la nature morte ou physicaliste qui était l'enfant chéri des époques passées. Aucun de ceux qui souhaitent être modernes ne veut plus rien savoir du matérialisme qui régnait autrefois. Même là où l'on croit à une « vision naturalo-scientifique du monde », il est abandonné, car il ne peut jamais être adapté à la vie vivante qui nous submerge. Dans différents domaines, on joue l'« organique » contre le mécanique. | Même les concepts fondamentaux de la science mécanique de la nature 133 elle-même – qu'on pense seulement à certaines tendances de l'énergétique – on été « vivifiés » d'une manière caractéristique. Enfin, il ne faut pas comprendre seulement sous le terme de « vie » ce qui se trouve dans la réalité empirique, mais on croit aussi pouvoir résoudre d'une manière toute nouvelle des problèmes métaphysiques à l'aide de ce concept. Lorsque, par le biais de la pensée d'une vie accomplie, le concept à la mode reçoit une coloration « éthique », il est alors mis au service de besoins irrationnels ou même mystiques. Seul est le réel véritable, enseigne-t-on, ce qui est absolument immédiat, ce qui peut être saisi par intuition sans l'aide d'aucun concept, et l'essence la plus profonde du monde doit par conséquent être vécue ou vue immédiatement – doit être « vie ». La réalité effective dont s'occupent les sciences sombre alors, par opposition à cette vie vécue, au rang de simple « apparition » <*Erscheinung*> ou à celui d'un produit conceptuel et par suite ineffectif, dont la signification est secondaire.

Mais à tout cela s'ajoute encore quelque chose d'autre par quoi seulement ces tendances deviennent saisissables de manière proprement logique. Dans une philosophie qui veut être science, une pensée certes si englobante de la vie toute simple ne suffit manifestement pas. Il faut bien plutôt encore y ajouter, afin que se constitue une *doctrine de la vie*, la science de la vie, et il semble dès lors aller de soi qu'on ne peut utiliser à cette fin que la *biologie* comme science de la nature. Ses concepts jouent un grand rôle non seulement dans la conception empirique de la vie, mais aussi dans sa conception métaphysique, non seulement dans les parties théoriques, mais aussi dans les parties pratiques de la vision « moderne » du monde. C'est pourquoi nous pouvons dire que le caractère de la philosophie à la mode à notre époque, en tout cas pour autant qu'elle élève la prétention à être une science, est celui d'un *biologisme* naturaliste. Le terme de « vitalisme » conviendrait aussi, et il ne fait aucun doute que les tentatives qui sont désignées par lui sont liées à la popularité générale du concept de vie. Cette expression a pourtant une signification plus étroite et, en général, fermement établie. C'est pourquoi nous parlons plus volontiers d'une philosophie biologiste à la mode. On pourrait certes penser qu'avec le recours à la biologie le concept de vie a dû être essentiellement rétréci, car cette science n'a rien à voir, par exemple, avec les « vécus » immédiats. Mais justement, il est caractéristique que, malgré tout, d'un côté, les différentes significations qui sont celles du terme de « vie » résonnent dans la philosophie de la vie fondée biologiquement, et que tous les concepts de vie reçoivent d'un autre côté une coloration qui leur vient de la pensée

134 biologique. On ne croit pas seulement – et cela reste le | point principal – que la vie seule est l'effectivité véritable, mais on est également d'avis que seule la biologie est appelée, en tant que science de la nature vivante, à résoudre les problèmes de vision du monde. Si l'on y est attentif, alors bien des orientations de notre époque apparemment séparées les unes des autres par un vaste fossé se rapprochent étonnamment. Il devient possible de parler d'une philosophie unitaire à la mode, et c'est elle que nous voulons tout d'abord connaître d'un peu plus près. –

Le point suivant est avant tout d'une signification décisive pour son essence : partout où l'on est à la recherche une vision du monde, le concept central, celui d'après lequel on s'oriente, est celui d'une *valeur* ou d'un *bien*, c'est-à-dire d'une réalité effective qui ne s'épuise pas seulement dans le fait d'être, mais à laquelle est attachée une valeur au nom de laquelle elle doit être <*sein soll*>. En d'autres termes, on veut connaître dans la philosophie le « sens » de l'existence. Et la philosophie biologiste à la mode ne fait pas ici exception, même si elle n'aime peut-être pas le terme de « valeur ». Elle voudrait fixer des normes pour la vie. Cela ne peut se faire sans valeurs qui valent et à l'aune desquelles ces normes peuvent être mesurées, de sorte que le trait particulièrement caractéristique du biologisme moderne est le suivant : il ne voit pas seulement dans la vie l'être véritablement réel, mais le bien de tous les biens, qui porte seul les valeurs qui valent véritablement. Toutes les valeurs doivent donc se révéler fondamentalement des *valeurs de vie*, c'est-à-dire des valeurs qui sont attachées à la vie simplement parce qu'elle est vie. Ce n'est que si nous portons expressément notre attention sur ce point que nous comprenons vraiment la popularité et la large diffusion de l'opinion selon laquelle seule l'aide de la biologie nous permettra de donner enfin une forme véritablement scientifique à la vie.

Or, lorsqu'on cherche une fondation scientifique pour ce versant « pratique » du biologisme et qu'on ne se contente donc pas d'un slogan aussi vague que celui de la « vie accomplie », se présentent avant tout les concepts de la vie *ascendante* *<aufsteigenden>* et de la vie *déclinante* *<niedergehenden>*. On croit disposer avec eux d'une opposition axiologique purement biologique, et cette opinion se voit renforcée par le fait qu'on utilise de préférence pour cette opposition les termes de « santé » et de « maladie » dont la résonance renvoie aux sciences de la nature. Dans l'élévation *<Steigerung>* de la vie saine, on a l'idéal fondé biologiquement, la valeur « naturelle », et l'on croit pouvoir se mouvoir parfaitement dans la sphère naturalo-scientifique de la biologie, au gré des directions et des chemins. On se tourne d'abord vers l'individu singulier. Sa vitalité[1] ou sa santé est son but vital. Celui qui ne met pas | l'accent sur la vie ascendante **135** doit être appelé un dégénéré *<ein Entarteter>*. Son déclin signifie une chance, tout comme l'élimination de tout ce qui est maladif. Le philosophe est devenu médecin. Lui seul doit déterminer ce qui est bon et ce qui est mauvais. Mais les choses ne peuvent pas en rester à l'individu singulier. Lorsque tout est question de promotion de la santé, de maximum de vitalité, il n'y a pas alors, pour l'espèce non plus, d'autre but que celui-ci. La société, le peuple, éventuellement l'humanité tout entière – tous doivent vivre de la manière la plus vivante possible. Seule la santé de l'espèce est même en vérité le bien suprême, parce que sans elle les individus eux-mêmes ne peuvent pas vivre correctement. Que devons-nous faire pour pousser le progrès de l'espèce ou de l'humanité dans la direction de la plus

---

1. Le terme allemand est *Lebendigkeit*, soit le substantif construit sur l'adjectif *lebendig*, « vivant ». L'inconvénient principal de cette traduction est qu'elle conduit à masquer la différence entre ce terme et le latinisme *Vitalität*, également utilisé par Rickert, quoique moins fréquemment. Dans la mesure, toutefois, où Rickert ne fait aucune différence *conceptuelle* entre les deux termes au point d'en user comme de deux synonymes (*cf.* par exemple *infra*, p. 127), et puisque nous nous sommes refusé à traduire *Lebendigkeit* par « vivacité » (terme ambigu qui peut renvoyer en Français à un autre champ lexical que celui de la vitalité), nous avons pris le parti de traduire les deux termes allemands par l'unique équivalent français « vitalité », et de ne préciser l'équivalent allemand entre crochets que dans le cas des occurrences qui correspondent au terme *Vitalität*. Toutes les occurrences de « vitalité » qui ne sont suivies d'aucune précision traduisent donc *Lebendigkeit*.

grande vitalité – c'est là la question de toutes les questions et seule, encore une fois, une philosophie orientée biologiquement peut évidemment y apporter la réponse. C'est en tant qu'hygiène de l'espèce qu'elle atteint sa plus haute détermination.

Mais elle ne peut pourtant pas rester une hygiène au sens propre du terme. Une fois qu'elle a trouvé dans les concepts de la vie saine, ascendante, de la vie la plus vivante et de la plus haute vitalité <Vitalität> la valeur de vie décisive, elle doit alors étendre également à partir de là sa normation à des domaines dont les valeurs ne portent habituellement pas un nom à résonance biologique. Prenons, pour nous rappeler l'un des exemples les plus fameux, le domaine de la politique. La science du vivant enseigne que la « sélection naturelle » est le véhicule de tout progrès. Pour le biologisme, il en résulte la conclusion que là où cette sélection est freinée dans ses effets, une société ou un peuple doit nécessairement dégénérer, c'est-à-dire perdre en force vitale et en vitalité <Vitalität>. Il importe donc de laisser régner dans l'État aussi la loi de la nature qu'est la sélection, qui est en même temps la loi du progrès. La question n'est pas de savoir si les politiciens peuvent apprendre quelque chose de la doctrine moderne de l'évolution, mais ce qu'ils ont à en tirer. On sait combien de tentatives ont déjà été faites pour fixer les idéaux de l'État à l'aide de concepts biologiques, et dans d'autres domaines non plus il n'a pas manqué d'efforts de cette espèce.

On pourrait toutefois s'étonner ici de ce que malgré la base commune, il existe un si grand nombre d'opinions différentes à propos de ce qui, d'après la recherche biologique, est véritablement juste dans la vie. Mais de telles différences ne semblent pas inquiéter le moins du monde le biologisme. Elles disparaîtront avec le temps. Dans cette perspective, la philosophie à la mode à notre époque est dominée par une confiance « saine » et véritable-136 ment robuste, qui n'est affectée d'aucune | skepsis. L'humanité n'a qu'à prendre de manière conséquente la science de la vie pour guide pour que l'ensemble de son existence ne cesse gagner en valeur. La vie ascendante vaut enfin comme sens de la culture tout entière, et tout progrès culturel dépend par conséquent de vues <Einsichten> biologiques. Ce n'est pas seulement notre penser qui doit s'harmoniser avec les enseignements de la biologie, mais aussi notre vouloir, notre sentir et notre agir. Les temps où nous devions chercher des idéaux culturels à l'extérieur de la vie sont enfin révolus. Lorsque c'était le cas, les hommes étaient des rêveurs qui couraient après des mirages étrangers à la vie. Il n'y avait pas encore de science de la vie à cette époque. À présent elle est là, et le rêve est maintenant fini. Le seul concept dont nous puissions encore tirer des normes morales pour l'amour et le mariage, pour la famille et l'éducation est le concept de vie ascendante. De même, l'esthétique véritablement scientifique doit à présent exiger avant tout un art vivant. Même la croyance au suprasensible se laisse étayer par le biologisme : la religion voit son existence justifiée dès lors qu'elle se met au service de la vie et qu'elle rend les peuples meilleurs dans la lutte pour la vie *<Kampf ums Dasein>*. Il est vrai, en fin de compte, qu'il ne manque pas de tentatives pour remettre dans le droit chemin, grâce au biologisme, la science qui est si souvent devenue étrangère à la vie. On ne doit jeter un regard sur son essence que si elle nous apprend à penser le monde de la manière la plus profitable à la vie. Bref, seul celui qui se met au service de la vie ascendante répond à sa destination véritablement naturelle et ayant véritablement de la valeur, et c'est pourquoi il convient de comprendre toutes les *valeurs de culture* comme *valeurs de vie*. C'est ainsi seulement que nous sommes supérieurs au passé. –

Après avoir éclairci le principe général d'une philosophie biologiste de la culture, il faut encore indiquer pour finir quelles sont les différentes pensées qui se sont développées sur la base de cette fondation commune. Nous nous bornons cependant à un petit nombre d'exemples.

Le biologiste *<Biologist>*[1] le plus intéressant, et celui qui exerce encore et toujours l'influence la plus grande pourrait être *Nietzsche*. Il est parti de Schopenhauer, et nous avons désigné par là une des sources les plus lointaines de la philosophie à la mode. Par « volonté », Schopenhauer entend au fond ce que beaucoup appellent aujourd'hui « vie ». C'est certes la doctrine de la négation du vouloir-vivre *<Willens zum Leben>* que Nietzsche a trouvée chez lui[2]. Le point principal est pourtant qu'il a appris de manière précoce à voir dans la volonté de vie *<Lebenswillen>* ce qu'il y a de plus important. Progressivement, il a transformé la négation en une

---

1. Il n'est pas possible de traduire en français la différence, parfaitement nette en allemand, entre *Biologist*, qui désigne le partisan du biologisme comme doctrine naturaliste, et *Biologe*, qui renvoie à l'homme de science qui fait de la biologie son métier. Dans l'obligation de recourir à chaque fois au seul et unique terme français de « biologiste », nous indiquerons à chacune de ses occurrences le terme allemand correspondant afin d'éviter autant que possible la confusion.

2. *Cf.* A. Schopenhauer, *Le Monde comme volonté et comme représentation*, Supplément XLVIII.

affirmation radicale. Dans sa doctrine de la régénération, Richard Wagner avait déjà retourné Schopenhauer dans cette direction[1]. Nietzsche l'a suivi sur cette voie, à laquelle est en outre venu s'ajouter l'enthousiasme progressiste des darwinistes, auquel Nietzsche n'est pas non plus | resté insensible. Avec Rolph[2], il refusa toutefois la « lutte pour la vie » darwinienne, laquelle ne mettait au jour que des variétés de faim *<Hungervarietäten>*. La volonté de vie *<Wille zum Leben>* authentique est pour lui « volonté de puissance », et il voit finalement dans l'élévation de cette volonté de vie *<Lebenswillen>* vers une force et une vigueur toujours plus grandes le sens de notre culture, et même de notre existence en général. Dans tous les domaines culturels, il rejette les valeurs qui ne supportent pas d'être mesurées à l'aune de la valeur de la vie la plus vivante. Qu'on pense par exemple à son combat contre la morale des esclaves. Elle soutient ce qui ne peut pas vivre de sa propre force, et c'est pourquoi elle est immorale. C'est sur ce principe authentiquement biologiste que repose l'« immoralisme » de Nietzsche, fanatique de morale[3]. Le christianisme est condamné parce qu'il prend soin de la vie faible, qui devrait disparaître. La vérité non plus n'a pas de valeur si elle ne sert pas la vie ascendante. La science ne doit absolument pas être jugée d'après le vrai ou le faux, mais seulement d'après la question de savoir si elle favorise ou si elle freine la vitalité *<Vitalität>*. Le « surhomme » est également à comprendre comme l'homme le plus

1. C'est principalement à la fin de sa vie que, dans une série d'articles (« Wollen wir hoffen ? » [« Voulons-nous espérer ? », 1879], « Religion und Kunst » [« Religion et art », 1880], « Heldentum und Christentum » [« Héroïsme et christianisme », 1881]), R. Wagner oppose à la dégénérescence culturelle l'exigence d'une régénération qui, sous la conduite d'une religion de l'esprit, devait conduire l'esprit et l'art allemands à rénover l'humanité. Dans les vingt premières années du XXᵉ siècle, de nombreux ouvrages étaient consacrés à l'exposition de cette étrange doctrine de la régénération, qui mêlait confusément végétarisme, christianisme et antisémitisme.

2. W. H. Rolph, *Biologische Probleme, zugleich als Versuch zur Entwicklung einer rationellen Ethik* [*Problèmes biologiques : essai de développement d'une éthique rationnelle*], Leipzig, 1881 (2ᵉ édition en 1884). Nietzsche possédait en effet cet ouvrage de Rolph : cf. *Œuvres philosophiques complètes*, Paris, Gallimard (désormais *OPC*), XI, *Fragments posthumes*, 35 [34], p. 255 et note correspondante p. 498.

3. Sur la revendication nietzschéenne d'immoralisme, *cf.* par exemple *Humain trop humain*, I, Prologue, § 1, *OPC* III-1, p. 22 ; *Par-delà bien et mal*, § 32, *OPC*, VII, p. 52 ; *Ecce homo*, *OPC*, VIII, p. 294, 301, et surtout 338. On remarquera que la caractérisation de l'immoralisme nietzschéen comme un fanatisme moral n'est pas rare sous la plume de Rickert. C'est ainsi qu'on la retrouve littéralement dans les premières lignes de l'article suivant, cf. *infra*, p. 133.

vivant, qui ne se soucie que de la vie la plus vivante, qui se moque de tous les autres idéaux et les méprise. Le « sens de la terre »[1] a par conséquent pris forme en lui. Et se trouve finalement au sommet le plus haut *celui* qui est capable d'affirmer pour un « éternel retour » la vie dans sa totalité, avec tout ce qu'il y a en elle de terrible et d'effrayant, car une telle affirmation est l'indice de la vitalité, de la vigueur et de la force les plus grandes. On peut donc, eu égard précisément aux composantes qui ont trouvé une diffusion générale, reconduire l'« inversion de toutes les valeurs »[2] nietzschéenne au principe biologiste. Qu'il y ait encore d'autres pensées chez Nietzsche n'est pas essentiel dans ce contexte. C'est seulement le biologiste <*Biologist*> en lui qui est devenu à la mode. –

Mais Nietzsche n'est qu'un biologiste <*Biologist*> parmi d'autres. Ce qui le caractérise peut être désigné comme un trait « aristocratique », par opposition à d'autres orientations dont la coloration est plus « démocratique ». Ces concepts politiques sont pourtant trop étroits pour désigner la différence principale au sein de la philosophie biologiste. Le point véritablement fondamental peut être exprimé de la manière suivante. Les uns se sentent de véritables disciples de la vie pour autant que la vie est fort prodigue d'elle-même. C'est pourquoi ils ne reculent pas devant un manque de considération pour la vie de la masse au profit de celle de ses « sommets », c'est-à-dire de ses exemplaires les plus vivants. On en vient ainsi au « pathos de la distance »[3], et lorsqu'on baptise du nom de « distinction » la distance des premiers par rapport à tous les autres, cela sonne en effet très… distingué. Les autres attribuent en revanche plus de valeur aux plus grandes | quantités possibles de vivants de la plus grande vitalité **138** possible, et vantent par conséquent les mérites de l'économie. Ce n'est que par une utilisation rationnelle de la force qu'on parviendra à une élévation de la vie et qu'on atteindra par là le but de la vie. On comprend ainsi que là où les premiers biologistes <*Biologisten*> procèdent de manière fort téméraire et audacieuse, les autres en viennent à des vues d'un certain caractère

---

1. *Cf.* F. Nietzsche, *Ainsi parlait Zarathoustra*, OPC, VI, p. 24, 44, 91, 217. Voir également *Fragments posthumes*, *OPC*, XI, 5 [19] et 5 [30], p. 232 et 235.

2. Sur cette formule de Nietzsche, *cf.* l'article précédent, *supra*, p. 68, note 2.

3. *Cf.* F. Nietzsche, *Par-delà bien et mal*, § 257, *OPC*, VII, p. 180 (la traduction donne ici « le désir passionné de la distance »); *Crépuscule des Idoles*, *OPC*, VIII, 132 (traduction par « passion de la distance »); *L'Antéchrist*, § 43, *OPC* VIII, p. 204; *cf.* également, dans les *Fragments posthumes*, les fragments 2 [13] (*OPC*, XII, p. 82) et 11 [377] (*OPC* XIII, p. 345), où la traduction propose dans les deux cas « pathos de la distance ».

philistin et d'une certaine pédanterie : le principe d'*économie de la vie* devient déterminant pour l'ensemble de leur « vision du monde ».

Cette orientation a pourtant parfois des conséquences très radicales. C'est ainsi qu'elle tourne par exemple ses armes biologistes contre la monogamie qui domine de nos jours en Europe[1]. En contraignant les hommes dont la force vitale est la plus grande à n'avoir qu'une seule femme, on empêche que des enfants suffisamment forts viennent au monde. Seuls les représentants de la vie la plus vivante doivent accéder à la reproduction <*Fortpflanzung*>, et il faut à cette fin mettre à leur disposition le plus grand nombre possible de femmes à grande force vitale. Qui n'est pas capable de contribuer au renforcement de la « race » est à éliminer de la reproduction du peuple <*Volksvermehrung*> en général et doit, pour la satisfaction de ses besoins sexuels, s'en tenir à des hétaïres stériles. Les femmes fécondes, en revanche, ne peuvent avoir qu'*un* mari puisque, du point de vue d'une élévation de la force vitale, toute polyandrie est dépourvue de sens et condamnable. On ne nie pas par là que la monogamie présente certains avantages « culturels » qui ne sont pas de nature purement vitale. Mais d'un point de vue biologique, il ne peut être question de ces derniers. Un peuple, et cette raison suffit, doit remporter contre d'autres peuples une lutte pour la vie et il disparaîtra nécessairement, malgré toutes ses autres acquisitions culturelles, s'il n'a pas dépassé ses concurrents en vitalité <*Vitalität*>.

De telles idées présentent assurément un exemple étonnamment cru de la pensée biologiste. Mais le principe y devient justement particulièrement distinct, et l'on ne peut pas contester à cette « éthique » une certaine conséquence. D'autres bâtissent de manière moins radicale sur les mêmes pensées fondamentales. Ce que Nietzsche a introduit en guise d'idéal de la bête blonde vagabondant de manière solitaire[2] conduit tous ces penseurs dominés par le principe de l'économie de la vie à faire de la plus grande vitalité <*Vitalität*> de masse possible le critère de référence non seulement pour l'éthique sexuelle mais aussi pour d'autres domaines de la vie, et même pour la culture tout entière. Il n'est pas nécessaire de le montrer plus en détail.

---

1. Rickert vise ici les thèses de C. von Ehrenfels, *Sexualethik* [*Éthique sexuelle*], Wiesbaden, 1907.

2. Allusion à la formule de Nietzsche dans la *Généalogie de la morale*, Première dissertation, § 11, *OPC*, VII, p. 238 (traduit par « la brute blonde »).

Nous devons aussi considérer une variété particulière du biologisme économique dans la « philosophie de la culture », qui travaille à l'aide des concepts physicalistes vivifiés « énergétiquement »[1]. Le lieu où trouver le principe du progrès culturel doit être déterminé par un rapport quantitatif de sommes d'énergie. Plus | les vivants en useront parcimonieusement avec **139** l'énergie, plus la culture s'élèvera haut. La question se pose de savoir si les valeurs de culture qui ne peuvent s'intégrer à une telle formule, orientée sur le rapport entre une lampe à pétrole et une lumière incandescente au gaz, ont une légitimité en général. Il est « *a priori* » établi que les biens véritables ne peuvent être simplement les quantités d'énergie qui sont à la disposition des vivants. Le fait que les valeurs de culture ne soient pas ici mesurées à l'aune du concept de vie lui-même mais à l'aune du concept d'énergie ne doit pas faire illusion sur le caractère biologiste de cette pensée. On ne pourrait pas même commencer quoi que ce soit dans une philosophie de la culture à l'aide des simples concepts physicalistes. C'est toujours pour la vie d'êtres vivants que l'utilisation parcimonieuse de l'énergie doit avoir une signification. C'est donc d'abord et seulement par le biais de la favorisation de la vie que la pensée axiologique et, par là, le principe de culture pénètrent dans les rapports d'énergie. C'est pourquoi cette théorie de la culture repose elle aussi intégralement sur un fondement biologiste. On peut même dire que c'est du fait de l'indigence de son principe que le biologisme économique a trouvé ici son expression « classique » en tant que philosophie de la culture.

Nous ne nous occuperons pas d'autres singularités de cette orientation « philistine ». Elles ne peuvent pas rendre le principe plus clair qu'il n'est. Nous indiquerons encore un domaine seulement, dans lequel le biologisme de coloration économique produit peut-être l'effet le plus étrange de tous. On cherche avec le plus grand sérieux à comprendre également la science du point de vue selon lequel elle n'est qu'une économie <*Ersparnis*> des forces vitales. L'« économie de pensée » doit être le principe de la recherche, c'est-à-dire que la connaissance a rempli sa tâche la plus haute lorsqu'elle a réussi à s'accorder avec la plus maigre dépense de concepts. Elle est ainsi comprise comme la continuation du processus naturel d'adaptation. Les pensées « vraies » sont celles à l'aide desquelles nous pensons le

---

1. Rickert vise ici W. Ostwald, *Energetische Grundlagen der Kulturwissenschaft* [*Fondement énergétiques de la science de la culture*], Leipzig, 1909.

monde le plus commodément et nous orientons le plus aisément dans l'effectivité environnante. Il convient par conséquent d'enserrer le monde dans un système de concepts le plus simple possible, dans lequel tout ce qu'il importe de savoir de lui a trouvé sa place. C'est ainsi que la philosophie devient, pour utiliser les mots du représentant de loin le plus significatif de cette opinion, « pensée du monde d'après le principe de la plus petite quantité d'énergie »[1]. De telles idées, cependant, ne sont pas neuves. Kant pensait déjà qu'on serait peut-être enclin à croire que la formation des concepts génériques « est un procédé simplement économique de la raison pour s'épargner de la peine autant qu'il est possible ». Mais il repousse naturellement « un tel objectif adopté par intérêt », puisque « la raison ici ne prie pas, mais ordonne »[2]. Mais à l'époque du biologisme,

140 des idées de ce genre ont trouvé beaucoup de | partisans. Dans cette orientation, le pragmatisme atteint le sommet[3]. Il n'est pas nécessaire de prouver qu'il est une forme de biologisme. Simplement, il ne laissera pas de paraître étrange que cette « doctrine de la science » de l'utilitarisme doive être liée aux pensées de Nietzsche, lequel méprisait pourtant tout utilitarisme, et il va de soi qu'il y a également une différence essentielle entre Nietzsche et les pragmatistes : on ne peut voir dans la logique de ces hommes d'affaires, qui s'enquièrent de profit même dans la recherche scientifique, qu'une caricature du biologisme nietzschéen. Chez Nietzsche, la pensée selon laquelle la connaissance doit elle aussi être au service de la

1. Rickert fait ici référence aux travaux de R. Avenarius, fondateur d'une philosophie positiviste évolutionniste qu'il nomme lui-même un empirio-criticisme, et qui se développe dans trois ouvrages fondamentaux, dont le premier se trouve ici cité : *Philosophie als Denken der Welt gemäss dem Prinzip des kleinsten Kraftmasses. Prolegomena zu einer Kritik der reinen Erfahrung*, [*La philosophie pensée du monde d'après le principe de la plus petite quantité d'énergie. Prolégomènes à une critique de l'expérience pure*] Leipzig, 1876. Viendront ensuite la *Kritik der reinen Erfahrung* [*Critique de l'expérience pure*], Leipzig, Reisland, 1888-90, et enfin *Der menschliche Weltbegriff* [*Le concept humain de monde*], Leipzig, Reisland, 1891. Souvent associée à la philosophie d'E. Mach, la pensée d'Avenarius eut une influence certaine sur la pensée de Rickert à la fin des années 1880, et plus largement en Allemagne jusque dans les années 1920. Rappelons que dès 1900, dans les *Prolégomènes à la logique pure*, Husserl a consacré un chapitre entier à réfuter conjointement les philosophies de Mach et d'Avenarius en ramenant l'« économique de la pensée » à une forme de fondation psychologiste de la logique (*cf.* E. Husserl, *Recherches logiques I – Prolégomènes à la logique pure*, trad. fr. par H. Élie, A. L. Kelkel et R. Schérer, Paris, PUF, ⁴1994, p. 212 *sq.*).

2. Kant, *Critique de la raison pure*, AK III 433, A 653 / B 681 ; trad. fr. A. Renaut, Paris, Aubier, 1997, p. 566.

3. Rickert vise ici au premier chef la philosophie de W. James.

vie a une certaine hardiesse <*Schwung*>. Tout se trouve ici rabaissé au niveau de l'utilité quotidienne la plus triviale. Mais le principe fondamental dans toutes ces tentatives est pourtant le même : seul le critère de la favorisation de la vie peut <*darf*> être déterminant pour la signification d'un bien culturel. Quelle est la vie qu'on veut favoriser, voilà qui demeure – une question de goût. –

Si, enfin, nous prenons en vue les tentatives d'édification d'une *métaphysique* à l'aide du concept de vie, nous entrons dans une sphère principiellement autre. Nietzsche n'a suivi de telles tendances que dans sa jeunesse. Par la suite, elles furent pour lui bien trop « idéalistes ». Aujourd'hui, et même dans la philosophie à la mode, on croit qu'une pensée idéaliste doit, de manière nécessaire et factuelle, être de nouveau promue. C'est même déjà devenu un propos de journal : la « vie » doit désormais fournir l'assise fondamentale du nouvel idéalisme. Cette pensée est mise simultanément au service du « monisme », si apprécié lui aussi. Les idéaux et les buts culturels que l'on avait auparavant se présentaient face à la vie comme quelque chose d'étranger, voire d'hostile. Une tension se produisait par là, ressentie par beaucoup comme un « dualisme » insoutenable. Si la vie immédiatement vécue est en revanche l'essence la plus profonde du monde et si l'on réussit à tirer d'elle le sens de notre vie, le tiraillement, qui déchirait jusqu'ici le monde, entre ce qui est et ce que nous devons faire, entre la réalité effective et l'idéal, est alors surmonté avec bonheur. Le recours à la science de l'organique étendue en une métaphysique introduit aussi un lien organique entre les considérations ontologique et axiologique du tout du monde. La culture se trouve ancrée dans une essence métaphysique. Ses biens peuvent désormais être compris comme autant d'élévations et d'améliorations de la vie du monde <*Weltlebens*> elle-même. Ils se développent nécessairement à partir du sol originaire des choses. On n'est pas loin non plus d'une tournure religieuse. La vie sociale, l'art et la science ne sont que les fleurs les plus exquises de la « nature divine » une et vivante. Dans la religion aussi, le dualisme est complètement vaincu par la | pensée de la vie totale de l'Un <*das All-Leben* **141** *des Einen*>. Face au vivre immédiat du fondement le plus profond de la vie, toutes les limites et les lignes de séparation qu'une pensée bornée avait tracées disparaissent. Soutenus par des vécus ou par l'intui-tion, nous ne tournons plus désormais autour du monde par contact et par calcul, mais nous plongeons en son cœur, nous saisissons son essence comme vie et, en ne faisant plus qu'un avec cette vie du tout, nous ressentons ainsi en même temps le sens de notre vie individuelle. Depuis les profondeurs de cette vie et pourvu seulement qu'elle soit bien vivante, notre existence singulière reçoit également grandeur et élan <Schwung>.

Il indubitable que, déjà auparavant, des esprits significatifs ont trouvé en une telle vie totale <All-Leben> le centre de leur vision biologico-téléologique du monde. Un penseur aujourd'hui aussi éminemment brillant que Bergson[a], pour autant qu'on puisse le classer en général, est à compter dans le monisme biologico-métaphysique, ou du moins son grand succès ces derniers temps repose-t-il sur ces tendances. Nous faisons abstraction ici du fait que, comme chez Schopenhauer déjà, une théorie pragmatico-biologiste des sciences singulières est intégrée à cette métaphysique de la vie. Elle reçoit ici un sens tout à fait autre que le sens habituel, car elle ne doit constituer précisément qu'une partie d'une philosophie plus englobante, laquelle, du reste, *ne* reconnaît justement *pas* à la pensée pragmatiste l'aptitude à la connaissance vraie. Le vivre immédiat du fondement du monde doit même venir « après » les résultats des sciences, lesquelles ne font que calculer le monde. D'après sa tendance, cette métaphysique est donc dans l'opposition la plus nette à certaines des orientations biologistes que nous avons considérées plus haut. Mais cette vie du monde qu'elle croit vivre de manière immédiate se transforme pour elle toutefois de nouveau en cette « vie » dont traite la biologie, et pour énoncer quelque chose de l'essence métaphysique, elle se sert de concepts biologiques. Sans la biologie moderne, ce qu'elle vise par « évolution créatrice »[1] ne serait pas compréhensible. Elle situe le sens de la vie dans un « élan vital »[*]. C'est l'organique qui importe ici, par opposition au mécanique. L'objet de l'intuition immédiatement vivante <erlebenden> n'est nulle part radicalement séparé de la vie qui s'oppose à l'être mort – c'est-à-dire l'être physicaliste – et qui conserve par là sa « vitalité ». Cette singulière métaphysique paye donc, elle aussi, son tribut au courant biologiste à la mode.

Il va de soi que ces propos ne veulent en aucune manière épuiser sa **142** signification. Tout comme dans le cas des pensées de Nietzsche, | nous ne prenons d'elle en considération que ce qui a pénétré dans d'autres cercles. Avant toute chose, nous ne portons pas atteinte à la valeur qui est la sienne

a. *Cf.* Richard Kroner, « Henri Bergson », in *Logos*, I, p. 125 *sq.*

1. Cf. *supra*, « Le concept de la philosophie », p. 56, note 2.

* En français dans le texte. Rappelons que l'expression française avait été traduite en allemand par le terme *Lebensschwung*.

en tant qu'œuvre d'art. Il est certain que même d'un point de vue scientifique, la réflexion sur l'«immédiat» et sur l'«irrationalisme» qui en
découle est extrêmement précieuse, notamment en vue de la critique de
bien des dogmes «naturalo-scientifiques», qui sont en vérité des dogmes
rationalistes et métaphysiques, auxquels beaucoup s'en tiennent avec une
opiniâtreté doctrinaire. Sous la forme d'une vision du monde idéaliste-
moniste, il faut considérer le biologisme comme un grand progrès face à
tout matérialisme qui croit penser de manière «moniste» lorsqu'il oriente
sa pensée du monde vers un complexe de concepts physicalistes et parvient
ainsi à un concept de monde très rudimentaire. Il peut aussi contribuer à
surmonter définitivement ces tentatives qui ne semblent chercher qu'à
sous-estimer autant qu'il est possible les hommes et tout ce qui est humain,
et à qui la compréhension des valeurs de culture fait défaut en général. Si
nous le comparons au biologisme dans lequel tout revient à de l'utilité, de
l'économie d'énergie et à de semblables «buts mondains» <Weltziele>, il
se tient bien haut. Il *veut* assurément donner une vision du monde qui
interprète sérieusement le sens de notre vie. C'est ici que se trouve l'espoir
lorsqu'on doit effectivement abandonner tout espoir. C'est ici que se
trouvent encore également – ce qui est peut-être le plus important – des
traces de la grandeur que nous a apportée le XIXe siècle, et en particulier des
restes de sa doctrine de la volonté et de ses conceptions de l'évolution qui se
sont opposées au rationalisme et au principe de stabilité du XVIIIe siècle.
Certes, le «volontarisme» de la philosophie allemande était orienté vers la
personnalité morale autonome et son «évolutionnisme» vers les grandes
puissances de l'histoire, à l'endroit desquelles la philosophie de la vie
immédiate montre étonnamment peu de compréhension, de sorte que, dans
cette mesure, on ne peut parler, dans notre philosophie à la mode, avec sa
volonté de vie en évolution, que de traces et de restes de la philosophie
allemande classique. Mais peut-être cela fournit-il les points de départ d'un
déploiement plus complet de ces pensées, et il y aurait alors de quoi se
réjouir vraiment de ce que le volontarisme et l'évolutionnisme biologistes
soient au moins devenus une fois à la mode.

II. LE BIOLOGISME ET LA BIOLOGIE COMME SCIENCE DE LA NATURE

Il nous faut pourtant entrer en opposition critique avec l'ensemble du
biologisme, et donc aussi avec ses représentants les plus remarquables,
pour autant qu'ils élèvent la prétention à enseigner une philosophie scienti-

fique. Nous ne pouvons pas nous engager ici dans le détail, mais nous nous restreignons à la question la plus importante pour la philosophie de la culture. Est-il possible d'identifier les valeurs de culture et les valeurs de vie, ou encore de trouver à partir de la vie elle-même une assise fonda-
143 mentale pour le sens | de notre culture ? Si nous voulons parvenir sur ce point à une décision de principe, nous devons d'abord examiner la philosophie de la culture fondée sur la science biologique de la nature, en prenant en considération sa structure logique. Sa présupposition la plus globale est manifestement qu'une science de la nature en général est à même de fonder des valeurs et d'établir des normes. Cela est-il justifié ?

Même si l'on fait abstraction de la biologie dans sa particularité, on sera peut-être tenté de répondre à cette question par l'affirmative. Il tombe sous le sens, par exemple, que la physique donne au technicien les normes dont il a besoin pour son travail. Si, par-dessus un fleuve, il faut construire un pont qui doit supporter une charge déterminée, le technicien doit se tourner vers la physique. Elle lui dit comment il *doit <soll>* procéder pour construire le pont. Comment cela est-il possible ? Cette science ne fait pourtant que constater ce qui est, ou bien nous donner à connaître des connexions causales. Elle montre que tel procédé a nécessairement tel effet. Il n'y a rien du tout ici qui s'apparente à une donation de norme. Il ne s'agit bien plutôt que d'une obligation *<Müssen>*, laquelle semble même rendre tout devoir *<Sollen>* absurde. Et pourtant la physique peut dire ce qu'il doit *<soll>* faire au technicien qui veut construire des machines en vue d'un but déterminé. Les rapports entre cause et effet peuvent être inversés en pensée. On part de l'effet et on interroge les conditions qui existent nécessairement pour le produire. Eu égard à l'effet, l'ensemble de ces conditions se rassemble dès lors en une unité. C'est ainsi qu'à partir de la relation causale se produit une relation conditionnelle, pour la nommer brièvement, ainsi qu'une espèce tout à fait déterminée d'unité en laquelle se tiennent les conditions. Même ces concepts, assurément, sont encore libres d'éléments qui peuvent servir à la donation de norme. Mais quelque chose de nouveau fait à présent irruption, à savoir la volonté du technicien. Il pose un certain effet comme « fin », c'est-à-dire qu'il lui attache une valeur, et les conditions que la physique enseigne comme nécessaires pour atteindre cet effet se transforment immédiatement pour lui en autant de moyens qu'il doit *<soll>* utiliser pour réaliser sa fin. À partir de l'ensemble qui était tout d'abord causal, puis est devenu conditionnel, c'est à présent un ensemble *téléologique* qui s'est développé, et l'unité conditionnelle *<konditionale>*

des conditions <*Bedingungen*> doit de même être à présent une unité téléologique. Pour qui veut la fin, les moyens nécessaires à sa réalisation ont une signification normative.

Par là est éclaircie la structure logique d'une technique fondée sur la science de la nature et établissant des normes. Il faut seulement – ce qui n'est pas le cas la plupart du temps – distinguer les unes des autres les *trois* espèces de l'ensemble qui est présent dans les rapports causaux, conditionnels et téléologiques, | et ne pas croire en particulier qu'un rapport **144** téléologique puisse naître par simple inversion du rapport causal sans l'introduction de quelque chose de nouveau. C'est toujours d'abord par la volonté de l'homme que la fin s'introduit dans les rapports conditionnels de la technique. Elle seule pose la fin et transforme par là les conditions en moyens à partir desquels des normes peuvent être déduites. La physique elle-même ne connaît pas de fin, et elle est par conséquent tout à fait incapable de poser pour elle-même des fins. Il en ressort également, si ce n'était pas encore clair, que les enseignements de la science de la nature peuvent mettre à disposition aussi bien les moyens d'atteindre ce qui est dépourvu de valeur <*Wertlosen*> ou ce qui est hostile à la valeur <*Wertfeindlichen*> que les moyens de la réalisation de biens auxquels des valeurs sont attachées.

On ne peut donc pas parler d'une fondation de quelque but vital que ce soit par la physique elle-même, et on ne le fait d'ailleurs pas volontiers. Il ne pourrait y avoir ici de doute que si l'on confondait de la manière la plus naïve fin et moyen, ou si l'on tenait les valeurs qui sont attachées à des fins déterminées et posées par des hommes pour des valeurs relevant des moyens mêmes qui sont nécessaires à leur réalisation. Une réflexion élémentaire suffit pour apercevoir que la valeur d'une machine, quelle que soit sa perfection technique, dépend exclusivement de la valeur que l'homme joint aux prestations de celle-ci, et qu'il n'y a, par conséquent, aucun sens à parler de « perfection » technique sans tenir compte des positions humaines de valeur. –

Mais en ce qui concerne l'obtention de normes à partir d'une science de la nature, en va-t-il partout de même que dans le cas de la technique qui repose sur la physique ? Les biologistes <*Biologisten*>, eu égard précisément au point de vue de la fin, feront entre physique et biologie une distinction principielle, laquelle devient immédiatement manifeste si nous comparons le rapport de la technique à la physique et celui de la thérapie à la science organique de la nature. Le médecin tire de la biologie les normes dont il a besoin, et ne le fait-il pas sans importer tout d'abord des fins dans les concepts de celle-ci ? Il apprend d'elle les conditions de la vie vivante, c'est-à-dire saine, et celles-ci deviennent en effet pour lui, quoi qu'il arrive, les moyens qu'il doit <*soll*> mettre en œuvre. La capacité des disciplines biologiques à donner des normes ne tombe-t-elle pas sous le sens ?

Le biologiste <*Biologe*> traite des organismes dans leur évolution. C'est seulement ainsi qu'il gagne en général un domaine qui lui est propre. «Organisme» aussi bien qu'«évolution» sont des concepts que la physique ne connaît pas. Chaque organisme est en effet un tout dont les

145 parties | sont des conditions, et il possède dans cette mesure une unité conditionnelle : il ne «vit» et n'est en général un «organisme» que par l'effet d'ensemble <*Zusammenwirkung*> de ses différentes parties dans une direction déterminée. Mais si ses parties sont au service du tout, elles sont alors le moyen de sa conservation, de sorte que le concept d'organisme est nécessairement aussi celui d'une unité téléologique. De même, l'évolution signifie toujours plus qu'une série de modifications purement causales. Car les modifications renvoient au stade terminal qui «évolue» en passant à travers elles. Les stades antérieurs sont d'abord les conditions pour l'atteindre et, dans la mesure où le stade terminal est pensé comme but, ils sont en outre également des moyens qui conduisent jusqu'à lui. Tout comme l'organisme, l'évolution biologique est donc un concept téléologique. On voit ainsi que la biologie, même en tant que pure science de la nature, ne peut pas de fait se dispenser du moment téléologique. Un «organisme mécanique» est tout simplement un contresens logique, si l'on entend par mécanisme ce que toute téléologie exclut conceptuellement. «Organisme» vient d'«*organon*», c'est-à-dire «outil», et le terme d'«outil» a une signification éminemment téléologique.

Mais il semble que d'autres conséquences s'ensuivent également : là où dans la science les fins sont traitées en tant que fins, elles valent ; plus exactement : valent les valeurs en raison desquelles les choses sont des fins, et valent ensuite comme normes les moyens qui servent à leur réalisation. Par conséquent, il n'y a qu'à établir les fins des êtres vivants ainsi que les conditions pour les atteindre ; on peut aussi indiquer de la sorte les moyens qui doivent valoir comme normes naturelles. Nous comprenons à présent encore mieux que précédemment pourquoi l'on a cherché à déduire des normes pour donner forme à la vie à partir, par exemple, du fait que l'évolution de l'organisme est déterminée par la sélection naturelle. Ce dont on peut prouver qu'il est un moyen pour l'évolution téléologique des êtres vivants doit conserver par là simultanément une signification normative. Le principe d'une philosophie biologiste de la culture semble donc brillamment justifié.

Il y a pourtant au fondement de cette pensée une obscurité principielle, laquelle, comme c'est si fréquemment le cas pour des opinions largement répandues, repose sur l'ambiguïté d'un terme, ambiguïté que nous n'avons volontairement pas laissée ressortir jusqu'à présent. Il est bien connu qu'on parle de téléologie parce que « fin » se dit « *telos* » en Grec. Or, comme nous l'avons vu, un certain type de « téléologie » est sans aucun doute présent dans la biologie. Mais « *telos* » ne signifie pas du tout seulement « *fin* » <*Zweck*>; il signifie aussi tout simplement « *terme* » <*Ende*> ou « résultat », et ce n'est que lorsqu'il signifie « fin » qu'il est un concept axiologique dont on peut se servir pour déduire | des normes. Le concept de **146** « terme » est en revanche complètement libre de toute valeur <*wertfrei*> et n'est approprié à aucune donation de normes. C'est pourquoi tout dépend de la question de savoir si c'est du « *telos* » seulement en tant que « terme » ou aussi en tant que « fin » que la biologie ne peut se dispenser.

Il n'est pas trop difficile de décider. Nous avons vu précédemment, en établissant le rapport entre physique et technique, que la considération causale pouvait être inversée, ce qui n'a pas d'autre signification que celle d'un retour du terme ou du résultat à ses conditions. Celles-ci se rassemblent alors en une unité conditionnelle. Or c'est d'une telle unité que la biologie ne peut pas de fait se dispenser lorsqu'elle parle d'organismes ou d'évolution, alors que la physique peut, et même doit s'en passer si elle veut procéder de manière purement causale. C'est donc ce qui distingue principiellement la biologie de la physique. Dans cette dernière une telle inversion est certes également possible. On peut par exemple, en partant du terme de la chute, considérer la vitesse d'une pierre qui tombe en tant qu'« évolution » de la vitesse qu'elle atteint au moment de son impact au sol. Mais d'un point de vue physicaliste, c'est là une considération arbitraire. Dans la biologie en revanche, les membres d'un organisme sont nécessairement pensés comme conditions du tout, et toute évolution consiste de même en une série d'étapes préliminaires qui sont nécessaires si le stade terminal doit être atteint. Dans cette mesure, l'unité conditionnelle se trouve dans les concepts biologiques eux-mêmes, et si l'on appelle « *telos* » le terme, alors, même en tant que pure science de la nature, la biologie qui parle d'organismes et d'évolution procède de fait de manière téléologique.

Mais pour quelle raison considère-t-on ce *telos* biologique comme une fin, c'est-à-dire comme quelque chose auquel une valeur est attachée et qui, pour cette raison, doit être <*sein soll*>? Tant qu'elle veut demeurer une science de la nature, la biologie n'a pas le droit d'évaluer les unités conditionnelles en tant que quoi elle doit saisir organismes et évolutions. Aucune valeur n'est attachée à ce qu'elle appelle *telos*, et les conditions nécessaires pour atteindre ce *telos* ne sont pas non plus, par conséquent, des moyens à signification normative. Exactement comme dans le cas de la technique fondée de manière physicaliste, une fin n'apparaît bien plutôt que par la volonté humaine évaluante. Mais la biologie, ne serait-ce que parce qu'elle est une science des corps, doit faire abstraction d'une telle volonté. Sans doute peut-on dire que le terme doit être voulu parce que des valeurs qui valent y sont attachées. Mais ces valeurs ne concernent pas le moins du monde la biologie. Comment, en tant que science de la nature, pourrait-elle vouloir fonder une validité axiologique et une position de fin? Nous voyons donc que le terme « *telos* » nous a induit en erreur lorsque nous avons cru 147 qu'il y avait aussi une différence principielle | entre physique et biologie eu égard aux valeurs et aux fins. Bien comprises, les deux sciences procèdent de manière complètement libre de toute valeur. Toutes deux ne fournissent par conséquent, prises pour elles-mêmes, aucune norme. Par suite, les différences entre physique et biologie sont inessentielles dans ce contexte. Il reste seulement à indiquer qu'il y a une autre raison pour laquelle le moment téléologico-*axiologique* <wert*teleologisch*> – si l'on peut dire, pour prévenir les confusions avec la téléologie libre de toute valeur – ne doit pas être érigé en caractéristique du biologique par opposition au physique <*Physikalischen*>. Toute machine qui est inventée en vue d'une fin déterminée et qui atteint cette fin est elle aussi un ensemble de part en part téléologico-axiologique. Il n'est pourtant pas question en elle de quoi que ce soit de vivant, de sorte qu'elle peut être expliquée sans reste comme une formation morte. Elle est un mécanisme mis au service de fins, et dont les connexions mécaniques ne sont pas saisies seulement de manière conditionnelle, mais aussi de manière téléologico-axiologique. Ce qui rend les organismes inexplicables d'un point de vue physicaliste ne peut donc pas être un moment téléologico-axiologique. Dans les organismes, ce sont plutôt – ce qui ne doit pas être montré plus en détail ici – certains éléments *irrationnels*, par opposition aux concepts physicalistes, qui nous empêchent de les comprendre comme des machines – ce qui n'a aucune signification pour le problème axiologique.

En tout cas, la distinction entre biologie et physique n'est importante pour nous que dans la perspective selon laquelle, dans la donation de norme qui est la sienne pour la construction de machines, la technique doit d'abord transformer les séries causales physicalistes en ensembles conditionnels pour produire ensuite à partir d'eux des ensembles téléologico-axiologiques, alors que la thérapie trouve déjà d'avance dans la biologie elle-même des séries conditionnelles toutes prêtes. C'est ainsi que naît l'apparence selon laquelle les concepts biologiques seraient également plus proches de la téléologie axiologique *<Wertteleologie>*. Mais cette apparence est trompeuse. La liaison de l'effet terminal *<Endeffektes>* avec une valeur, et donc la position de fins ainsi que la transformation qui en procède des conditions en moyens pourvus de valeur *<wertvolle>* est l'affaire exclusive de la volonté, et ce non seulement dans la technique, mais aussi dans la thérapie. Cette volonté évalue là des machines, ici la vie ou la santé. Sans elle il n'y aurait ni technique ni thérapie. Par conséquent, la donation de normes du médecin se trouve elle aussi tout entière à l'extérieur de la science biologique de la nature. Elle n'est pas portée par celle-ci, mais seulement par la volonté de l'homme qui évalue vie et santé. Mais par là se trouve retiré au biologisme tout appui sur le fondement duquel élever la prétention à établir des normes pour donner forme à la vie, ou encore à interpréter le sens de la vie à partir de la vie elle-même sur le fondement de la biologie. –

| Il nous faut encore faire un pas en avant. Non seulement la biologie ne **148** contient aucun facteur qui soit approprié à la donation de norme, mais toute liaison de ses ensembles conditionnels avec des valeurs est de part en part opposée précisément à l'esprit de la biologie moderne et n'appartient encore qu'à l'état préscientifique. Qu'un être vivant apprécie la vie comme un bien, et que l'homme attribue une valeur *<wertet>* à la vie humaine, cela va évidemment de soi. De sorte que par le biais de ces positions de fin que chacun accomplit sans réflexion expresse et comme d'instinct, les connexions conditionnelles des êtres vivants sont partout transformées en connexions téléologico-axiologiques, et se présentent comme telles au chercheur lorsque celui-ci commence leur étude scientifique. Il semble tout d'abord ne faire aucun doute que la série biologique de l'évolution est une série de progrès parce qu'elle conduit jusqu'à l'humain, qu'il y a en outre des animaux « supérieurs » et « inférieurs » selon leur degré d'éloignement ou de proximité par rapport à l'homme etc. De ce point de vue préscientifique, on s'étonne ainsi tout naïvement des « conquêtes » impressionnantes

que, du bacille jusqu'à l'homme, la vie a faites « à partir d'elle-même » dans le cours naturel de l'évolution. Pour l'homme, le domaine biologique est ainsi d'emblée pour ainsi dire constellé de forts accents axiologiques <Wertakzenten>, et cela n'est conséquent que du point de vue de l'homme *voulant*, de l'homme qui doit se poser lui-même comme fin. Celui qui veut la fin veut les moyens, de sorte qu'il mettra l'ensemble du domaine du biologique en connexion téléologico-axiologique avec la vie qui est la sienne et à laquelle il attribue une valeur.

Mais la biologie, comme science de la nature, a si peu à voir avec ces points de vue axiologiques que sa tâche consiste bien plutôt à mettre rigoureusement un terme à toutes les appréciations anthropomorphiques et les constructions téléologico-axiologiques de concepts effectuées naïvement. Elle doit précisément une grande partie de ses succès au progrès toujours plus grand de la séparation des valeurs et des fins. Le concept de sélection (ou, comme on dit aussi, de choix de lignée <Zuchtwahl>) est ici de nouveau particulièrement intéressant pour juger du biologisme. À l'origine, il a un sens téléologico-axiologique pratique. Darwin avait observé comment, par une sélection consciemment orientée, les éleveurs pouvaient fortement modifier les organismes dans la direction souhaitée. C'est ainsi que fut établie la possibilité de la variation. Mais pour une explication scientifique de la modification qui a lieu progressivement dans la nature où aucune volonté capable de fins n'effectue la sélection, il dut mettre hors-circuit toute conscience de but et par là tout point de vue final, et donc remplacer la « sélection » par un concept libre de toute pensée 149 | finale, auquel il donna ensuite le nom de sélection « naturelle ». Peu importe qu'il ait eu raison ou non : par opposition à la sélection artificielle et consciemment orientée, ce concept devait rendre compréhensible comment *en l'absence* de toute fin peuvent venir au jour des formations qui, du point de vue de leur volonté consciente, sont pourtant nécessairement saisies comme conformes à une fin <zweckmässig>. En d'autres termes, la sélection naturelle *ne* peut justement *pas* être une « sélection », c'est-à-dire une sélection consciemment orientée. C'est seulement en pensant à l'origine de la théorie darwinienne qu'on peut comprendre pourquoi a été conservé ce terme à la résonance téléologique ainsi que d'autres expressions telles qu'« avantage », « adaptation », etc. Le sens de cette théorie reste celui d'une libération à l'égard de toute téléologie. Elle veut dire proprement que les organismes sont devenus ce qu'ils devaient devenir selon une nécessité causale. Ce n'est qu'après qu'ils sont là <da

sind> que leur être est posé par eux-mêmes en tant que fin, et c'est donc *ultérieurement* que leur ensemble purement causal est par eux transformé, selon l'inversion qu'on a exposée, en un ensemble tout d'abord conditionnel et enfin téléologico-axiologique. Ou encore : ce n'est pas en raison de leur conformité à une fin *<Zweckmässigkeit>* que les organismes sont précisément tels qu'ils sont à présent et qu'ils peuvent perdurer dans cet être-là qui est le leur, mais c'est parce qu'ils sont devenus tels qu'ils sont et parce qu'ils peuvent aussi pour cette raison perdurer ainsi qu'ils peuvent être appréhendés par eux-mêmes, dans cet être-là pourvu de valeur *<wertvollen>*, comme conformes à une fin *<zweckmässig>*. Voilà la pensée au moyen de laquelle, dans la chose même, tous les ensembles téléologiques doivent s'effacer et ne demeurer que les ensembles causaux. La fin a été transférée des objets biologiques à l'appréhension évaluante de l'homme, où elle ne vient plus perturber la recherche causale.

Malgré cela, on a voulu appliquer la sélection, précisément en son sens téléolgico-axiologique, à la fondation de buts culturels par les sciences de la nature. C'est là quelque chose qui ne laisse pas d'étonner, et qui fait apparaître sous un jour remarquable la clarté que bien des darwinistes ont sur l'essence de leurs propres principes. Seul ce qui suit est correct. Si l'évolution biologique est conditionnée par la sélection « naturelle », donc *sans* qu'intervienne aucune fin, aucun avantage ou aucune valeur, il en résulte qu'elle *ne* peut précisément *pas* être considérée comme une série naturelle de progrès, car le progrès est un concept axiologique qui présuppose un but pourvu de valeur dont la série s'approche peu à peu. Le mode de considération qui est conséquemment celui des sciences de la nature a donc partout évincé les concepts axiologiques et finaux. La biologie moderne met l'homme à égalité avec le reste des êtres vivants. Pour autant qu'il n'est qu'un être vivant, elle lui *reprend* donc sa position d'exception en tant que « sommet », et elle ne considère pas cet autre élément auquel l'homme doit peut-être cette position | d'exception. C'est pour la même raison qu'en fin **150** de compte les concepts de vie ascendante et de vie déclinante *ne* constituent *pas* non plus une opposition axiologique, et que « sain » et « malade », si l'on entend par là valeur et non-valeur, ne sont plus des concepts biologiques. Quand l'homme est malade les bacilles vivent, et quand les bacilles meurent l'homme retrouve la santé. Sans doute est-ce l'affaire de la *volonté* humaine de prendre ici parti et de poser la santé humaine comme fin. Ce n'est pas alors la vie des bacilles qui peut être une fin, mais leur mort seule, par où l'on voit que toute vie *n'*est *pas* vraiment posée comme bien.

La biologie comme science de la nature est éloignée d'un tel parti pris. Il lui est parfaitement égal de savoir ce qui vit et ce qui meurt. Vie et mort, santé et maladie sont pour elle autant de faits et non pas des valeurs et des non-valeurs. De son point de vue, toutes ces attributions de valeur <*Wertungen*> relèvent plutôt d'un anthropomorphisme tout aussi puéril que la croyance selon laquelle la terre serait là pour l'homme, selon laquelle les animaux et les plantes auraient pour fin « par nature » de servir à l'homme de nourriture. Lorsque enfin, comme cela se produit aujourd'hui, les adversaires les plus véhéments de toute téléologie naturelle s'enthousiasment <*schwärmen*> en même temps pour un progrès naturel et mettent ce faisant un concept si éminemment téléologico-axiologique au fondement de leur vision « naturalo-scientifique » du monde, c'est là une confusion inégalable. Nous voyons donc de nouveau que les pensées fondamentales du biologisme en tant que philosophie de la culture ne flottent pas seulement, inconsistantes, dans l'air, mais qu'elles se tiennent en nette contradiction avec la pensée qui est authentiquement celle de la biologie en tant que science de la nature.

Mais refuser à la biologie en tant que science de la nature la capacité à poser des valeurs et à donner des normes ne signifie pas, comme bien des biologistes <*Biologen*> semblent le croire, rabaisser cette science. Cela signifie au contraire l'élever à la même hauteur scientifique que celle où la physique et la chimie se tiennent depuis longtemps. Tant que la biologie mêle à ses théories naturalo-scientifiques des positions axiologiques, elle ne peut parvenir à la clarté à propos de ses principes. Le conflit entre mécanisme et téléologie reste par suite nécessairement stérile. Seul le fait que des principes de la biologie ont été transformés en principes « philosophiques » devant édifier une « vision du monde » complète explique que la nécessité d'une exclusion réciproque des concept de nature et des concepts axiologiques, ainsi que l'absurdité d'une donation biologique de normes, ne soient pas depuis longtemps devenus clairs pour les biologistes <*Biologen*>. Le mésusage des concepts biologiques à des fins « philosophiques » a défavorablement rétroagi sur la biologie elle-même. Même dans la physique, il y eut auparavant de tels égarements. On a voulu aussi 151 fonder des normes éthiques | sur la loi de la gravitation de Newton. Plus personne ne prend cela au sérieux aujourd'hui. Mais l'erreur de pensée qui fut faite à cette occasion était la même en son principe que celle qui conduit aujourd'hui à utiliser les concepts biologiques de la « sélection naturelle » ou de la « lutte pour la vie » pour juger de la vie morale. Espérons que le temps viendra bientôt où les deux types de tentatives nous paraîtront également absurdes.

III. CULTURE ET VIE

Notre problème n'est pourtant pas résolu dans toutes ses perspectives. Il nous faut poser encore une question. Même si elle doit renoncer à toute fondation sur la biologie comme science de la nature, l'attribution d'une valeur à la vie – ou encore son identification au bien suprême – ne peut-elle pas avoir encore un autre fondement ? N'y a-t-il pas, en particulier, un sens correct à parler de valeurs de vie qui doivent être posées comme assise fondamentale des valeurs de culture ? Ce n'est qu'en répondant à cette question que nous pouvons parvenir à une pleine clarté sur le rapport de la culture à la vie ainsi que sur l'ensemble de la philosophie du biologisme.

Sans doute la vie peut-elle être posée comme un bien auquel une valeur est attachée. Mais derrière de telles valorisations <Wertungen> de la vie, c'est souvent quelque chose de tout autre qui se cache, et qui porte seul la valeur. La vie n'y est donc pas valorisée en tant que telle. Par conséquent, nous ne prenons pas en considération des opinions de ce type. Nous posons juste la question de savoir si la vie a de la valeur en tant que simple vie, sans que rien d'autre lui confère de la valeur, ou encore si elle peut être considérée comme bien suprême, à l'aune duquel la valeur de tous les autres biens peut être mesurée. Seule la réponse à cette question peut décider du droit d'une vision biologiste du monde.

Si l'on hésite encore à juger de ce point, cela vient sans doute du fait qu'aucune recherche sérieuse n'a été entreprise jusqu'à présent pour fonder effectivement la réponse affirmative à cette question. Il peut bien sembler « aller de soi » pour beaucoup que la vie soit un bien en tant que simple vie. Mais ce n'est pas suffisant. Nous devons ici expressément produire la clarté et, pour ce faire, déterminer en premier lieu avec exactitude ce que doit signifier la vie si ce n'est pas le concept de la biologie comme science de la nature qui est visé par là. Il est possible, si on le souhaite, d'entendre sous ce terme tout ce que nous connaissons en général dans la mesure où, pour connaître quoi que ce soit, il nous faut le « vivre » <erleben>. Mais si tout est vie, la vie ne peut pas être un bien, car tout serait alors tel qu'il doit être <sein soll>, et une donation de normes n'aurait plus de sens. Il nous faut donc penser le vivant dans sa distinction d'avec le mort. En tant

152 qu'hommes vivants, | nous vivons <*erleben*> pour une part du vivant, pour une autre part du non-vivant, et le vivant serait alors ce qui doit être.

Mais nous ne pourrons pas affirmer de même que, dans toute son extension, ce concept soit un concept axiologique ou encore qu'il convienne pour l'édification d'une philosophie de la culture. Quelle quantité incalculable de vie ! Il est tout simplement insensé de dire que tout a de la valeur simplement parce que c'est vivant. Seule une certaine espèce de ce qui est vivant peut, en tant que celle qui a de la valeur, être opposée à une autre espèce de moindre valeur ou qui est hostile à la valeur. Mais quelle espèce est celle qui a de la valeur, c'est ce que ne peut jamais nous révéler le vivant lui-même. Même les expressions de vie ascendante et de vie déclinante, en tant que noms pour désigner la valeur et la non-valeur, sont insignifiantes. Il s'agit toujours de savoir *quelle* vie est conçue dans l'ascension et *quelle* vie se trouve dans le déclin. Sinon nous ne savons pas si nous nous trouvons devant une croissance ou devant une diminution de valeur. L'ascension d'une première espèce de vie peut être éminemment hostile à la valeur, et inversement le déclin d'une autre espèce être éminemment pourvu de valeur <*wertvoll*>. La vie, en tant que ce qui est vivant, est tout aussi peu un concept axiologique que ne l'est le vécu <*das Erlebte*>. Même si l'on se restreint à la vie humaine, il s'agit toujours seulement d'une espèce de vie. Personne ne peut affirmer avec sérieux que tout homme a de la valeur dans tout ce en quoi il est vivant.

C'est ce qu'il est possible d'exprimer encore plus précisément si, au lieu de « vivre » – terme auquel sont attachées toutes sortes de tonalités sentimentales – nous disons « végéter » <*Vegetieren*>. Nous le faisons à bon droit dans ce contexte, car vivre tout simplement ou être simplement vivant n'est pas autre chose que végéter. Le fait de végéter peut certes lui aussi recevoir une valeur du fait du plaisir qui s'y trouve lié, et il serait fort injuste d'amoindrir sans nécessité la joie que prend n'importe quel homme au simple fait qu'il vit. Mais il s'agit tout d'abord d'évaluations subjectives et individuelles dont on ne peut faire l'assise fondamentale des valeurs de culture : la joie prise au simple fait de vivre est l'affaire privée de telle ou telle heure. Et, en outre, ce n'est pas la vie elle-même qui reçoit une valeur dans la joie de vivre mais le *plaisir* qui y est attaché. Personne ne peut croire que les deux coïncident toujours, pas plus qu'il n'est possible de dire quel *quantum* de déplaisir s'oppose au plaisir de l'existence végétative, pour apprécier <*abschätzen*> éventuellement de la sorte le plaisir et le déplaisir en opposition l'un à l'autre et produire ainsi par calcul une valeur de vie. On concèdera en tout cas que le fait de végéter n'est pas le plus élevé des biens [1]. Mais on devrait alors apercevoir aussi que la vie ne peut pas valoir en tant que telle comme un bien. Que je sois simplement vivant ne signifie absolument rien. La valeur de ma vie ne dépend que | du type de ma vie ou 153 de la particularité de mes vécus.

Par là doivent dès lors disparaître aussi toutes ces affirmations qui roulent sur le fait que les valeurs de vérité, de moralité et de beauté, ainsi que la signification correspondante des biens culturels auxquels ces valeurs sont attachées – donc de la science, de l'art et de la vie sociale – seraient à reconduire à des valeurs de vie, ou selon lesquelles toutes les valeurs de culture ne seraient que des élévations ou des améliorations des valeurs de vie. Si, considérée pour soi, la simple vitalité est indifférente à la valeur, son élévation ou son amélioration ne peut pas non plus, sans l'adjonction d'un nouveau facteur, conduire à des valeurs et à des biens. Rien n'advient à partir de rien. Les termes « élévation » et « amélioration » perdent effectivement leur sens si la vie n'a pas déjà de la valeur en tant que telle. Nous devons abandonner complètement les pensées qui tendent à faire reposer les valeurs de culture sur les valeurs de vie. Nous pouvons dire tout simplement : aucune valeur, au fond, n'est seulement valeur de vie. Il peut bien arriver que quelqu'un ne pratique l'art et la science que pour « vivre ». Mais c'est de nouveau au plaisir de la vie, et non à la vie elle-même, qu'il attribue une valeur, et l'on ne peut affirmer en outre que celui qui agit ainsi remplisse sa destination vitale <*Lebensbestimmung*>. Dire que la vie est elle-même le sens de la vie reste donc une phrase absurde.

Mais les partisans des valeurs de vie ne se contenteront pas de cela. Toutes les valeurs et tous les biens, peuvent-ils dire, présupposent pourtant nécessairement une vie vivante, et c'est pourquoi la vie elle-même doit avoir une valeur. De fait, il n'y a là rien à objecter, et c'est peut-être ce point qui se tient plus ou moins clairement au fondement de bien des cas dans lesquels la vie est célébrée comme un bien. Mais c'est cette pensée précisément qui, portée à sa pleine clarté, doit se retourner *contre* toute philosophie de la vie qui cherche à tirer des valeurs à partir de la vie elle-même. Car la valeur qui, d'après cela, demeure disponible pour la vie n'est pas du tout attachée à la vie elle-même mais est placée dans la dépendance

---

1. Glose de l'avant-dernier vers du poème de F. Schiller intitulé *Braut von Messina* : « Das Leben ist der Güter höchstes *nicht* » [« La vie *n'*est *pas* le plus élevé des biens »].

d'autres valeurs, et elle ne vaut par conséquent que si ces autres valeurs valent. Sans aucun doute est-il correct que la vie est condition de *toute* culture et que toutes les tendances hostiles à la vie, comme par exemple l'idéal de la chasteté absolue chez Tolstoï, sont dans cette mesure simultanément hostile à la culture. Mais il est tout aussi certain que la vie, en tant que simple vitalité, demeure *seulement* condition, de sorte que ce n'est pas en une valeur en propre <*Eigenwert*>, mais seulement en une valeur conditionnelle <*Bedingungswert*> que nous disposons de la valeur qui doit être nommée proprement « valeur de vie ». Aucun biologisme en tant que vision du monde ne peut être fondé sur elle. Il n'est jamais correct qu'une vie particulièrement vivante soit la condition d'une culture particulièrement élevée. Qui | apprécie la vie comme une condition s'éloigne donc par là de toute philosophie biologiste de la culture, c'est-à-dire qu'il renonce à comprendre les valeurs de culture en tant que valeurs de vie. Il devient à présent parfaitement clair que celui qui vit tout simplement, vit absurdement. La seule possibilité restante consiste à conférer de la valeur à la vie sur le fondement de valeurs en propre qui *ne* sont *pas* des valeurs de vie. C'est justement parce que la vie est condition de *toute* réalisation effective de valeurs qu'elle ne peut posséder de valeur en propre. Elle ne reçoit jamais de la valeur que parce que nous produisons à partir d'elle un bien en prenant en considération des valeurs en propre indépendantes. –

Il nous faut encore avancer afin d'établir dans toute sa clarté le rapport de la vie et de la culture. Quelle que soit la hauteur où se tient la vie en tant que bien conditionnel <*Bedingungsgut*> et quelle que soit l'hostilité à la culture de toute doctrine qui en vient à une annihilation complète de la vie, il n'en reste pas moins que ne peut être appelé homme de culture que celui qui parvient à refouler, en un sens ou en un autre, la pure et simple vitalité, et qu'il n'y a de biens culturels que là où l'on trouve des formations qui se tiennent dans une sorte de contrariété par rapport à la pure et simple vitalité. En d'autres termes, on doit « tuer » la vie jusqu'à un certain degré pour parvenir à des biens pourvus de valeurs en propre. Pour finir, il faut éclaircir, au moins sur quelques exemples, ce que veut dire cette formule apparemment paradoxale. Il va de soi que nous ne pouvons <*dürfen*> pas prendre ici de nouveau le terme « vie » dans son sens le plus englobant, selon lequel tout ce que nous « vivons » <*erleben*> peut déjà être appelé « vie », car nous « vivons » <*leben*> bien aussi en tant qu'hommes de culture, et tous les biens de culture et leurs valeurs sont « vécus » <*erlebt*> par nous ! Comme précédemment, le terme de « vie », par opposition à ce qui est mort ou au non-vivant en général, ne doit être employé que pour la vie vivante ou pour l'effectivité vivante, et il est vrai qu'une séparation au sein de la vie entre un sens large et un sens étroit est tout aussi nécessaire pour le comportement de l'homme à l'égard d'un bien de culture qu'il « vit » <*erlebt*> que pour le contenu du bien de culture lui-même. Le comportement humain consiste toujours à « vivre », mais c'est précisément pour cette raison qu'il doit être séparé de la vie vivante dès que quelque chose de non-vivant ou encore de non-effectif est « vécu » <*erlebt*>, et il faut séparer de même, dans le contenu du bien de culture, ce qui vit, au sens de ce qui est vivant, de ce qui y mène sa « vie propre » <*Eigenleben*> en tant qu'élément non-vivant ou non-effectif. Munis du concept rétréci de la vie, qui ne se rapporte qu'à la vie effective et vivante, nous pouvons à présent parcourir différents domaines culturels et interroger à chaque fois le mode sur lequel l'homme vivant se rapporte aux biens culturels et le bien culturel à la vie vivante.

C'est dans le cas de l'homme théorique et du bien de culture auquel la vérité est attachée que la distance par rapport à l'effectivité vivante | se **155** montre avec le plus de netteté[1]. Beaucoup de temps a passé pour que cette valeur parvienne dans sa pureté à la conscience et pour que l'homme apprenne à « vivre » en elle et à conférer ainsi de la valeur à cette vie. C'est en Grèce que, pour la première fois, on a attribué de la valeur à la vérité pour elle-même et qu'au nom de la vérité on s'est mis à la recherche du bien auquel elle est attachée – la science. Le refoulement de la simple vie par la culture se manifeste ici de manière particulièrement nette. On était en possession de connaissances depuis longtemps. On peut les rechercher et leur attribuer de la valeur pour les mettre au service de la vie. Mais il n'est pas encore question par là de « science ». On ne pratique la recherche que parce qu'on a besoin du savoir pour la vie ou pour n'importe quelle autre fin. C'est ainsi qu'il en allait partout au commencement et qu'il en va aujourd'hui encore chez beaucoup. Le rapport s'inversa pour la première fois en Grèce. Tout d'abord chez un petit nombre de cas exemplaires, l'homme ne chercha plus pour vivre, mais se mit à vivre pour chercher. C'est seulement par la vérité que la vie recevait pour lui de la valeur. Du point de vue biologiste, cette inversion des valeurs devrait être désignée

1. Sur le thème développé dans ce paragraphe, on consultera les analyses plus détaillées fournies par Rickert dans le quatrième article ici traduit, « La vie de la science et la philosophie grecque », *infra*, p. 186 *sq*.

comme une « dégénérescence ». Pour le développement de la culture, elle a la signification d'un sommet. Le fait d'avoir congédié des valeurs de vie au profit de valeurs théoriques en propre, voilà ce qui assure l'immortalité à ce moment historique. C'est ici que, jusqu'aujourd'hui, se trouve pour l'homme théorique son modèle inégalé. Non seulement celui qui tente d'identifier de manière biologiste la vérité scientifique et l'utilité pour la vie commet une grossière confusion conceptuelle mais, s'il y parvenait, il ne ferait que nous reconduire à cet état qui dominait en Europe avant que les grecs ne donnent naissance à l'attitude théorique qui se détourne de la simple vie et s'oriente vers la valeur qu'est la vérité, et par là à la science. La théorie biologiste de la connaissance signifie donc dans son principe une rechute dans la barbarie. Elle constitue, dans le domaine théorique, l'orientation spécifiquement hostile à la culture.

Cependant, l'éloignement de la vie n'appartient pas seulement à l'essence de l'homme théorique, mais il est aussi nécessairement relié aux produits de la connaissance eux-mêmes. C'est seulement si nous faisons attention à ce point que l'opposition du bien culturel qu'est la science à la vie gagnera pour nous toute sa clarté. Nous éloignons de nous, en un certain sens, tout ce que nous connaissons, si bien que nous ne le vivons <*erleben*> plus comme quelque chose de vivant. Il n'y a pas de science sans pensée conceptuelle, et c'est précisément le sens du « concept » que de rendre la chose non-vivante, de la mettre à distance de notre vie. L'objet le plus vivant sur lequel la connaissance se porte cesse de vivre dès lors qu'il est conçu. La vérité ne s'incarne que dans le « sens » logique non-vivant. Il **156** s'instaure par là, entre | vie et science, un dualisme qu'on ne doit jamais supprimer. Sa suppression anéantirait simultanément la science elle-même. L'essence de celle-ci repose tout simplement sur cette tension entre vie et sens logique, et un dualisme entre vie et pensée est introduit de même en tout homme qui pratique la science. La « vie » au sens logique ou dans la vérité est bien éloignée de la vie vivante, et c'est pourquoi il faudrait préférer ne pas la désigner comme une vie.

Les différentes sciences montrent toutefois un éloignement plus ou moins grand par rapport à la vie. Il n'est pas difficile de voir que dans le monde des mathématiques, il n'y a plus une trace de vie. Mais toutes les disciplines n'ont pas avec la vie un contact *aussi* petit que celui qu'a cette science. En comparaison avec elle, des sciences de la nature comme la physique ou la chimie possèdent déjà une grande teneur de vie et d'effectivité. Il est possible d'ordonner tout simplement les différentes recherches scientifiques d'après le principe de leur plus ou moins grande proximité conceptuelle avec la vie, et il apparaît alors que la biologie s'en rapproche encore plus que la chimie et la physique. Mais elle n'est pourtant pas encore la science qui se tient au plus près de la vie. Avec leurs concepts généraux, les sciences de la nature demeurent toutes en effet fort loin de la vie qui est toujours individuelle dans sa vitalité, et, en matière de teneur de vie, elles sont par conséquent largement dépassées par l'histoire. Celle-ci cherche à saisir, aussi loin que la connaissance le peut, la configuration individuelle vivante, que ce soit celle de l'individu ou de la masse. Et parce qu'elle élabore conceptuellement la vie, elle doit pourtant, elle aussi, tuer toute vie vivante. En tant que science, seule une proximité relative avec la vie lui est accordée. Jamais la vie elle-même n'est saisie par la biographie, elle dont on pourrait pourtant croire qu'elle en est le plus capable[1]. Il reste donc que le vivant ne s'inscrit dans aucune exposition scientifique et que jamais, par suite, l'homme qui pense scientifiquement ne « vit » *<lebt>* dans le vivant, pas même celui qui étudie ce qu'il y a de plus vivant.

De tout cela résulte directement la raison pour laquelle les tentatives pour faire de la vie dans son immédiateté le principe métaphysique du monde débouchent elles aussi sur une contradiction insoluble. Selon leurs explications, n'est vraiment réel que ce qui est vécu *<erlebt>* immédiate-ment. C'est pourquoi le tout du monde doit être appelé « vie ». Sans doute peut-on tenir un tel discours, mais on doit alors faire un pas de plus et ajouter que ce qui est vécu immédiatement en tant que « réalité » *ne* peut justement *pas* être connu. Car *toute* connaissance est un éloignement de ce qui est à connaître par rapport au vivre *<Erleben>*, un passage dans une sphère où il n'y a plus de vivre immédiat. La vie elle-même, en tant qu'elle

---

1. À travers cette critique de la prétention de la biographie à pouvoir saisir la vie elle-même, Rickert vise sans la nommer la philosophie de W. Dilthey. Pour ce dernier en effet, il y a convergence entre la structure de la biographie (et, singulièrement, de sa forme auto-réfléchie, l'autobiographie) et la structure de déploiement du sens dans l'histoire. La bio-graphie devient ainsi la façon privilégiée de penser et d'écrire l'histoire, dans la mesure où, d'une part, elle donne à penser le type d'unité qui est proprement celle de la vie (à savoir celle d'une totalité dynamique et signifiante que Dilthey nomme le « cours de la vie »), ce qui lui permet de fournir du même coup l'archétype de toute totalité spirituelle en général en tant qu'ensemble interactif *<Wirkungszusammenhang>* ; la biographie révèle, d'autre part, que le récit historique n'est rien d'autre que le mode sur lequel la conscience se rapporte à cette unité d'une vie en tant que tout articulé et signifiant, puisque « à travers [la biographie] l'expérience de la vie devient *discours*, l'appréhension du sens se déploie en *signification* » (L. Brogovski, *Dilthey, Conscience et Histoire*, Paris, PUF, 1997, p. 65, nous soulignons).

est l'immédiat, *ne* peut être *que* vécue <*erleben*>. En tant que vécu
157 <*Erlebnis*> immédiat, | elle se moque de toute tentative de connaissance.
Du seul fait que nous l'appelons « vie » ou « réalité », ce que nous vivons
<*erleben*> immédiatement cesse déjà d'être une vie immédiatement vécue.
Toute désignation compréhensible lui ôte sa vitalité immédiate. Par cette
désignation, il entre dans la sphère du concept et est tué. Le pur vivre
<*Erleben*> de la vie est muet de naissance et ne peut jamais venir au
langage. Cette vue est sans doute de quelque valeur. Mais elle nous fait
pourtant seulement prendre conscience de l'éloignement de toute connaissance par rapport à la vie. Elle ne contient certainement pas une doctrine de
la vie ou une philosophie de la vie. Comme les autres sciences, la philosophie ne commence jamais que quand elle s'oppose à la vie comme à
quelque chose d'étranger. C'est donc précisément par le renvoi à l'immédiateté de la vie que l'antagonisme entre science et vie devient parfaitement
distinct, et nous faisons ici complètement abstraction du fait que « réalité »
ou « effectivité » ne sont elles-mêmes que des formes de la connaissance
qui, en tant que telles, *n'*appartiennent *pas* au réel ou à l'effectif. Qui veut
vivre la vie vivante et ne trouver que là l'essence du monde – ou quel que
soit le nom qu'il veuille bien lui donner – doit abandonner la science et
déclarer que le monde est inconnaissable. Mais, exactement comme pour la
théorie biologiste de la connaissance, ce serait là un retour à ce stade auquel
l'homme théorique n'existe pas encore et auquel on ne fait que vivre
<*erlebt*> le monde. Mais on ne dit assurément pas par là que la science est le
bien culturel le plus élevé ou encore le bien suprême en général. Peut-être le
fait que la science éloigne autant l'homme de la vie vivante constitue-t-il
une « objection » contre la science [1]. Il est vrai que les partisans de bien des
philosophies de la vie ont tendance de fait à être hostiles non seulement à
l'égard de la science, mais aussi à l'égard de toute culture, en raison de son
éloignement de la vie. Mais qu'ils aient ou non raison, cela ne nous
concerne pas car scientifiquement, ils ne peuvent jamais avoir raison et leur
objection contre la science ne peut pas tenir scientifiquement. Toute
science est nécessairement quelque chose qui va contre la vie. Qui cherche
la vérité ne peut en rester à la vie vivante, qu'il pratique la métaphysique ou
une autre science. Il reste toujours plus ou moins éloigné d'elle et il ne

---

1. Cette objection sera envisagée et traitée pour elle-même dans « La vie de la science et la
philosophie grecque », *infra*, p. 176 *sq.*, 201 *sq.*

« vit » <*lebt*> que de manière non-vivante dans le « sens » logique non-vivant. –

La pensée d'une plus ou moins grande proximité par rapport à la vie a encore une autre signification pour nous. Elle peut servir non seulement à l'ordonnancement des différentes parties de la science, mais aussi à celui des différents domaines culturels. Si l'on veut s'approcher un peu plus près de la vie qu'il n'est possible pour aucune science de le faire tout en restant dans la sphère de la culture – et donc ne pas *seulement* vivre –, c'est l'art qui se présente alors en premier lieu. Il a déjà été souvent remarqué | que son **158** contenu est « plus vivant » que celui de la science. Il arrive à plus d'un esthète de ressentir un frisson devant l'abstraction morte des théories scientifiques, et si, comme c'est effectivement le cas, il se sent attiré vers une métaphysique de la vie, c'est seulement que le terme de « vie » l'abuse. Il donne à ce concept vide un contenu qu'il ne peut avoir en tant que concept métaphysique. C'est tout au plus la science historique qui semble pouvoir rivaliser avec l'art en matière de plénitude vitale, mais cela seulement parce qu'elle doit intégrer en elle des moments artistiques et qu'elle atteint par là à une proximité avec la vie à laquelle elle doit renoncer en tant que science[1]. Ce qu'il y a de proprement scientifique en elle tue déjà la vie en ce que l'*intuition* immédiate, dans sa plénitude vitale, doit être détruite par le concept. Mais c'est dans le monde de l'intuition que l'art cherche et trouve son foyer et c'est pourquoi, dans une perspective au moins, il est en contact immédiat avec la vie.

On ne peut pourtant pas dire de lui non plus qu'il accueille en lui la vie vivante elle-même. Tout ce que nous vivons <*erleben*> comme étant seulement vivant est pour soi dépourvu non seulement de toute valeur logique, mais aussi de toute valeur esthétique. L'homme esthétique doit lui aussi se détourner de la vie pour comprendre le sens de l'œuvre d'art, lequel n'est pas vivant. L'opposition infranchissable entre la vie et l'œuvre d'art ne se montre nulle part aussi distinctement que dans le fait que, dès que ne peuvent plus être nettement tracées les limites entre ce qui est présenté artistiquement et l'effectivité vivante, l'homme à la fine sensibilité esthétique le ressent comme quelque chose d'insupportable. La théorie naturaliste qui affirme que l'art doit s'approcher aussi près que possible de la vie

---

1. Sur la proximité de l'histoire et de l'art, ainsi que sur leur nécessaire distinction, on se reportera à l'ouvrage de Rickert déjà cité *Science de la culture et science de la nature*, trad. fr. par A.-H. Nicolas, Paris, Gallimard, 1997, chap. IX, p. 107-114.

n'est pas seulement une théorie esthétique fausse, mais elle ne constitue aucune esthétique en général. Elle ne parle absolument pas de la valeur esthétique, et elle ne le peut pas. Il faut poser la question de savoir ce qui distingue l'œuvre d'art de l'effectivité vivante qu'elle expose. Une valeur esthétique n'est possible que là où il y a une *distance*. Il n'est pas possible de montrer ici en détail en quoi consiste la non-vitalité de l'objet esthétique. Cet unique point suffit : ce qui doit avoir un effet esthétique doit nécessairement être arraché à l'ensemble vivant qu'il forme avec l'effectivité, ou doit au moins en être isolé de telle sorte qu'il perde ainsi complètement sa vie originaire et vivante. Il ne s'agit pas par là de prendre parti pour quelque « formalisme » esthétique que ce soit. Même lorsque l'artiste met toute son âme vivante dans ses œuvres d'art et que celles-ci, par suite, répandent

159 toute la chaleur de son | sentiment, *cette* « vitalité » n'a pourtant rien à voir avec celle de la vie dans laquelle nous vivons effectivement. Par opposition au marbre mort en quoi elle consiste effectivement, on peut bien dire d'une statue qu'elle « vit ». Mais elle ne vit pas cette vie dans l'effectivité de la vie vivante, et c'est dans une sphère seulement « idéale » que la « vie » esthétique se meut. Tout ce qui, dans une œuvre d'art, relève de l'art est séparé de l'effectivité de la vie vivante à un point tel qu'on ne peut plus le désigner en général comme effectivité. De même que le sens logique d'une proposition vraie, le sens esthétique d'une œuvre d'art – lui que nous comprenons et qui seul compte pour l'homme esthétique – est, lui aussi, tout aussi peu effectif que vivant.

Il est vrai qu'il y a dans l'art moderne des œuvres qui semblent contredire cela. Toute la matière <*Stoff*> ne s'y trouve pas mise en forme de sorte qu'elle s'éloigne de la vie. On peut s'en rendre compte de manière distincte dans une statue de Rodin. Un corps humain s'extrait d'un bloc de marbre. Le corps est lui-même une configuration artistique et il tranche sur l'effectivité de la pierre. Mais le marbre qui est en dessous demeure pierre et appartient pourtant à l'œuvre d'art. Tandis que le corps signifie donc autre chose que ce qu'il est, ce marbre est effectivement ce qu'il signifie aussi dans l'œuvre. Il semble là ne pas y avoir d'extériorité réciproque entre effectivité et sens esthétique, et l'on peut indiquer des cas semblables dans d'autres arts. Il y a des sons, dans certaines pièces de musique, qui n'agissent que comme des effectivités, par exemple comme des cris vivants. L'esthétique menace ici de coïncider complètement avec l'effectivité vivante. Cependant, tous ces exemples ne peuvent pas s'opposer à notre affirmation, car il faut remarquer qu'il ne s'agit là jamais que de *parties* au sein d'un ensemble esthétique et que, abstraction faite de la question de savoir si l'on veut approuver esthétiquement de tels effets, les effectivités vivantes, pour autant qu'elles appartiennent en général à l'art, ne sont prises en considération qu'en tant qu'*éléments de contraste* par rapport à ce qui a reçu forme esthétique ou autre forme semblable. Elles ont donc bien une signification esthétique qui ne coïncide pas avec leur effectivité vivante elle-même, de sorte qu'elles contredisent si peu notre opinion qu'elles la confirment bien plutôt : elles ne se trouvent dans la sphère esthétique que selon leur signification non-vivante, et non pas en tant qu'effectivités vivantes. Ainsi témoignent-elles, elles aussi, en faveur de l'éloignement de l'art par rapport à la vie et de la nécessaire extériorité réciproque des valeurs de vie et des valeurs de culture. C'est en vain qu'on cherchera une œuvre d'art qui *ne* contienne *que* de la vie vivante.

| Notre époque biologiste n'a naturellement pas manqué de tentatives 160 pour donner à l'art cette originarité de la vie qu'il ne possède pas et dont on regrettait l'absence en lui. Voilà qui est tout à fait caractéristique de la philosophie à la mode. La tentative la plus brillante en ce sens, quoique encore fortement imprégnée de métaphysique schopenhauerienne de la volonté, est de nouveau le fait de Nietzsche. Lorsque, dans son ouvrage sur *La naissance de la tragédie enfantée de l'esprit de la musique*[1], le dionysiaque est opposé, en tant que principe esthétique le plus élevé, à l'apollinien, cela signifie (abstraction faite d'autres pensées qui y sont étroitement liées) que pour l'homme qui veut la vie élémentaire, l'art apollinien – c'est-à-dire précisément l'art éloigné de la vie vivante – ne suffit pas. Pourtant, la pensée nietzschéenne selon laquelle la musique serait plus proche de la vie que tout autre art est déjà fausse. On pourrait dire bien plutôt que la musique représente, au sein des arts, ce que sont les mathématiques parmi les sciences. S'y trouve atteint, par rapport à la vie vivante, le plus grand éloignement possible dans la fidélité à l'intuition. Si quelque chose doit jamais appartenir au règne de l'apollinien et du non-vivant, c'est justement la musique et, quoique ce ne soit peut-être pas dans une si grande mesure, il en va de même de tous les autres arts, de la tragédie comme de la sculpture. Compris comme le dieu de la poussée vitale simple et sauvage, Dionysos n'a rien à faire dans la sphère esthétique. La tâche de toute mise en forme effectivement esthétique doit bien plutôt consister à

---

1. *OPC*, I-1.

l'en extirper, ou du moins à le brider. L'opinion selon laquelle, comme la science, l'art « tue » lui aussi la vie immédiate semblera certes à beaucoup un paradoxe complet. Comme il est fréquent que dans la considération d'une œuvre d'art nous sentions toutes nos forces vitales stimulées ! Et pourtant, nous ne devons pas nous faire d'illusions sur le fait que le terme « vie » a ici une autre signification que celle de la vie vivante immédiate ou encore de la vie à propos de laquelle il y a des théories biologiques. Il reste qu'une culture véritablement esthétique n'est possible que là où nous entreprenons de bâtir au-dessus de la vie un monde qui n'est plus vivant au sens où l'est la nature vivante par opposition à l'effectivité morte. –

La largeur du fossé qui sépare l'art de la vie deviendra peut-être encore plus évidente si nous passons de la culture artistique à la culture morale. C'est de l'homme voulant et agissant qu'il s'agit ici. Il ne peut jamais s'éloigner autant de la vie que ne le peuvent celui qui pense scientifiquement et celui qui intuitionne artistiquement. Nous devons de nouveau, eu égard également à la vitalité des biens culturels eux-mêmes, constater ici

161 une différence | principielle qui éloigne encore plus les formations morales telles que le mariage et la famille, le droit et l'État, la nation et l'humanité des œuvres artistiques et scientifiques que ces dernières ne sont séparées les unes des autres. En premier lieu, la valeur éthique est toujours attachée à une volonté, et ne peut être transférée à d'autres effectivités qu'à partir de là. Mais ce bien éthique perdrait immédiatement son caractère axiologique éthique ou son « sens » éthique si la volonté n'exerçait pas effectivement son activité dans le monde de la vie vivante. C'est ce qui apparaît déjà si nous pensons que le chercheur ou l'artiste a également, dans la mesure où il produit quelque chose, une volonté éthique qui, par son action, rend effectifs des biens culturels de manière autonome, c'est-à-dire au nom des valeurs de vérité ou de beauté. Et cela s'éclaircit peut-être davantage si nous ne cherchons pas le principe éthique seulement dans l'autonomie purement formelle de la volonté qui peut se rapporter à toute réalisation effective de valeur <Wertverwirklichung>, mais si nous pensons qu'un vouloir moral au sens étroit présuppose des relations entre des êtres vivants moraux, entre des personnalités autonomes, qu'il doit donc comporter un caractère social, en vertu duquel par conséquent l'accent est mis soit sur l'individu singulier en tant que membre de la société à laquelle il s'oppose, soit sur les connexions qui relient les individus les uns aux autres en un tout unitaire, c'est-à-dire sur la société[1]. En tant qu'être social, l'homme a certainement affaire à la vie vivante d'une tout autre manière que l'homme théorique ou artistique, asocial par essence.

Pourtant, non seulement les valeurs de vie et les valeurs éthiques sont pour lui principiellement extérieures les unes par rapport aux autres, mais dans la vie sociale aussi la culture est orientée directement contre la simple vitalité, pour autant en effet qu'elle n'entreprend pas de la tuer mais plutôt de la subordonner à ses fins éthiques. Une restriction de la vitalité <Vitalität> y est nécessairement rattachée. On peut même affirmer que parce que, dans une première perspective, vie et culture sont ici plus étroitement liées que dans les domaines scientifique ou artistique, l'antagonisme entre les deux doit, dans une autre perspective, se manifester de manière particulièrement distincte. L'homme socio-éthique ne peut que rarement laisser la vie dont il est responsable devant lui-même et devant les autres suivre son simple « cours vital ». Il doit bien plutôt se sentir appelé à intervenir et à donner à ce qui est vivant et qui, considéré pour soi, est éthiquement indifférent à la valeur une forme telle qu'une signification et un sens y soient inhérents : c'est précisément en raison de la proximité de ce vouloir avec la vie que la tension entre vie et culture atteint ici un degré particulièrement élevé. C'est pourquoi elle doit être aussi plus vivement éprouvée | qu'elle ne l'est par exemple dans le monde artistique, et de là **162** vient que des naturels esthétiques, qui cherchent tranquillité et harmonie, se détournent du vouloir éthique à cause de son hostilité « rigoriste » à la vie, pour glisser vers les hauteurs de l'esthétique, certes sans toujours être au clair sur le fait qu'ils ne se rapprocheront pas du tout par là de la vie vivante. Parce qu'ils sont désormais bien éloignés de la vie, la tension a seulement cessé de se faire remarquer par leur conscience, et cette « résolution » du conflit leur suffit.

Bien entendu, nous ne nous voulons pas dire que la volonté éthique soit appelée à transformer de fond en comble *toute* vie vivante. Au contraire, en tant que condition de la culture morale, et en raison de la proximité relative de cette culture avec la vie, ce qui est simplement vivant peut aussi se rattacher à des valeurs éthiques et en retirer éventuellement une grande signification. C'est ce qui se fait jour par exemple dans l'appréciation des

---

1. Sur l'insuffisance de l'autonomie de la volonté pour définir le domaine axiologique de la moralité en général, on se reportera au troisième article ici traduit, « Le système des valeurs », p. 152 *sq.* : la moralité y est également pensée comme moralité *sociale*.

processus qui relèvent de l'éthique sexuelle. C'est assurément une complète inversion que de voir déjà dans la pulsion purement vitale de l'espèce
un bien éthique. On ne peut concevoir de telles exagérations que comme
une réaction contre le rabaissement et la diabolisation de cette pulsion, qui
n'en sont pas moins des inversions. Éthiquement, la pulsion en tant que
telle, comme toutes les pulsions vitales, est parfaitement indifférente : la
question de savoir si lui revient ou non un caractère éthique ne dépend
que de la manière dont nous donnons forme à notre vie pulsionnelle.
Il n'y a aucun sens à parler de valeurs ou de non-valeurs éthiques dans la
vie sexuelle elle-même. Mais l'éthique sexuelle peut pourtant peut-être
montrer qu'à l'intérieur des ensembles éthiques téléologico-axiologiques
dont elle traite, bien des aspects doivent être maintenus dans leur vitalité
« naturelle » pour des raisons éthiques précisément, eu égard à la communauté des personnalités autonomes. Ainsi ce qui est biologiquement « en
bonne santé » reçoit-il dans ces conditions une signification éthique qu'il
ne possède pas en tant que tel. Il ne fait aucun doute qu'il y a des domaines
de la culture où des pulsions vitales élémentaires jouent, en tant que fondations purement naturelles, un rôle si énorme qu'une réflexion approfondie
sur leurs fonctions peut agir de manière perturbatrice et menacer dans son
déroulement ce qui, précisément dans sa vitalité biologique et dans son
intégrité, constitue la condition de la réalisation effective de biens socio-
éthiques tels que le mariage, la famille, etc.

    C'est là un fait qui a conduit en particulier à l'identification du
biologique – ou de ce qui est simplement vivant – et du moral lui-même,
ainsi qu'à la popularité du discours portant sur un « droit » à l'accomplissement de la vitalité <*Vitalität*>. Mais là aussi fin et moyen sont de nouveau
intervertis. La vitalité <*Vitalität*> est seulement un moyen. La valeur
éthique doit toujours avoir été déjà transférée à ce qui est seulement vivant
163 | pour que la vie sorte de son indifférence à la valeur. L'« état de nature »,
dans lequel les pulsions vitales règnent librement et où la vie s'accomplit
sans obstacle, est partout opposé à l'état de culture. Abstraction faite d'un
petit nombre d'exceptions qui se limitent à des parties d'un ensemble plus
vaste, le progrès culturel est lié à une régulation et à une restriction de la
simple poussée vitale. Il est possible que cela semble souvent inconfortable
à tel ou tel, et que cela laisse également en chemin ses besoins en amuse-
ments divers. S'il le dit sincèrement, alors il n'y a rien à objecter, même
contre cela. Il reste que le « droit » à la plaisanterie en tant qu'« exigence
morale » est quelque chose de par trop... naïf, et n'a rien à faire, en tout cas,

avec la culture. Le vivant se présente partout en opposition à la personnalité morale en tant que « la traduction sensible de la matière de son devoir » [1], matière sur laquelle elle doit intervenir afin de la transformer d'après des normes éthiques. Nous devons ainsi, dans le domaine éthique, nous habituer tout particulièrement au fait que la vie elle-même ne peut jamais fournir des normes pour notre vouloir et notre agir. La simple vie reste toujours un simple fait qui est là et dont l'aspect seul peut être l'objet d'un discours. –

Qu'enfin les valeurs religieuses – pour les mentionner également – ne soient pas des valeurs de vie, voilà qui requiert au moins une exposition explicite. Les tentatives de justification de la foi religieuse par le fait que les peuples religieux ont de meilleures chances de victoire dans le combat contre les autres doivent donner à tout homme effectivement religieux une impression d'emblée répugnante. Elles équivalent à une louange du préjugé et ont aussi peu à voir avec la fondation de valeurs religieuses que ces manières fameuses de vanter la religion comme un soutien du trône ou de l'État. L'homme religieux ne peut avoir en vue dans les valeurs religieuses que les valeurs absolues, surpassant toutes les autres valeurs. Il doit refuser de la manière la plus catégorique toute pensée d'une fondation ou d'un étayage de leur validité par d'autres valeurs. Si elles veulent valoir véritablement, toutes les valeurs doivent même supporter d'être mesurées à l'aune de leur possible unification avec les valeurs religieuses.

D'un autre côté, on peut assurément dire que dans une certaine perspective, l'homme religieux est encore plus proche de la vie vivante que l'homme de volonté morale. Nous parvenons ici au maximum de la proximité avec la vie que l'homme de culture peut atteindre en général. En effet, la religion est hostile par essence à toute spécialisation comme à toute division et, si elle est religion en général, elle doit chercher à pénétrer de part en part *toute* la vie vivante. Il est donc possible que la plus grande attribution de valeur à la vie qui soit pensable s'effectue précisément de points de vue religieux. Mais de nouveau, il ne s'agit malgré tout jamais | de **164**

---

1. L'expression est de J. G. Fichte : cf. *Le Fondement de notre croyance en une divine Providence*, trad. fr. par A. Philonenko dans *Écrits de Philosophie première : Doctrine de la science 1801-1802 et textes annexes*, Paris, Vrin, tome 2, p. 204 ; la même formule se retrouve dans l'*Appel au Public contre l'accusation d'athéisme*, trad. fr. par J.-C. Goddard dans *Querelle de l'athéisme suivie de divers textes sur la religion*, Paris, Vrin, 1993, p. 53 (nous citons d'après cette traduction).

la simple vie dans sa vitalité, mais cette dernière constitue bien plutôt la
« face extérieure » d'une réalité axiologique qui se tient dans un au-delà
transcendant, et cette vie d'ici-bas ne reçoit une grande signification que
dans la mesure où elle est le vêtement vivant de la divinité [1]. Dans ce cas, la
vie vivante n'est pas autre chose que le symbole d'un être d'un type complètement différent, non plus vivant mais *supra*-vivant <*überlebendiger*>.
Si, en revanche, c'est la divinité elle-même qui doit être le vivant, alors
nous ne pouvons plus appeler le « vivant » ce que le biologiste <*Biologe*>
nomme la vie. Par opposition au divin, cette vie devient le règne de la mort.
« Tous les sentiers qui mènent à la vie conduisent à quelque tombe » [2].
Malgré la plus grande proximité avec la vie, l'homme religieux est donc
celui qui peut le moins penser tirer de la vie d'ici-bas les valeurs dont il a
besoin. Il ne peut être question que d'une illumination <*Durchstrahlung*>
de *toute* vie à partir du *supra*-vivant, à partir de la divinité. Et même ici, les
choses ne se passent pas sans un dualisme de la vie et de la divinité. On ne
croira à leur unification dans le sens d'un « monisme » religieux de la
vitalité que là où l'on se limite à l'enthousiasme <*Schwärmen*> et au
sentiment, ou si l'on se refuse en toute conscience à introduire de la clarté
conceptuelle dans sa foi. Une telle attitude peut certes être justifiée. On
trouve des esprits significatifs parmi ceux qui confessent une telle « vision
du monde » religieuse. Ils doivent bien sentir que la religion ne supporte pas
une transposition conceptuelle sans reste, et ils ont sans doute raison sur ce
point. Mais rien de tout cela n'a plus à voir avec la science ou avec la
philosophie, et ne peut donc être introduit comme un argument contre
l'extériorité réciproque principielle des valeurs de vie et des valeurs religieuses. La religion dépasse finalement de loin non seulement toute vie
naturelle, mais même toute vie culturelle. La « vie » dans laquelle l'homme
religieux « vit » a par conséquent *encore* une autre signification que la
« vie » non-vivante de l'homme théorique ou esthétique dans le « sens » de
la science ou de l'art. À toute vie d'ici-bas s'oppose une vie « éternelle », et
seule une vie de part en part pénétrée par cette dernière est visée lorsque la

---

1. *Cf.* J. W. Goethe, *Faust I*, v. 508 *sq.* : « Ainsi, j'œuvre au métier bruissant du temps, / Et
tisse le vêtement vivant de la divinité », trad. fr. par H. Lichtenberger, Paris, Aubier, 1976,
p. 19.
   2. F. Schiller, *Das Reich der Schatten* [*Le royaume des Ombres*], intitulé par la suite *Das
Ideal und das Leben* [*L'idéal et la vie*], v. 45.

vie elle-même jouit de la vénération religieuse. On est bien loin de tout biologisme. –

Il n'est pas nécessaire ici de chercher si le monde des valeurs logiques, esthétiques, socio-éthiques et religieuses épuise d'une manière ou d'une autre le monde de la culture. Il fallait juste rendre clair sur quelques exemples l'antagonisme de la vie et de la culture. Seul un point doit encore être souligné. On parle aussi de culture technique, et l'on pourrait croire ici que ce sont bien de simples valeurs de vie qui portent ces valeurs de culture, car souvent la technique | n'est de fait mise au service que de la vie la plus **165** vivante ou la plus saine. Il n'y a rien à dire non plus contre cela. Mais si la valeur de la culture technique repose sur des valeurs de vie, il s'ensuit seulement que la technique ne possède sans doute aucune valeur en propre. Si nous ne pouvons déjà voir dans la vie elle-même qu'un moyen de la réalisation effective de valeurs en propre ou encore un bien conditionnel, alors la signification de la technique, qui sert simplement la vie, ne peut être que celle d'un moyen pour un moyen, d'un bien conditionnel pour un bien conditionnel. Il est vrai que c'est justement ce qui est malheureusement aujourd'hui très souvent oublié, et bien de la confusion s'en est trouvée introduite par suite dans nos concepts culturels. On se réjouit des inventions techniques en tant que telles, sans que soit jamais éclairci le but qu'on veut atteindre au juste par leur moyen. On est fier du monstrueux appareillage moderne qui pour une part, si on le regarde bien, ne manifeste pourtant rien d'autre que la détresse de notre culture moderne, et qui est un mal néces-saire. On voit déjà un progrès culturel dans certaines possibilités techniques sans qu'on puisse indiquer aucun but, investi de valeurs en propre, dont elles devraient être les moyens. C'est ainsi, pour rappeler un exemple d'actualité, que la capacité de voler ne peut être regardée comme une affaire de culture que du point de vue selon lequel la poursuite du dévelop-pement des machines volantes est peut-être au service de buts culturels qui ont de la valeur en soi. L'enthousiasme pour l'appareil en tant que tel témoigne d'une bien trop grande… médiocrité. Des machines dont la « perfection » n'est que technique ne représentent jamais à elles seules un progrès dans la culture, et c'est la raison pour laquelle la « culture technique » ne doit pas du tout être mise sur le même plan que ce que nous appelons culture scientifique, artistique, socio-éthique et religieuse.

Mais nous voulions seulement savoir s'il est possible de tirer de la vie elle-même des valeurs en propre et de fonder à partir de là des valeurs de culture dont la signification soit indépendante. On peut considérer que dans tous ses aspects, il a été répondu à cette question par la négative. La simple vie reste toujours un bien conditionnel et ne peut recevoir de valeur qu'en tant que présupposition de la réalisation effective d'autres biens dont les valeurs valent en elles-mêmes. La culture n'est pas au service de la vie, mais seule la vie peut être au service de la culture. Et la question n'est pas de savoir si la culture est plus ou moins « vivante », mais seulement de savoir quelles valeurs sont effectivement réalisées par sa vitalité. La vitalité elle-même ne peut jamais être autre chose qu'un moyen, et par conséquent sa valeur dépend seulement de la valeur des fins au service desquelles elle se

166   trouve. Il va de soi que ce résultat est purement négatif. | La question ne se pose pas ici de savoir quel était notre droit à considérer comme des valeurs en propre les valeurs de culture dont nous nous sommes servis en guise d'exemples. Y a-t-il, de manière générale, des valeurs en propre ? Nous faisons abstraction de ce problème. Il s'agissait seulement de démasquer des pseudo-valeurs. Et cela a peut-être aussi une signification positive. Celui qui a reconnu que les valeurs qui étaient les siennes jusqu'à présent ne sont pas des valeurs en propre partira avec d'autant plus d'ardeur à la recherche de valeurs dont la validité soutienne la critique. Nous ne pouvons jamais cesser de nous interroger sur le « sens » de notre vie, lequel ne peut être interprété que sur le fondement de valeurs qui valent. De la dévalori-sation des « valeurs de vie » – auprès desquelles, sous l'effet de la mode, beaucoup se rassurent de manière non critique – doit donc résulter l'aspiration à d'authentiques valeurs de la vie, cet ἔρως qui fut et qui est le ressort de toute philosophie et qui dure par-delà toutes les modes.

LE SYSTÈME DES VALEURS

| « Je me méfie de tous les faiseurs de systèmes et m'écarte de leur chemin. La volonté de système est un manque d'honnêteté »[1]. Bien des penseurs de notre époque ne sauraient mieux dire l'aversion qui s'exprime dans ces mots de Nietzsche à l'endroit d'un tout de la connaissance philosophique ordonné d'après des principes, même si tous n'ont sans doute pas voulu reprendre à leur compte cette fondation de caractère philistin que l'« immoraliste » fanatique de morale[2] leur a fournie. On introduira bien plutôt des preuves scientifiques. Un système est quelque chose d'achevé, qui est parvenu à un terme, quelque chose de dernier. C'est la raison pour laquelle il doit être faux ; car, lorsque dans la connaissance nous ne nous limitons pas à des parties du monde, comme le font les sciences spéciales, mais que nous prenons philosophiquement en considération le tout, nous nous trouvons alors face à un matériau qui est par essence inépuisable et au terme duquel nous ne parviendrons jamais. Seule une pensée pauvre et misérable peut conclure à quelque chose de dernier. Des systèmes de la philosophie convenaient par conséquent à l'époque où la science était jeune, lorsque les hommes en savaient encore peu. Aujourd'hui, nous devons nous réjouir de parvenir à voir le royaume de la vie du plus grand nombre possible de côtés et d'atteindre l'avant-dernier terme. C'est

---

1. F. Nietzsche, *Crépuscule des idoles*, « Maximes et pointes », § 26 ; trad. fr. (modifiée) par J.-C. Hémery dans *Œuvres philosophiques complètes* (désormais *OPC*), VIII, Paris, Gallimard, p. 65. Voir également les déclarations semblables de Nietzsche dans les *Fragments posthumes*, notamment les fragments 11 [410] (*OPC*, XIII, p. 362), 15 [118], 18 [4] (*OPC*, XIV, p. 230, 281). Sur le système en général et l'esprit de système, *cf.* aussi les fragments 26 [43] (*OPC*, X, 182) et 9 [181] (*OPC*, XIII, p. 100).

2. Sur cette caractérisation de l'immoralisme nietzschéen, cf. *supra*, p. 98, note 3.

certain : puisque, comme toute culture humaine, la philosophie est en évolution permanente, l'idée d'un système qui doit être clos recèle tout simplement une contradiction. Seule la renonciation consciente à cette idée nous garantit cette liberté d'esprit indispensable à un progrès dans la connaissance. Avec cette tentative de produire un terme, nous nous condamnons nous-mêmes à la paralysie. La volonté de système n'est donc pas tant un manque d'honnêteté que la marque d'un esprit étroit.

C'est ainsi que peuvent être formulées approximativement les opinions largement répandues de notre époque, et l'on ne peut pas dire qu'elles ne **296** contiennent que | du faux. Elles touchent au vif un certain type de systéma- tique philosophique qui n'a pas encore complètement disparu aujourd'hui. Si la philosophie se donne pour tâche de connaître l'étant sans être pourtant une science spéciale, si donc elle veut, en tant que science générale « hypo- thétique », atteindre pour ainsi dire d'un coup ce qui, pour l'ensemble des disciplines singulières, est un but fort éloigné – la connaissance close de la totalité de l'effectivité – elle est alors sans défense contre les reproches mentionnés. Il ne nous est pas permis d'espérer faire un jour coïncider sans reste la totalité de notre savoir avec la totalité du monde. Nous en restons toujours ici à l'avant dernier terme.

Mais même là où la philosophie abandonne l'étant à la recherche propre aux sciences spéciales, qui revendiquent à présent pour elles toutes ses parties, et se borne à fournir une « vision du monde » du type de celles qui ont toujours été son but dernier – c'est-à-dire où elle entreprend d'inter- préter le *sens* de la vie humaine sur le fondement d'une doctrine des *valeurs* valides –, elle semble ne pas être dans une situation principiellement plus favorable, eu égard à la clôture de la doctrine des valeurs. Le matériau auquel elle est alors renvoyée s'insurge également contre les liens d'une systématique achevée. Quelle que puisse bien être la fermeté de notre conviction que les valeurs valent indépendamment de nous et qu'elles confèrent à notre existence un sens « objectif », elles n'en restent pas moins accessibles à notre connaissance dans la mesure, et dans cette mesure seulement, où elles sont attachées à des biens effectifs, lesquels se présen- tent toujours à nous en tant que produits d'une évolution historique. Mais tout ce qui est historique contient par essence quelque chose qui n'est pas clos. À quoi ressemblera le futur, voilà ce que personne ne peut savoir. La seule chose qui soit certaine est qu'il nous a toujours apporté du nouveau jusqu'à présent. Ben Akiba a tort[1]. Son point de vue est celui du vieillard qui ne parvient plus à voir ce qui est inconnu de lui. Tout ce qui arrive n'a encore jamais existé. Nous ne pouvons donc pas savoir dans quelle mesure des biens se développeront auxquels des valeurs inconnues seront attachées, ni quels seront les nouveaux problèmes qui en résulteront pour la philosophie en tant que science des valeurs, et par conséquent aussi pour la doctrine de la vision du monde. Le bien culturel qu'est par exemple la science, c'est-à-dire la recherche de la vérité pour la vérité, est apparu relativement tard pour la première fois dans la vie spirituelle de l'Europe[2], et elle n'est toujours pas conçue aujourd'hui par les philosophes dans son essence, comme le montre la tentative de fonder « pragmatiquement » la valeur de vérité sur l'« utile ». Pourquoi le jour prochain n'apporterait-il donc pas quelque chose qui pourra renverser demain ce système des valeurs que nous produisons aujourd'hui ?

| I. LE SYSTÈME OUVERT   297

Il ne faut pas rejeter de telles réflexions sans autre forme de procès. En les prenant en considération, la philosophie évitera de fait de tenir ses pensées pour achevées à tous points de vue. Mais ce fait la contraint-elle à renoncer à toute systématique ? L'ampleur du regard et son indépendance ne peuvent-elles pas s'unir aussi avec une volonté de système ? En d'autres termes : un système doit-il toujours être clos de telle sorte qu'il ne s'y trouve plus de place pour la nouveauté ? Aucune raison ne peut retenir la philosophie de procéder systématiquement si elle aspire à ce qu'on peut appeler un système *ouvert*.

---

1. Référence au rabbi Ben Akiba, personnage de la pièce de théâtre de K. Gutzkow intitulée *Uriel Acosta* (1846). Dans le quatrième acte, lors de sa deuxième entrée, ce personnage tient en effet le discours suivant : « Croyez-moi, rabbis, tout était déjà là ; / Chacun peut lire dans notre Talmud : / Tout a déjà existé une fois ». Référence probable à l'Ancien Testament, Qo (Livre de l'Ecclésiaste), I, 9 : « et il n'y a rien de nouveau sous le soleil ». On notera en outre que ce discours se retrouve dans la bouche du devin dans *Ainsi parlait Zarathoustra* (*OPC*, VI, p. 154 : « Se répandit une doctrine, à côté d'elle courait une croyance : Tout est vain, tout se vaut, tout déjà fut ! »). Sous la plume de Nietzsche, ce discours représente la mauvaise répétition à laquelle s'oppose l'éternel retour en tant que répétition du temps lui-même.
2. Voir sur ce thème l'article suivant, « La vie de la science et la philosophie grecque », *infra*, p. 186 *sq.*

Mais qu'est-ce que cela signifie? Un produit de la pensée doit-il être, dans la même perspective, à la fois systématique et ouvert? Ce serait contradictoire. Mais ce n'est pas non plus ce qui est visé. L'ouverture se rapporte bien plutôt simplement à la nécessité de répondre à la non-fermeture <*Unabgeschlossenheit*> de la vie culturelle historique, et la véritable systématique peut reposer sur des facteurs qui, dépassant toute histoire, n'entrent pas pour autant en conflit avec elle. Nous avons par là au moins gagné un problème, et nous voulons voir à présent par quel chemin sa solution peut éventuellement être atteinte.

Avant cela toutefois, il doit être clair qu'il s'agit ici en vérité d'un problème nécessaire. On pourrait croire en effet que même à l'aide du seul matériau historique et en dépit de sa non-fermeture, il est possible d'établir un système des valeurs qui suffise à une interprétation du sens de la vie. Il n'y a qu'à ramener les biens culturels disponibles à un certain nombre de groupes principiellement distincts les uns des autres d'après les valeurs qui leur sont attachées, et à introduire ainsi de l'ordre comme le font toutes les autres sciences avec leur matière. Si l'on jette en effet un regard sur l'histoire de la philosophie des valeurs depuis Kant, tout se passe comme si s'était déjà formée une division si profonde des valeurs dans lesquelles se tiennent les problèmes philosophiques que l'accord général y règne au moins quant à la détermination des groupes principaux. Kant traite de quatre espèces de valeurs – les valeurs logiques, esthétiques, éthiques, et les valeurs religieuses – et, moyennant le partage entre vie scientifique, vie artistique, vie éthique et vie religieuse ou « métaphysique », le domaine historique de la culture, dont les problèmes philosophiques proviennent, peut valoir comme un domaine clos, pourvu qu'on prenne ces concepts de manière suffisamment large. En principe, on n'a pas été plus loin, du moins jusqu'à présent. Même la philosophie des valeurs la plus englobante qui soit tentée de nos jours (celle de Münsterberg[1]) ne va pas au-delà de cette quadripartition. De sorte que seul demeure encore problématique l'ordre **298** | systématique à l'intérieur des groupes principaux, et les questions qui apparaissent à cette occasion doivent également recevoir une réponse par le rattachement à la matière historique. Mais on ne peut pas attendre plus que

---

1. H. Münsterberg (1863-1916), psychologue et philosophe ayant contribué au développement de la philosophie des valeurs au début du XXᵉ siècle, notamment dans les *Grundzüge der Psychologie* [*Caractères fondamentaux de la psychologie*] de 1900, et la *Philosophie der Werte* [*Philosophie des valeurs*] de 1908.

cela. Certes, la philosophie n'atteint pas sur cette voie un système destiné à toutes les époques. Mais pour peu qu'on la comprenne correctement comme une simple doctrine des visions du monde, elle en a alors fait largement assez en appréhendant son époque dans des pensées[1]. L'évolution a toujours dépassé les précédentes tentatives pour en faire plus. Ces dernières ont péri au moment même de leur achèvement et elles s'alignent dans le cimetière de l'histoire. À quoi bon y ajouter encore une tombe? Plus exclusivement nous orientons le système vers le présent vivant, plus nous pouvons être certains qu'il reste vivant. Si avec notre pensée nous ne représentons à notre tour qu'une étape du cours de l'évolution de la science, c'est précisément ce fait qui nous relie au futur. Celui-ci continuera à travailler au moment où nous aurons dû cesser, et il poursuivra ainsi *notre* travail. Ne pouvons-nous pas trouver notre force dans une renonciation consciente à la fermeture?

En un certain sens, tout cela est juste, et il est parfaitement correct que la philosophie doive tout d'abord trouver les valeurs parmi les biens culturels fournis par l'histoire pour ensuite les ordonner. Mais le problème de sa systématique n'est pas encore résolu par là. Toute la question porte en effet sur ce que nous entendons par « ordre ». Cet assemblage que nous appelons « système » ne doit pas être une simple juxtaposition. Nous en viendrions sinon à une « *summa* » au sens d'une encyclopédie, et par là même à une proximité douteuse avec un lexique de conversation philosophique. Il doit bien plutôt y avoir un *principe* dans l'ordre. Pouvons-nous le tirer de l'histoire?

Même si nous nous bornons à une classification du matériau donné, nous aspirerons tout de même à la *complétude*, et par là déjà nous faisons un pas dans le *supra*-historique. Nous sommes à la recherche de répartitions au sein desquelles les membres s'excluent mutuellement, de sorte que tout ce qui ne s'insère pas dans un groupe appartient nécessairement à l'autre. Éclaircissons immédiatement ce point à l'aide d'exemples : tous les biens sont ou ne sont pas des personnes, et dans ce cas sont des « choses », et notre rapport à eux est ou n'est pas une activité, et il doit alors être déterminé

---

1. Cette formule est à l'évidence un écho du propos de Hegel dans la Préface des *Principes de la philosophie du droit* : « Conceptualiser ce *qui est*, c'est la tâche de la philosophie, car ce *qui est* est la raison. En ce qui concerne l'individu, chacun est de toute façon un *fils de son temps*; ainsi, la philosophie est, elle aussi, *son temps appréhendé en pensées* », trad. fr. par J.-F. Kervégan, Paris, PUF, 1998, p. 86.

comme « contemplation »[1]. Si nous réussissons à bâtir un système qui repose sur de telles alternatives – et c'est alors seulement que nous ordonnons complètement le donné –, nous n'obtenons pas seulement une vue d'ensemble sur les valeurs qui sont attachées aux biens culturels disponibles, mais il nous est aussi permis d'espérer y ranger de nouveaux produits **299** émergeant de | l'évolution historique car, pour prendre de nouveau nos exemples, nous ne pouvons pas nous figurer comment pourraient apparaître des biens qui ne soient ni des personnes ni des choses, et à l'égard desquels notre comportement ne soit ni actif ni contemplatif. Cela suffit à montrer que dans tout système se trouvent des facteurs *supra*-historiques, et comment ils peuvent se lier avec les facteurs historiques de sorte que se déploie un système ouvert.

Et pourtant, même si nous nous proposons une classification aussi complète des valeurs, celle-ci ne peut pas nous satisfaire dès lors que nous nous souvenons de la tâche de la philosophie, qui consiste à fournir une vision du monde. Dans cette dernière, le sens de notre vie doit nécessairement être interprété de manière unitaire, c'est-à-dire que sa diversité doit être rapportée à un centre qui maintienne tout ensemble, et le principe de cette unité qui doit être au fondement de l'interprétation ne doit pas non plus être absent du système des valeurs. Mais c'est en vain que nous chercherons tout cela dans une classification qui est seulement complète. Il lui manque l'ordre qui est celui des valeurs en tant que valeurs eu égard à leur validité ; c'est-à-dire qu'elle ne peut pas être encore comprise comme une gradation ou comme une hiérarchie. Mais s'il doit être question d'une interprétation unitaire du sens de notre vie, nous avons justement besoin de la possibilité d'apprécier <*abschätzen*> les valeurs les unes par opposition aux autres. C'est pourquoi la philosophie doit intégrer d'une autre manière dans un système *supra*-historique le matériau qu'il lui faut trouver au sein des biens culturels disponibles. Elle doit lier la contingence qu'on ne doit jamais dissocier de ce qui est simplement historique à la nécessité de la hiérarchie, et ce de telle sorte que, même dans la connexion close des valeurs qui s'instaure par là, il reste encore de la place pour la non-fermeture de la vie historique. C'est seulement ainsi qu'est mise en pleine lumière la difficulté qui se trouve dans le concept d'un système ouvert.

---

1. Sur ce point, *cf.* le point III, « Contemplation et activité. Chose et personne », *infra*, p. 144 *sq.*

Peut-on la résoudre ? Nous rappelons en premier lieu une considération générale déjà souvent évoquée. Le besoin d'une systématique provient du fait que la matière dans laquelle seule les valeurs peuvent être trouvées est conçue dans une incessante évolution. La pensée d'une évolution semble rendre toute chose incertaine et variable. Son application rencontre pourtant une limite infranchissable, comme nous l'apercevons aisément si nous pensons au fait que tout peut évoluer sauf l'évolution elle-même. Ce qui doit valoir comme présupposé de *toute* évolution est soustrait à l'évolution et indique également par là un caractère *supra*-historique. Nous appliquons cette pensée toute simple, qui supprime l'évolutionnisme *absolu*, à l'évolution de la philosophie des valeurs. Quand bien même elle peut se modifier constamment dans son contenu au contact de la situation culturelle historique, ce qui relève de ses présuppositions formelles doit pourtant | être soustrait au flux de l'évolution. Or, parmi ces dernières, il 300 faut compter premièrement toute valeur qui vaut, quelle qu'elle soit, deuxièmement tout bien auquel sont attachées les valeurs ineffectives et valides, et troisièmement aussi des sujets qui prennent une position évaluative par rapport aux valeurs et aux biens car il ne peut y avoir de vision du monde que pour eux, en tant qu'interprétation du sens de leur vie. Dans la mesure où, avec le cercle de ces concepts indéterminés dans leur contenu, nous sommes tirés hors de l'évolution historique de la philosophie des valeurs, nous pouvons oser tenter de construire aussi, avec leur aide, les concepts formels des degrés de la réalisation effective des valeurs, lesquelles se trouvent, pour les sujets qui prennent position par rapport à elles, dans une hiérarchie déterminée. Et cette dernière ne risque pas d'être bouleversée à son tour par la poursuite de l'évolution d'autres biens culturels, parce qu'elle repose seulement sur ce qui appartient nécessairement à *toute* valeur et à *tout* bien évaluable par un sujet. Disposant ainsi de connexions axiologiques *supra*-historiques, nous pouvons dès lors les remettre en relation avec la vie historique et son contenu ; et si, à l'aide d'une classification complète, nous sommes parvenu à mettre au jour un ordre pour les biens culturels qui y sont factuellement disponibles, il doit finalement être possible de bâtir, à partir de la combinaison des deux ordres, un système dans lequel, d'un côté, y compris eu égard à leur contenu, les différentes espèces de valeurs se trouvent dans la connexion unitaire d'une gradation, et dans lequel, d'un autre côté, il reste pourtant de la place pour la multitude non-close des biens culturels historiques.

Nous avons par là clairement exposé non seulement le problème d'un système ouvert des valeurs, mais aussi la direction dans laquelle il faut chercher sa résolution. Si toutefois nous voulons savoir ce qu'il est à même d'accomplir éventuellement en vue d'une interprétation du sens de la vie, nous ne pouvons pas en rester à ce point, mais il nous faut au moins en indiquer aussi la teneur. C'est pourquoi nous allons d'abord déduire schématiquement la hiérarchie *supra*-historique des valeurs, puis déterminer les principes fondamentaux de répartition pour une classification complète des biens culturels, et montrer enfin quel système est produit si nous relions les degrés axiologiques et la diversité de la vie historique. Il sera dès lors possible de connaître en principe le sens en lequel la philosophie est capable de fournir une vision du monde unitaire. Nous nous limitons toutefois ici au système des valeurs qui n'est que la base de la vision du monde et ne la contient pas déjà elle-même.

II. LES TROIS STADES DU PLEIN-ACHÈVEMENT <*VOLL-ENDUNG*>

Il est important de souligner que dans la philosophie des valeurs il s'agit avant tout des valeurs elles-mêmes dans leur *validité*; | on ne peut donc pas s'y restreindre aux réalités effectives liées à des valeurs. Mais d'un autre côté, dans la recherche d'un ordre systématique, il n'est pas possible d'ignorer les biens ni les évaluations. Abstraction faite de ce qu'on ne peut trouver des valeurs qu'à même des biens, le comportement du sujet gagne lui aussi en importance dès qu'il s'agit de la gradation des valeurs, puisque le sens de la vie, qui repose sur leur hiérarchie, est toujours un sens pour un sujet. La gradation doit être comprise d'emblée comme existante et valide pour un sujet. C'est pourquoi, afin d'établir son principe, nous partons du comportement évaluant. Cette démarche est sans risque tant que nous maintenons la séparation conceptuelle entre évaluation, bien et valeur, et que nous ne pensons pas que la validité de la valeur se résout dans la prise de position psychique par rapport à elle. Nous n'interrogeons, de manière générale, que le « sens » qui est inhérent aux évaluations eu égard aux valeurs, et non leur *être* psychique indifférent aux valeurs; et puisque ce sens n'est déterminé dans sa diversité que par la diversité des valeurs, le principe de la construction graduelle qui se manifeste à même le comportement du sujet doit également devenir déterminant pour les degrés des biens et des valeurs elles-mêmes.

Tout sujet qui réalise effectivement des valeurs en biens se fixe un but, et son aspiration ne lui semblera par conséquent sensée que s'il atteint son but ou s'en approche. En d'autres termes, il s'oriente vers un *terme <Ende>* de son aspiration et, pour autant qu'il vise ce terme déterminé, il tend à rendre l'aspiration superflue. Si nous avons atteint le terme, nous avons aussi « mis un terme » à l'aspiration. Mais, dans un même temps, le terme ne semblera atteint que s'il peut être appelé un terme *plein <volles>*, c'est-à-dire s'il n'y reste pas de lacune qui conduise à une nouvelle aspiration dans la même direction, et c'est pourquoi nous souhaitons désigner de manière tout à fait générale comme tendance au *plein-achèvement <Voll-Endung>* la tendance qui est celle de tout comportement sensé, orienté vers la réalisation effective de valeurs. Le terme doit être entendu ici dans sa signification propre, à laquelle nous ne pensons pas toujours lorsque nous parlons, et que nous mettons en lumière par la manière dont nous l'écrivons. Dans la mesure où elle appartient à l'essence de la réalisation effective de valeurs en général, cette tendance doit être déterminante pour toute hiérarchie des valeurs, et peut par suite être comptée parmi les facteurs formels dont la signification est plus que simplement historique.

Mais elle ne fournit pas encore à elle seule ce qui serait nécessaire à l'établissement des stades. C'est pourquoi nous la mettons en relation avec d'autres concepts qui, de même, sont plus qu'historiques. À toute réalisation effective de valeurs appartient un contenu au contact duquel des valeurs sont conduites | par le biais d'une « forme » – ou qui doit être mis en **302** forme d'après des valeurs – et que nous pouvons penser comme un *tout* composé de *parties*. Faisons l'hypothèse que le tout est insaisissable au sens où il possède autant de parties qu'on voudra, ou des parties en nombre in-fini, et mettons l'opposition entre un tout *in-fini* et ses parties *finies* en relation avec la tendance au plein-achèvement : il en résulte plusieurs sortes de réalisations effectives de valeurs en biens auxquels sont attachées des valeurs principiellement différentes. Si la tendance au plein-achèvement s'oriente vers le tout inépuisable du matériau, un sujet fini ne peut alors jamais venir à bout *<zu Ende>* de la mise en forme. Les buts atteints ne peuvent dès lors valoir que comme des étapes dans le cours d'une évolution. Nous obtenons ainsi un domaine de biens que nous désignerons comme celui de la *totalité in-finie*, mais où il faut entendre l'in-finité seulement de manière négative, comme inachèvement ou absence de terme, donc par opposition au plein-achèvement[1]. La tendance au plein-achèvement peut en outre se limiter à la partie finie du matériau afin de ne mettre en forme qu'elle. Rien ne s'oppose alors à ce que le terme soit atteint, et nous obtenons par là un nouveau domaine de biens, qui peut être caractérisé comme celui de la *particularité pleinement-achevée*. Enfin, un troisième domaine est au moins encore possible, quand bien même il paraît tout à fait problématique. Il représente la synthèse des deux premiers domaines, de sorte que nous pouvons le nommer celui de la *totalité pleinement-achevée*. En lui, nous avons le but dernier qu'une aspiration à la réalisation effective de valeurs peut se fixer. Par là se trouve en même temps épuisé le nombre des domaines de biens auxquels, de ce point de vue, sont attachées des valeurs nécessaires. Il reste certes une quatrième combinaison, celle de la particularité in-finie ou inachevée ; mais on ne peut pas comprendre les objets qui en relèvent comme des biens à partir de la tendance au plein-achèvement car il ne s'agit, dans leur cas, ni d'atteindre un terme plein ni de s'en approcher, et c'est pourquoi les valeurs qui s'y montrent éventuellement demeurent, si l'on veut encore parler de valeurs, contingentes.

Si nous réfléchissons au fait que toute aspiration à la réalisation effective de valeurs ainsi qu'au plein-achèvement se déroule dans le *temps*, nous pouvons alors caractériser d'une nouvelle manière les trois domaines. Puisque les biens de la totalité in-achevée ne sont que des étapes dans un procès progressif, la signification de leur plein-achèvement est toujours renvoyée au futur, c'est-à-dire que leur valeur repose justement sur le fait qu'ils sont des stades préliminaires de quelque chose qui adviendra plus

---

1. Nous nous fondons sur cette indication de Rickert pour résoudre un délicat problème de traduction qui traverse cet article, et qui porte sur le terme allemand *un-endlich*. Jusqu'à présent, nous l'avons traduit de la manière la plus simple par le décalque « in-fini ». Mais puisque l'opposition qui apparaît ici entre ce qui est *voll-endlich* et ce qui est *un-endlich* va structurer l'ensemble de la démarche proposée par Rickert dans ces pages, et puisque nous avons pris le parti de traduire le premier terme par des expressions du type « plein-achèvement » ou « pleinement-achevé », nous traduirons *un-endlich* par « in-achevé » dans le contexte de cette opposition, et préférerons donc par la suite « totalité in-achevée » à « totalité in-finie ». Ce choix n'exclut donc pas que *un-endlich* soit traduit par « in-fini » lorsque aucune ambiguïté ne se présente. On notera toutefois que Rickert, soucieux, précisément, d'éviter toute ambiguïté entre l'in-fini de l'in-achèvement et l'infinité comme simple absence de terme, utilise à plusieurs reprises dans l'article l'adjectif *endlos* pour exprimer ce second sens, adjectif qu'il n'y a donc pas lieu de traduire autrement que par « infini ».

tard. On peut par conséquent les appeler également des *biens d'avenir* *<Zukunftsgüter>*. Par opposition, le plein-achèvement dans la sphère de la | particularité advient déjà dans le présent. Les biens s'extirpent en quelque **303** sorte de la série évolutive pour reposer dans leur être temporel momentané, et ils peuvent par conséquent être appelés des *biens du présent* *<Gegenwartsgüter>*. Enfin, la troisième sphère a également une relation déterminée au temps. Mais, puisque le matériau est in-fini et qu'il ne peut être complètement mis en forme dans aucun temps, ses biens ne se tiennent ni dans le futur ni dans le présent et ne peuvent être pensés par conséquent que comme atemporels. Nous souhaitons les nommer des *biens d'éternité* *<Ewigkeitsgüter>*, sans énoncer par là quoi que ce soit sur leur existence. Les biens de la vie temporelle, terrestre, sensible ou « immanente » seront toujours soit des biens d'avenir soit des biens du présent, alors que les biens d'éternité, si nous voulons en reconnaître de tels, doivent renvoyer au suprasensible ou au « transcendant ». Depuis ce point de vue également la répartition est complète. Tous les biens doivent soit être des biens de la vie immanente soit se tenir dans le transcendant, et les biens temporels ne peuvent être que des biens de l'avenir ou du présent car, eu égard à la tendance à l'achèvement, le passé ne peut pas jouer le rôle d'un cadre pour une réalisation effective de valeurs. Dans cette mesure, nous avons obtenu ici aussi un principe *supra*-historique de répartition, tel qu'un système ouvert le réclame.

Il va de soi que les concepts des trois stades axiologiques ne nous disent encore rien quant à l'interprétation du sens de notre vie eu égard à son contenu. Mais ils doivent être vides ou formels pour dépasser tout contenu historiquement conditionné. La seule chose qui compte est qu'ils nous donnent alors la possibilité de mettre en place non seulement un ordre complet, mais aussi une hiérarchie des valeurs, et c'est ce que nous avons atteint. Si nous considérons d'abord séparément les deux premiers stades, nous voyons que leurs valeurs respectives se tiennent clairement en relation. Là où il s'agit du but le plus élevé – la mise en forme de la totalité – nous devons toujours repousser le plein-achèvement, en tant qu'être temporel, dans le futur, et nous contenter par conséquent d'un stade du procès qui n'est qu'un stade préliminaire. En revanche, si l'état de plein-accomplissement *<die Voll-Endlichkeit>* doit être atteint dans le présent, il nous faut alors renoncer au tout et nous limiter à l'une de ses parties. Les deux domaines montrent donc l'un et l'autre une qualité et un défaut, et doivent par conséquent être tout d'abord juxtaposés. Le troisième domaine axiologique, celui de la totalité pleinement-achevée, réunit en revanche les qualités des deux premiers stades tout en faisant disparaître leurs défauts. Par suite, c'est aussi en lui que peut se trouver le bien le plus élevé que nous pouvons penser, et ce domaine éclaire simultanément d'un jour nouveau le rapport dans lequel les deux premiers stades se tiennent l'un par rapport

304 à l'autre. La limitation à la particularité, | pour autant que ce domaine est considéré seulement pour soi, peut en effet apparaître comme un défaut absolu : la malédiction de la finitude pèse sur le simple achèvement temporel au présent. Par comparaison, la possibilité d'un rapprochement avec la totalité pleinement-achevée confère d'emblée aux biens d'avenir la plus grande dignité. Si l'on pouvait pourtant réussir à poser également la particularité pleinement-achevée en relation nécessaire avec la totalité pleinement-achevée, et à ancrer le présent dans l'éternité (ce qui ne peut être décidé que par la doctrine des visions du monde et non par le système des valeurs), la particularité pleinement-achevée recevrait alors du monde transcendant une consécration qui, eu égard à la tendance au plein-achèvement, se tient même *au-dessus* de la totalité in-achevée des biens d'avenir, puisque dans cette sphère on ne va jamais au-delà de l'aspiration au tout et qu'on n'y parvient donc en aucune manière à un terme complet.

Il n'est pas nécessaire d'expliquer plus avant ces rapports axiologiques formels, car il fallait seulement montrer qu'on peut en général trouver ici des principes en vue d'une hiérarchie. Leur fécondité ne peut être mise en lumière que si nous les mettons expressément en relation avec la vie dont le contenu est déterminé. C'est pourquoi nous revenons à la possibilité déjà évoquée de mettre au jour une classification complète des biens à l'intérieur de la culture historique et à l'aide de principes de répartition reposant sur une alternative.

III. CONTEMPLATION ET ACTIVITÉ, CHOSE ET PERSONNE

Cet ordre devra lui aussi être *supra*-historique et ne concerner, par conséquent, que ce qui se trouve dans tous les biens culturels en général. Par là nous est donné le point de départ. Nous pouvons dire de tout homme de culture qu'il se tient, en tant que personnalité, en relation avec d'autres personnalités, qu'il vit donc dans un contexte social et qu'il y est actif d'une manière ou d'une autre. Bref, dans la vie historique, il s'agit premièrement de *personnalités*, deuxièmement de leurs *relations sociales* et troisièmement de leurs *activités*, et nous voyons par là même que ces trois concepts sont nécessairement reliés les uns aux autres. Toute activité personnelle, quelle que soit peut-être la longueur des détours qui la conduisent au-dessus de l'impersonnel, se rapporte en fin de compte à une personnalité. Celle-ci peut certes n'être éventuellement que la personnalité propre, mais même en ce cas il faut parler d'un moment social, car tout homme vit dans un contexte social et doit être considéré par conséquent comme socialement actif, même lorsque son activité comporte un caractère antisocial. C'est l'asocial et non l'antisocial qu'il faut opposer au social | pris en ce **305** sens le plus large[1]. Par là se justifie que nous rassemblions les biens de culture en un groupe dont les valeurs sont attachées à des personnalités sociales actives.

Mais il est également clair que tous les biens de culture n'entrent pas dans ce groupe. Comme il a déjà été indiqué, outre le comportement actif, il y a aussi un comportement *contemplatif* dont le sens consiste à ne plus exercer d'action « pratique » sur le monde, mais à en faire simplement un objet de considération. La division est complète puisque seul entre ici en ligne de compte le comportement sensé, orienté vers la réalisation effective de valeurs, et que celui-ci doit toujours être caractérisé comme activité ou comme contemplation. D'autres oppositions, ayant également la forme d'alternatives, sont reliées à celle-ci de la manière la plus étroite. Le comportement contemplatif peut certes se rapporter à tous les contenus du vécu.

1. On a ici un exemple du rôle technique qui est celui de la négation dans une philosophie des valeurs qui oppose les déterminations axiologiques aux déterminations ontologiques. La négation d'un concept sert en effet pour Rickert de critère pour reconnaître si ce concept est un concept ontologique ou un concept axiologique, c'est-à-dire une valeur. Rickert soutient en effet que la négation d'un concept ontologique est univoque alors que celle d'un concept axiologique produit deux significations et est donc équivoque : alors que la négation de l'être est simplement le non-être, la négation de la valeur produit, outre le simple néant, un élément positif qu'on peut appeler la non-valeur. Rickert est ainsi conduit à distinguer un sens étroit et relatif de la valeur (la valeur positive s'opposant à la non-valeur) et un sens large et absolu de cette même valeur, qui ne connaît d'opposition qu'à l'être en général. Dans le cas présent, il s'agit du concept de « social ». En tant que concept ontologique, il s'oppose à l'asocial en général, c'est-à-dire à ce qui n'a aucun être social. Mais une deuxième forme de négation est envisageable, sous la forme de l'antisocial, qui ne désigne pas un simple néant. De ce point de vue, le social devient une valeur au sens large qui, en son sens étroit et positif, s'oppose à la valeur négative désignée par le terme « antisocial ». Sur cette question, on se reportera à l'article de Rickert « Zwei Wege der Erkenntnistheorie : transzendentalpsychologie und transzendentallogik », in *Kantstudien*, XIV, 1909, p. 203-206 ; trad. fr. par A. Dewalque, *Les deux voies de la théorie de la connaissance. 1909*, Paris, Vrin, 2006, p. 141-143. Pour des indications relatives à la place de la question de la négation dans la théorie heidelbergienne du jugement, on se reportera à l'ouvrage d'É. Dufour, *Les Néokantiens*, Paris, Vrin, 2003, p. 42 *sq*.

Face à lui toutefois, les objets vers lesquels il s'oriente recevront un autre caractère que celui que lui montrent dans la vie sociale les personnalités actives. Ce que nous considérons de manière *seulement* contemplative n'est plus pour nous une « personnalité » au sens où nous le sommes nous-mêmes et où un autre homme se tient face à nous dans l'agir. Pour la contemplation, la personne devient bien plutôt elle-même une *chose* et s'extrait par là simultanément des relations sociales dans lesquelles, dans notre action, nous nous trouvons avec d'autres personnalités. Dans cette mesure, il faut désigner les biens de la contemplation comme *asociaux*, de sorte que le deuxième groupe principal que nous obtenons est déterminé par la nécessaire appartenance réciproque des concepts de contemplation, de non-personnalité ou de choséité, et du moment asocial. Par là, les biens sont de nouveau répartis de manière exhaustive, car on ne voit pas comment un bien pourrait être ni une personne ni une chose, ni social ni asocial.

Il n'est pas nécessaire de prouver que cette division, même abstraction faite de sa complétude, est signifiante pour la philosophie. La distinction entre philosophie « théorique » et « pratique » qui émerge dans l'opposition de l'activité et de la contemplation est ancienne et, de même, on est habitué à diviser les objets en choses et en personnes. Mais dans cette hypothèse que nous faisons d'une connexion nécessaire entre ces deux principes de répartition se montre encore quelque chose d'autre, que des exemples peuvent aisément éclaircir. D'après les présuppositions indiquées plus haut, les valeurs esthétiques et les valeurs logiques sont toutes deux attachées à des choses et peuvent par conséquent être réunies en un groupe, alors que les valeurs éthiques appartiennent à l'autre groupe, puisqu'elles ne se trouvent qu'à même des personnes ou qu'on peut tout au plus les **306** transférer des personnes aux choses. En outre, notre | comportement face à l'art et à la science sera contemplatif, alors qu'il sera toujours actif d'une manière ou d'une autre face à des personnes, pour autant toutefois qu'elles sont éthiques. Cette manière de rassembler les valeurs logiques et les valeurs esthétiques et de les séparer des valeurs éthiques, par opposition auxquelles elles ont quelque chose en commun, ne nous conduit pas seulement à passer de la simple juxtaposition, telle qu'elle est souvent présentée d'habitude, à un ordre *supra*-historique valide pour toutes les époques, mais elle doit également prendre de l'importance pour l'interprétation d'un sens unitaire de la vie[1].

On peut enfin mettre en relation avec cette distinction d'autres concepts philosophiques qui sont également beaucoup utilisés, et l'on indiquera encore au moins une opposition décisive pour la configuration du système. La contemplation s'oriente par essence vers tous les contenus de vécu pensables. Le concept de totalité auquel elle est appliquée est nécessairement déterminé par là comme diversité inépuisable ou in-finie, et il s'ensuit que la contemplation aspirera, pour parvenir au terme, à une unification au sens d'une simplification. Nous pouvons parler, dans cette mesure, d'une tendance *moniste* au plein-achèvement. Si nous pensons en revanche au fait que le comportement actif se rapporte à des personnes, alors non seulement le concept de totalité se détermine autrement, mais il ne peut plus être question non plus d'une tendance *moniste* comme dans le cas du comportement contemplatif. L'*universum* vers lequel l'activité s'oriente est la totalité des personnalités avec lesquelles nous sommes dans des relations sociales et où, s'il faut toujours considérer les personnes dans leurs différences individuelles et dans leur pluralité, ces personnes sont considérées en tant que biens. C'est pourquoi l'aspiration à la réalisation effective de valeurs dans le domaine actif, social et personnel doit avoir un caractère *pluraliste*. Il va de soi que, comme dans le cas des autres principes de répartition, le couple conceptuel « monisme ou pluralisme » est une alternative, et avec elle est donnée une division complète des biens, dont les principes ne peuvent pas être tirés du flux de l'évolution historique de la vie culturelle.

Nous n'interrogerons pas ici d'autres fondements de répartition de ce genre. Ceux qui ont été donnés suffisent déjà à notre but. Par leur biais, on peut systématiser l'effectivité des biens culturels historiques pour autant qu'il est possible d'en mettre les groupes principaux en relation avec l'ordre des valeurs d'après les trois stades de l'achèvement, et de voir dès lors comment se constitue par là un système de six domaines. Dans celui-ci, d'un côté, les biens disponibles sont rangés | de sorte que leurs valeurs **307** montrent une hiérarchie ou une gradation, et, d'un autre côté, il reste en même temps de la place pour les valeurs de la culture qu'une évolution historique ultérieure peut éventuellement porter à notre conscience.

---

1. Sur l'articulation de ces deux domaines de valeurs, *cf.* l'article de Rickert intitulé « Validité éthique et validité logique », trad. fr. C. Prompsy dans *Néokantismes et théorie de la connaissance*, Paris, Vrin, 2000, p. 259-292.

IV. LES SIX DOMAINES AXIOLOGIQUES

1. Afin de disposer immédiatement d'un sol ferme sous nos pieds, nous nous établissons dans un domaine particulier de la culture historique. Nous pouvons procéder ainsi sans craindre de nous attirer le reproche d'un arbitraire non-systématique. Pour autant que c'est possible, la philosophie doit être scientifique. Nous devons par conséquent nous placer tout d'abord sur le sol de la *science*. Si nous nous demandons dans quel domaine nous nous trouvons alors d'après les principes de répartition indiqués, il est clair, dans un premier temps, que le comportement scientifique relève de la contemplation, que la science n'est pas une personne mais une chose, et qu'elle compte parmi les biens asociaux, car quelle que soit sa signification pour la vie sociale, la valeur en propre qui lui est attachée – la vérité – ne peut, dans sa pureté, valoir comme valeur sociale. Si quelque chose est vrai, il demeure vrai sans égards pour la question de savoir s'il y a ou non une communauté, alors que des biens éthiques comme le mariage, la famille, l'État etc., ne doivent jamais être détachés conceptuellement de la vie sociale, et c'est pourquoi leurs valeurs aussi doivent être désignées comme sociales. De même, nous apercevons clairement le groupe de biens dont la science relève si nous prenons en considération la répartition d'après les trois stades du plein-achèvement. La science se tourne vers tout ce qui peut devenir un contenu de notre vécu <*Erlebens*> et cherche à le connaître. Elle se trouve par là devant un matériau inépuisable, face auquel sa tendance moniste ne pourra jamais parvenir à un terme plein. Elle doit donc être renvoyée au domaine de la totalité in-achevée et mise au compte des biens d'avenir, pour lesquels tout ce qui est atteint doit valoir comme un stade préliminaire de ce qui n'est pas encore atteint et auquel il faut toujours aspirer. On en reste avec elle à une tension à jamais insurmontable, à l'inquiétude d'une question qui ne cesse de se poser et à laquelle il n'y a de réponse que provisoire.

Ce manque de plein-achèvement s'exprime également de manière caractéristique, pour indiquer au moins ce point, dans ses fondations logiques. À ses tendances monistes s'opposent deux dualismes qui appartiennent à son essence et qui ne peuvent jamais être ramenés à l'unité dans le domaine théorique : l'opposition de la *forme* et du *contenu* et celle du *sujet* et de l'*objet* <*Objekt*>. C'est certes en premier lieu la liaison de la forme et de la matière qui donne lieu à un « objet » <*Gegenstand*> théorique, mais toute vision <*Einsicht*> scientifique à laquelle une vérité

est attachée prend | nécessairement la forme d'un jugement qui affirme **308**
l'*appartenance* mutuelle de la forme et du contenu, et c'est en ce point que
se trouve en même temps une dualité, puisque matière et forme doivent être
pensées comme séparées précisément pour que leur appartenance mutuelle
soit affirmée. Le « concept » ne montre une unité qu'en apparence, car il ne
contient de vérité que pour autant qu'il peut être posé d'après son sens
comme équivalent logiquement à un jugement, c'est-à-dire pour autant
qu'il amène à l'expression l'appartenance mutuelle de la forme et du
contenu[1]. Le dualisme du sujet et de l'objet se laisse tout aussi peu
supprimer dans la science que cette tension. Face au sujet, il doit toujours y
avoir un objet indépendant de lui, s'il veut en général le connaître « objectivement ». Dans cette perspective également, la contemplation ne parvient
jamais à un terme plein mais, d'une manière caractéristique, elle demeure
éloignée de la matière qu'elle aspire à saisir.

On peut laisser ici sans réponse la question de savoir s'il y a ou si l'on
peut penser, outre la science, d'autres domaines appartenant encore à cette
face contemplative, impersonnelle et asociale de la totalité in-achevée, ou
encore des biens d'avenir. Seul importait l'intégration de la vie scientifique
dans le système et sa compréhension en tant qu'*exemple*, donné historiquement, du premier stade du plein-achèvement. Les biens culturels que
nous invoquerons par la suite, dans le développement ultérieur du système,
devront également valoir comme de simples exemples.

2. Il faut d'abord montrer ce qui, du côté contemplatif, s'élève
au-dessus de la science et de ses jugements. S'il faut parvenir à un plein-
achèvement, alors toute tension doit être supprimée. Limitons-nous
pourtant provisoirement au rapport de la forme et du contenu. Il est possible
de penser un objet de contemplation dont les composantes, en tant que
s'appartenant mutuellement, ne sont jamais séparées les unes des autres. En
effet, si à l'égard d'un objet nous nous comportons non pas sur le mode du
jugement, mais sur celui de l'intuition, nous ne savons alors absolument

---

1. Cette articulation du jugement et du concept dans la théorie de la connaissance est
caractéristique de la philosophie de Rickert. Pour plus de précisions, on se reportera au
premier ouvrage de Rickert, la *Théorie de la définition*, III, 2 (« Concept et jugement »), trad.
fr. par C. Prompsy et M. de Launay, précédé de *Science de la culture et science de la nature*,
Paris, Gallimard, 1997, p. 255 *sq.* Rickert y distingue notamment la définition analytique de la
définition synthétique : alors que celle-ci consiste à passer du jugement au concept, celle-là
passe à l'inverse du concept au jugement.

rien de la composition de forme et de contenu qui est la sienne. C'est
seulement pour la réflexion théorique qu'il y a là un dualisme. Le sujet
intuitionnant « vit » <erlebt> immédiatement une unité, et c'est justement
en elle que se trouve la valeur. Toute problématique, toute inquiétude dans
le questionnement, et même l'affirmation de l'appartenance mutuelle
– tout cela s'est estompé. Nous parvenons à des biens qui montrent des
valeurs autres que logiques, et à la réalisation desquelles le fait que la
contemplation renonce à s'emparer de la totalité ne fait aucune difficulté.
C'est pourquoi leur réalisation atteint la particularité pleinement-achevée.

Si nous en cherchons un exemple dans la vie culturelle, nous trouvons
les œuvres de l'*art*. Quelle que puisse bien être parfois son importance pour
309 la vie sociale des personnes, | ce bien appartient lui aussi, comme la science,
non seulement à la sphère contemplative, mais également à la sphère
impersonnelle et asociale, mais il ne renvoie pas, toutefois, au-delà de lui à
l'avenir. Sa pleine signification est destinée au moment présent. Et pour
beaucoup en effet ce que nous entendons par plein-achèvement s'identi-
fiera tout simplement aux valeurs esthétiques. La forme artistique ressaisit
un morceau du contenu vécu en l'extrayant de sa liaison avec le reste du
monde, et par là de toute évolution progressive. L'œuvre d'art repose ainsi
sur elle-même en tant que partie pleinement-achevée. « Elle a rejeté tous les
témoins de l'indigence humaine »[1].

Qu'on n'aille pas objecter que le *jugement* esthétique affirme
l'appartenance mutuelle de la forme et du contenu. Les jugements sont
toujours théoriques. Il n'y a pas, au sens strict, de « jugements esthétiques ».
Ce qui est ainsi nommé est un jugement théorique portant sur une valeur
esthétique. En lui forme et contenu tombent certes l'un en dehors de l'autre,
mais nous avons par là même quitté la sphère de la contemplation esthétique. Considérée de manière théorique, la valeur esthétique prend elle
aussi la forme de la « norme » et introduit avec elle la tension. Cependant,
l'état esthétique ne connaît pas un tel devoir <Sollen>. La norme vaut mais
se tait. Nous pouvons donc tout d'abord maintenir les valeurs logiques et
les valeurs esthétiques dans une extériorité mutuelle et les ordonner systématiquement. Toutes relèvent de la sphère du contemplatif, de l'imperson-

---

1. F. Schiller, *Das Reich der Schatten* [*Le Royaume de ombres*], qui deviendra *Das Ideal
und das Leben* [*L'Idéal et la vie*], v. 119 *sq.*

nel et de l'asocial, mais les premières sont attachées à la totalité in-achevée et les secondes à la particularité pleinement-achevée [1].

3. Cette série n'est cependant pas close pour autant. La question se pose de savoir si son troisième stade n'est pas à même, lui aussi, de caractériser des biens de la culture historique. Le dualisme de la forme et du contenu était surmonté dans l'art, mais il reste encore celui du sujet et de l'objet, car ce n'est que si nous nous opposons une œuvre d'art en tant qu'objet que nous nous rapportons à elle de manière purement esthétique. Cette opposition ne perturbe pas le plein-achèvement particulier, parce qu'elle ne se produit que du côté de l'objet et que le sujet y est pour ainsi dire oublié. Mais si, dans le stade le plus élevé de la contemplation, la totalité doit pourtant être saisie, il doit alors y avoir unité dans toutes les perspectives, et le sujet fini lui-même doit s'insérer dans l'un-tout <im All-Einen>.

De temps à autre, la science croit parvenir à ce plein-achèvement en enseignant que l'essence du monde ne se révèle qu'à l'intuition et non à l'entendement; mais une telle « vision intuitive du monde » <Welt-Anschauung> [2] demeure pourtant problématique en tant que connaissance. Dans notre contexte, le fait historique d'un type de *religion* est plus important, et la mystique conséquente peut à vrai dire servir d'illustration – par exemple le | bouddhisme. La prétention s'y trouve élevée d'une saisie con- **310** templative du monde en sa totalité, de sorte que le sujet disparaisse lui aussi sans reste dans le tout. Tout dualisme est supprimé. Tout est le dieu un. Non seulement le monisme trouve-t-il son plein-achèvement dans le *panthéisme*, mais le caractère impersonnel et asocial des valeurs parvient lui aussi, dans ce domaine de la totalité pleinement-achevée, à son expression la plus pure. L'individu n'est rien. La communauté des individus nemontre plus aucune relation d'un individu à l'autre. Je suis toi, tu es moi. Toute pluralité, et par là même tout moment social qui présuppose au moins deux personnes, disparaît dans l'un-tout. Le monde est nié. Dieu seul est tout.

C'est ainsi que sont systématisés en tant que stades les trois types principiellement distincts de contemplation que la vie culturelle historique révèle, ainsi que les biens et les valeurs qui y correspondent. Dans la mesure

---

1. Cf. *supra*, p. 147, note 1.

2. Rickert joue ici sur la formation du terme « *Weltanschauung* », couramment traduit par « vision du monde », et en souligne la composante intuitive (« *Anschauung* ») qui disparaît dans cette traduction courante. C'est la raison pour laquelle nous avons ici recours à une traduction plus lourde mais plus explicite.

où les moments personnels, sociaux ou actifs n'entrent pas ici en jeu, puisque nous devons les ignorer, tout ce qui est autre doit être compris comme une forme de mélange des trois types indiqués. Non seulement cet ordre des valeurs logiques, esthétiques et mystiques saisit la vie contemplative, impersonnelle et asociale telle qu'elle est factuellement, mais il garantit simultanément que les espèces futures de cette vie auxquelles l'évolution culturelle donnera éventuellement lieu s'y inséreront, pour autant du moins que des valeurs nécessaires y seront attachées; car nous ne voyons pas comment, du point de vue de la tendance au plein-achèvement, il pourrait encore y avoir un domaine qui diffère des trois domaines qui ont été introduits à la manière dont ceux-ci diffèrent les uns des autres. Nous pouvons donc quitter ce versant pour nous tourner vers les biens personnels et sociaux de l'activité. Il est vrai que tous les philosophes ne reconnaîtront pas qu'il y a, là aussi, des valeurs véritablement valides. Parce que l'essence de la philosophie est la contemplation, on croit souvent ne pouvoir trouver le sens philosophique de la vie lui-même que dans la contemplation. De même, seul vaudra, aux yeux du mystique conséquent, son propre type de contemplation; il n'accordera par conséquent de valeur qu'aux biens d'éternité, et il verra dans la science et dans l'art tout au plus des stades préliminaires sur le chemin qui mène à la « vision » <*Schauen*> du dieu unitotal <*all-einen*>. Cependant, nous n'avons pas à nous occuper ici d'une telle prise de position à l'endroit de valeurs particulières. C'est là l'affaire de la vision du monde. Nous sommes à la recherche d'un système de valeurs le plus complet possible, et nous devons par conséquent reconnaître également la sphère active, personnelle et sociale, ainsi que ses principes pluralistes, afin de donner à la doctrine de la vision du monde la base la plus large.

311 | 4. Pour répondre à la question de savoir si, ici aussi, il y a dans la vie historique des exemples des trois stades du plein-achèvement, nous partons des seules valeurs qui semblent être encore disponibles si nous pensons à la quadripartition de la culture en vie scientifique, artistique, morale et religieuse. Les biens éthiques n'ont trouvé jusqu'à présent aucune place. De quel domaine relèvent-ils? Le concept de la *vie morale* n'est pas aussi facile à déterminer que celui de la science, de l'art ou de la religion mystique et panthéiste. On accordera seulement, en général, que les biens éthiques sont des personnes et, puisque nous souhaitons présupposer que la vie morale n'est pas contemplation, il nous est permis de nous limiter ainsi à l'activité de ces personnes. Nous ne parlons d'éthique que dans la mesure où, en tant que philosophie « pratique », elle fait de l'homme agissant son objet. Mais qu'est-ce qui confère à la personnalité active son caractère spécifiquement éthique? Par une telle question, nous entrons dans une foule de problèmes qui ne doivent pas être résolus ici. Si toutefois nous voulons donner aux valeurs morales leur place dans le système, nous devons tout d'abord choisir un domaine qui tombe, en tout état de cause, dans la sphère morale: la volonté consciente de son devoir *<pflichtbe-wussten>* de la personnalité qui obéit de son plein gré à la «loi», de la personnalité «autonome». Peut-être le concept qui apparaît ainsi est-il trop étroit. Mais avec lui, en tout cas, nous avons délimité un règne qui est donné factuellement dans vie culturelle et auquel sont attachées des valeurs qu'il faut intégrer à notre système.

Nous ne pouvons pourtant pas en rester là. Alors même qu'il peut sembler trop étroit, le concept de valeur que nous obtenons ainsi est, dans une autre perspective, trop large. La réalisation de *n'importe quel* bien peut se présenter comme une obligation *<Pflicht>*, c'est-à-dire que l'homme scientifique ou l'homme artistique suivent eux aussi de leur plein gré la norme, et ils ont aussi une volonté autonome lorsqu'ils cherchent la vérité pour la vérité ou la beauté pour la beauté – fait significatif pour la doctrine de la vision du monde, qui ne doit cependant pas être pris davantage en considération ici. C'est seulement la volonté spécifiquement éthique que nous devons déterminer plus précisément. Jusqu'à présent, nous avons parlé de personnalité et d'activité, mais nous avons ignoré le moment social. C'est pourquoi le concept d'autonomie semblait trop large: la volonté libre peut aussi se porter sur les biens asociaux de la vie impersonnelle et contemplative. Si nous comprenons en revanche la moralité comme moralité sociale – c'est-à-dire si nous pensons que la conscience du devoir *<Pflichtbewusstsein>* n'est pas seulement orientée vers la réalisation effective de valeurs en général, mais vers la réalisation de personnalités autonomes dans la vie sociale –, nous parvenons alors à un nouveau domaine de biens et de valeurs, qui se distingue nettement de ceux qui ont été mentionnés jusqu'à présent. Il faut en indiquer la place dans le système.

| *Ubi homines sunt, modi sunt*[1]. Dans toute relation entre personnalités **312** actives s'édifie quelque chose que nous appelons «mœurs», c'est-à-dire que certaines formes de la vie sont exigées de chaque membre de la société. Par leur biais, l'individu est lié socialement. Tant qu'il s'agit de seulement

---

1. «Là où il y a des hommes, il y a des modes» (des manières).

de les suivre instinctivement, elles n'ont pour nous encore aucun intérêt. Mais si l'homme prend consciemment position à l'endroit des mœurs de sorte qu'il approuve expressément les unes et rejette les autres, il se pose alors face à la société de manière indépendante pour décider « librement » de la façon dont il est lié, et la « moralité » se constitue alors en tant que reconnaissance autonome de ce qui est conforme au devoir <*Pflicht-gemässen*> dans la vie sociale. Elle est affaire de volonté, procédant des actions significatives pour la vie des hommes en communauté, et il va de soi qu'elle peut avoir un caractère antisocial, sans en être moins sociale pour autant[1]. Le bien auquel les valeurs éthiques sont attachées est toujours la personnalité elle-même, telle qu'elle est prise dans les relations sociales, et la valeur qui en fait un bien est la liberté à l'intérieur de la société, ou encore l'autonomie sociale. Pourtant, avec les biens sociaux, il ne s'agit évidemment pas des seules personnalités singulières, mais tout autant des communautés. Toute la vie sociale doit être considérée du point de vue selon lequel elle doit encourager les personnalités libres, autonomes – et c'est à partir de là qu'il faut comprendre dans leur signification éthique les associations telles que le mariage, la famille, l'État, la nation, l'humanité culturelle etc. Au cas où quelqu'un trouverait trop étroit notre concept de l'éthique <*des Ethischen*>, nous appellerons *socio-éthiques* les valeurs qui sont attachées à ces biens. Quoi qu'il en soit, un tel domaine est suffisamment délimité pour les buts qui sont les nôtres. La tendance socio-éthique vise à ce que partout dans la vie publique se constituent des personnalités libres, des individus qui, dans la diversité de leurs actions, sont déterminés par une volonté autonome. Par conséquent les institutions sociales de la vie sexuelle, économique, juridique, politique, nationale doivent également se présenter de telle sorte qu'elles permettent[2] l'autonomie aux personnes ou que, par la forme de la liberté personnelle et quelle que soit la diversité de leur contenu, elles deviennent des biens.

La question que nous devons poser dans la perspective du système est la suivante : peut-on parvenir au plein-achèvement dans le domaine socio-éthique ? On voit aisément que l'aspiration à la totalité s'y oppose ici aussi. Ce n'est certes pas l'ensemble du contenu vécu qui doit être mis en forme, comme c'est le cas dans la contemplation théorique, mais l'*universum*

---

1. Cf. *supra*, p. 145, note 1.
2. « sich so gestalten, daß sie [...] gestatten ». Rickert joue ici sur l'assonance des deux verbes, en une paronomase qu'il est impossible de restituer comme telle en français.

éthique est lui aussi | inépuisable. Selon le principe pluraliste du plein- 313
achèvement de la personnalité *<Persönlichkeits-Voll-Endung>*, chaque
homme, dans son individualité et sa particularité, est également important
par rapport à la moralité. Même si nous voulions accepter la possibilité pour
un individu singulier de devenir parfaitement autonome, ce ne serait pas
quelque chose de décisif pour la tendance générale au plein-achèvement
éthique. Il s'agit de l'ensemble social des personnalités et, pour n'insister
que sur ce point, des hommes toujours nouveaux, qui doivent tous êtres
élevés à l'autonomie, ne cessent de naître en lui. Des combinaisons toujours
nouvelles se constituent, créant des difficultés nouvelles eu égard à la
liberté sociale. L'ensemble des personnalités individuelles, de même que la
quantité des institutions sociales, ne seront donc jamais éthiquement
pleinement-achevées, au sens où l'autonomie sociale qui correspond à sa
particularité serait garantie pour tout individu. On ne peut parvenir ici à
diminuer la tension entre être et devoir. C'est pourquoi, comme la science,
ces biens se présentent comme des biens d'avenir et appartiennent à la
totalité in-achevée.

Nous pouvons même, comme dans le théorique *<im Theoretischen>*,
montrer la tension dans l'essence même de la chose. Si le bien éthique
central est la personnalité consciente de son devoir, alors le devoir *<Sollen>*
ne *doit* absolument pas cesser d'être présent en lui. Sans la reconnaissance
d'une norme, il n'y a plus de liberté au sens de l'autonomie, et il n'y a plus
non plus de moralité sociale. Le manque de plein-achèvement est nécessairement lié au bien socio-éthique, en vertu d'un antagonisme qui réside en
lui. Tout doit être moral, et nous ne sommes pourtant moraux que dans la
mesure où la liberté n'est pas atteinte dans toutes ses dimensions. Ce
domaine de la totalité in-achevée est dominé, du côté des biens actifs,
personnels et sociaux, par un *devoir du devoir*.

5. Non seulement la vie socio-éthique et ses valeurs se trouvent par là
intégrées au système, mais il en résulte en outre que la tendance au plein-
achèvement s'élève encore au-dessus de cette sphère. Il va de soi que
l'éthique *<das Ethische>* se trouve tout aussi peu déprécié par son intégration aux biens d'avenir que ne l'était le théorique *<das Theoretische>*.
Bien plutôt la pensée de l'évolution in-finie s'avançant, dans un
progrès sans relâche, jusqu'à la totalité conserve-t-elle dans ces deux cas sa
grandeur impérissable. Nous ne devons pas pour autant méconnaître sa
limite, laquelle doit apparaître de la manière la plus distincte dès que nous
pensons au fait que toute vie *personnelle* n'est effectivement vivante

que dans le présent, et que le renvoi permanent à l'avenir menace par conséquent de la rendre problématique dans son essence la plus intime. Elle n'existe toujours que pour quelque chose d'autre, et cet autre ne peut jamais **314** être réalisé de sorte qu'elle devienne une vie reposant | en elle-même. Tant que seul le travail sur des biens d'avenir entre en considération, la conscience que nous sommes purement et simplement au service de l'avenir peut bien nous procurer une certaine élévation. Mais s'il s'agit de la personnalité elle-même, la pensée que tout dans son existence n'est qu'étape préliminaire devient alors insupportable. Il en résulte donc, dans un tout autre sens que du côté de la contemplation, la nécessité d'un domaine dans lequel on parvienne effectivement à un terme plein et où la vie présente de l'homme actif et social reçoive sa signification pour elle-même. Nous accédons par là à un nouveau stade du plein-achèvement.

Si l'on s'interroge toutefois sur le nom qui doit être le sien, la philosophie telle qu'elle s'est développée jusqu'à présent ne nous est d'aucun secours, et il a déjà souvent été dit que le concept de la volonté consciente du devoir n'est pas à même de fournir une interprétation satisfaisante du sens de notre vie. Mais c'est à tort qu'on s'est fondé sur cela pour dénoncer l'éthique. Il fallait laisser l'autonomie intacte en tant que concept central de l'éthique, et poser la question bien plus décisive de savoir s'il est possible de venir à bout de l'interprétation de l'existence personnelle et active au moyen des seules valeurs éthiques. On ne peut pas non plus se limiter à invoquer des valeurs esthétiques ou mystiques, puisqu'elles appartiennent à la sphère impersonnelle et contemplative. On doit bien plutôt se rendre compte qu'il y a des biens et des valeurs qui n'entrent pas dans les schèmes philosophiques habituels. On peut, bien entendu, *appeler* « éthique » tout ce qui relève de la vie active et personnelle, mais cela ne convient pas, car on désigne dès lors d'un seul terme deux espèces de valeurs qui diffèrent tout autant l'une de l'autre que les valeurs théoriques et les valeurs esthétiques. Nous devons, en tout état de cause, séparer conceptuellement les biens de la vie personnelle au présent *<des persönlichen Gegenwartsleben>* des biens socio-éthiques d'avenir. En tant que particularité pleinement-achevée, ils s'extraient, tels des îlots immobiles, du flux de l'évolution culturelle infinie *<endlosen>*, sans pour autant devenir des œuvres d'art ni renvoyer déjà au transcendant, à l'intemporel. Voilà qui les délimite nettement et les met à l'abri de toute confusion.

Mais n'avons-nous pas construit un domaine auquel aucune réalité effective ne correspond, par amour des seuls principes de notre système ? Il n'est pas facile de répondre à cette question avec la brièveté qui s'impose ici. Il y a certes une grande diversité de faits qui tombent sous le concept de la vie-au-présent <*Gegenwartsleben*> personnelle pleinement-achevée, mais leur nombre est justement ce qui rend difficile de les caractériser de manière unitaire. C'est ce que nous ne pouvons pas entreprendre ici, car seule la complétude du système des valeurs s'y trouve en question. Nous nous limitons par conséquent à quelques | exemples dont le but est de **315** montrer qu'il y a ici, de manière générale, des problèmes qui se posent.

Si nous considérons le social au sens étroit, nous pouvons penser aux nombreux rapports qui se déploient dans la famille. Sans doute les rapports entre mari et femme, parents et enfants sont-ils réglés par des devoirs et se trouvent-ils au service de la liberté socio-éthique. Mais pouvons-nous porter une appréciation sur la vie familiale de ce *seul* point de vue ? Ce qu'une mère signifie, ce qu'elle peut être pour son enfant, voilà ce que nous ne comprendrons jamais tout à fait de ce point de vue. La maternité est une valeur dont l'importance ne se limite pas à l'évolution future. La liaison sociale à laquelle elle est attachée a bien plutôt le caractère de la vie-au-présent se suffisant à elle-même et reposant en soi. Et la même chose vaut exactement pour tous les rapports que nous désignons par les termes d'amour, de bonté, d'amitié, de convivialité – autant de biens sociaux qui jouent un rôle considérable dans la vie privée et intime. Quelle diversité se constitue ici, selon qu'il s'agit, « à la maison » ou en dehors, de relations entre des personnes de même sexe ou de sexe différent, de relations d'adulte à adulte, d'enfant à enfant, ou entre adultes et enfants ! Tout cela remplit complètement le moment vivant, lequel n'a pas besoin d'être intégré dans une série pour être signifiant, et c'est précisément là que se joue une bonne part du sens de notre existence personnelle, active et sociale. En outre, le comportement antisocial trouve lui aussi sa signification éminente dans cette sphère. Nous évitons toute « société » pour « nous retourner sur nous-mêmes », et nous pouvons effectivement nous trouver parfaitement seuls, dans la nostalgie ou dans la plénitude, ou encore seuls au milieu de la nature pour « regarder dans son sein profond comme dans le cœur d'un ami »[1]. Dans ce cas aussi se déploie une grande richesse de biens, selon que c'est dans notre pays natal ou à l'étranger que nous

---

1. J. W. Goethe, *Faust I*, v. 3223 *sq*., trad. fr. par H. Lichtenberger, Paris, Aubier, 1976, p. 108.

entrons en relation avec la vitalité[1] des animaux et des plantes ou avec la nature « morte », comme lorsque le regard se tourne vers le ciel étoilé et que le moi s'élargit de manière « cosmique ». Chacun connaît de telles heures de solitude ainsi que les valeurs qui s'y fondent. Pouvons-nous contraindre leur signification à entrer dans l'un des schèmes habituels ? Peut-être des moments religieux y entrent-ils en jeu, mais cela n'en épuise pas l'essence. On ne parviendra pas plus à reconduire sans reste aux valeurs qui ont été mentionnées jusqu'à présent le sens qui est attaché à des complexes sociaux si englobants. Ainsi la nation est-elle certainement un bien socio-éthique dans la mesure où elle est en relation avec la vie politique mais, d'après sa signification, elle s'étend en même temps bien au-delà de l'État. Comme les individualités singulières, les personnalités collectives <Kollektiv-Persönlichkeiten> des peuples sont des biens qui ne peuvent pas être **316** intégrés en tant que | simples stades dans le cours historique de l'évolution.

Il est vrai qu'il n'est pas facile de dire sur quoi cela repose. Lorsque nous insistons sur le fait que la vie individuelle personnelle manifeste de la manière la plus différenciée son « style » particulier, sa « mélodie » indépendante, son « rythme » incomparable, que par là son existence est pleinement justifiée et toute question sur un « pourquoi » rejetée, nous visons certes souvent ce qui est ici en question, mais nous recourons alors à des images issues de la sphère esthétique pour caractériser le plein-achèvement dans le présent – ce que nous ne pouvons <dürfen> justement pas nous permettre dans ce contexte. Car tout aussi certainement que ces deux stades de la particularité pleinement-achevée montrent une parenté dans leurs traits (par exemple dans le fait que les normes qui sont les leurs sont muettes et ne pénètrent dans la conscience en tant que devoir que pour la réflexion théorique), il est également nécessaire que les formes de la vie que nous avons à présent en vue soient rigoureusement séparées de toute forme esthétique. Nous en venons sinon à la « belle âme »[2] ou aux concepts

1. *Cf.* « Valeurs de vie et valeurs de culture », *supra*, p. 95, note 1.
2. Rickert fait ici allusion à cette figure de l'éthique du sentiment qui caractérise globalement, d'après Cassirer, l'éthique du XVIIIe siècle. Trouvant ses origines dans l'Antiquité grecque, ce concept s'exprime comme « beauty of the heart » chez Shaftesbury et Richardson, et trouve son expression française de « belle âme » dans *La Nouvelle Héloïse* de Rousseau. Introduit en allemand en 1774 par Wieland, il se déploie rapidement dans la littérature et la philosophie de l'époque. Philosophiquement, cette notion est principalement associée à l'idée schillerienne d'une éducation esthétique associant sensibilité et raison, inclinations et devoir, ainsi qu'à la figure de Jacobi, défendant une éthique dans laquelle le

apparentés d'un esthétisme contemplatif, alors que nous devons justement prendre le plus grand soin de nous garder de cette confusion. Nous n'avons rien à faire d'une harmonie concrète où notre considération s'attarde et qui nous détache du vouloir et de l'agir sociaux, mais, si nous voulons délimiter la vie-au-présent pleinement-achevée comme un domaine particulier, nous ne devons considérer que les valeurs de l'existence personnelle, active et sociale. Plus que partout ailleurs nous pourrions parler ici de « valeurs de vie » pour caractériser cette particularité pleinement-achevée; mais nous ne devons jamais oublier que la vie, en tant que simple vie, est indifférente à la valeur, et qu'il vaut donc mieux éviter l'expression de « valeur de vie » [1].

Il doit pourtant déjà être clair que dans l'interprétation du sens de notre vie, on ne peut se passer des valeurs attachées au présent pleinement-achevé de l'existence personnelle, ni se passer par conséquent de la recherche de la place qui est la leur dans le système. Il y a plusieurs raisons au fait que la philosophie les ait jusqu'à présent presque complètement négligées ou confondues avec d'autres valeurs. Dans cette sphère, il s'agit pour une part de choses discrètes, quotidiennes, triviales. Leurs valeurs vont à ce point de soi qu'elles ne sont pas remarquées. Elles jouent certes quantitativement un grand rôle dans toute vie humaine, et plus d'une chaque jour, mais c'est peut-être précisément pourquoi on ne les estime pas dignes de faire l'objet d'une recherche philosophique. La science, l'art, la religion, ce sont là pour ainsi dire de « grandes » occupations, et les problèmes de la moralité s'imposent de même à chacun, puisque le devoir <Pflicht>, en nous rappelant à l'ordre de son « tu dois », nous montre le

---

sentiment et la croyance s'élèvent au-dessus de toute rationalité. Cette position fut âprement critiquée par Kant comme une forme d'enthousiasme irrationnel (*Schwärmerei*), notamment dans l'opuscule intitulé *Qu'est-ce que s'orienter dans la pensée ?*, et surtout par Hegel dans la *Phénoménologie de l'esprit*, où la belle âme, associée à la transposition romantique de la philosophie fichtéenne par Novalis, est ce moment d'intériorité et de savoir subjectif immédiat de la divinité, « génialité morale » qui coïncide avec la plus profonde intimité de la conscience avec elle-même. Mais cette intériorité est encore une universalité vide, un « engloutissement à l'intérieur de soi-même » qui n'est qu'une angoisse de l'effectivité et qui ne peut conduire qu'au refus de la confrontation avec le monde, au refus de l'action (*cf.* trad. fr. J. Hyppolite, Paris, Aubier, t. II, p. 186 *sq.*; trad. fr. B. Bourgeois, Paris, Vrin, 2006, p. 544 *sq.*). Le concept proprement rickertien de la belle âme se définit ici comme une esthétisation de la valeur propre à la vie présente quotidienne.

1. Sur ce point, cf. *supra*, « Valeurs de vie et valeurs de culture », en particulier p. 115 *sq.*

317 | sérieux de la vie[1]. Avec sa sobre tranquillité, l'accomplissement particulier et personnel dans le présent semble manquer de grandeur, et parfois même de sérieux. Quelques-uns au moins des biens mentionnés n'ont-ils pas quelque chose de trop commun, de trop quelconque ? La philosophie doit nous élever au-dessus du quotidien. C'est à bon droit qu'elle se tient à distance du simple achèvement dans le présent.

On peut bien penser ainsi, mais c'est procéder à l'envers que de se limiter, dans la recherche d'une vision du monde véritablement englobante, à ce qui détermine le sens de l'existence de saints, de héros de la morale ou de la guerre, de génies de la science et de l'art – bref d'hommes d'exception. L'homme moyen se tourne lui aussi vers la philosophie, et celle-ci n'a pas le droit de délaisser ce par quoi, du point de vue de l'extension quantitative, le sens de la vie est principalement rempli dans bien des cas.

Ce qui rend peut-être difficile de l'admettre, et qui contribue également à ce que les biens mentionnés ne soient souvent pas aperçus dans leur spécificité, repose sur un fait significatif pour l'ensemble du domaine de la vie personnelle, active et sociale. Nous pouvons parler d'un principe de l'*union personnelle* <*Prinzip der* Personal-Union>. Du côté contemplatif, impersonnel et asocial, il ne s'agit pas seulement de séparer conceptuellement les différentes valeurs, mais elles sont également attachées à des biens factuellement différents. La réalité effective avec laquelle le sens logique se lie est parfois simultanément porteuse de valeurs esthétiques. Il en va autrement ici. Les différentes espèces de valeurs se trouvent liées à la même personne. Ce fait ne supprime cependant pas la nécessité de leur séparation conceptuelle. Au contraire, si nous voulons parvenir à la clarté quant au sens de notre vie, nous devons précisément séparer de la manière la plus rigoureuse ce qui est toujours factuellement relié, afin de ne pas manquer les différences. C'est alors seulement que peuvent être aussi appréciés à leur juste valeur les conflits de signification qui peuvent se produire entre les différents domaines de valeurs de la vie personnelle et

1. Rickert reprend ici à son compte une expression kierkegaardienne, en en déplaçant quelque peu la signification. Chez Kierkegaard en effet, la notion de « sérieux » concerne certes les stades religieux et éthique de l'existence par opposition au stade esthétique, mais elle ne saurait s'opposer pour cette raison à la réalisation de l'existence dans le présent, puisqu'elle implique au contraire une réévaluation du présent à travers le concept de répétition. Sur ce dernier point, *cf.* S. Kierkegaard, *La Répétition*, dans *Œuvres complètes*, Paris, Éditions de l'Orante, 1973, t. V, p. 5 ; sur le concept de « sérieux » en général, cf. *Le Concept d'angoisse*, dans *Œuvres complètes*, t. VII, p. 242-247.

ceux qui, particulièrement entre les devoirs éthiques et les biens de la vie présente pleinement-achevée, ne manqueront pas d'avoir lieu.

Mais il n'est pas possible de continuer à suivre toutes les questions qui s'imposent ici. Il fallait montrer qu'il y a là en général un domaine axiologique spécifique. Afin de mettre son importance en lumière, nous indiquons encore un aspect qui, d'un certain point de vue, conduit déjà au-delà des purs biens du présent et qui, dans cette mesure, est également significatif pour la division du système. Il n'est pas douteux que le sens personnel de telle vie | humaine sera plutôt déterminé par des biens d'avenir **318** et le travail infini qu'ils requièrent, alors que le sens de telle autre vie le sera plutôt par des biens du présent et leur plein-achèvement, et eu égard à ce point, une différence entre les sexes doit également se manifester à un regard impartial. Il est certain que des exigences socio-éthiques doivent s'adresser à tout homme <*Menschen*>, à la femme comme à l'homme <*Mann*>. Mais on ne méconnaîtra pas cependant, malgré toutes les exceptions, que l'essence de l'homme est plutôt attachée au travail d'avenir – surtout dans la vie publique – et que l'essence de la femme plutôt à la vie-au-présent telle qu'elle se déroule dans le calme et l'intimité. Seul un fanatisme unilatéralement moraliste de l'évolution et du progrès peut dévaloriser les femmes pour une telle raison. Si l'on a compris les biens du présent dans leur signification principielle à partir de la tendance au plein-achèvement comme ce qu'une vie humaine fondée sur soi ne saurait éviter, il en résulte alors la possibilité d'attribuer au caractère féminin une place tout aussi haute dans le sens d'ensemble de l'existence qu'au caractère masculin, bien qu'on ne puisse nier que le travail en vue d'une culture publique qui se développe historiquement ait été réalisé principalement par des hommes. Quand bien même il lui est fort peu nécessaire de se présenter à la conscience en tant que devoir lorsque la vie en prend la forme, la « féminité » est une valeur d'une importance toute particulière dans des biens personnels du présent. Mais cela ne doit <*darf*> pas être confondu avec les distinctions fréquentes selon lesquelles la femme aurait plus de signification par ce qu'elle « est » et l'homme par ce qu'il fait, selon lesquelles la femme serait plus proche de la nature que l'homme, étant plus un être d'état <*Zustandswesen*> qu'un être d'effectuation <*Leistungswesen*>, plus subjective et moins objective, etc., etc. C'est également d'effectuations, d'activité qu'il s'agit dans le plein-achèvement personnel au présent, et même de « travail culturel » objectif, au moins dans le sens où ce plein-achèvement conduit largement au-delà de toute simple nature, mais il s'agit d'une activité et d'un travail culturel d'un type tout à fait particulier, d'effectuations qui ne sont précisément pas seulement des stades dans l'évolution historique mais qui parviennent en soi à un terme plein, en surplombant toute histoire.

Peut-être pouvons-nous espérer apprécier aussi à partir de là la signification de l'amour sexuel et déterminer sa place dans le système des biens. Une valeur d'achèvement lui est attachée en propre. Il va de soi que ce n'est pas ici de la pulsion naturelle qu'il s'agit, car, comme tout ce qui est simplement naturel, elle est indifférente à la valeur. Il ne s'agit pas non plus de la signification de l'amour relativement à la reproduction, car de ce point de vue, il est posé comme un moyen en vue de fins et il ne peut jamais être 319 compris dans sa valeur propre *<Eigenwert>* en tant que bien | du présent[1]. De même, il faut faire complètement abstraction de sa signification socio-éthique, donc ne pas exposer par exemple sa relation à la forme du mariage, et laisser également de côté la dignité religieuse qui lui revient peut-être. Ne doit être interprétée que la relation amoureuse personnelle individualisée elle-même, telle qu'elle est fondée en soi, et dans cette perspective, le rapport du travail d'avenir infini *<endlosen>* et de l'achèvement au présent prend de l'importance. En effet, s'ils appartiennent tous deux à la plénitude de sens de notre existence et si chacun d'entre eux, considéré isolément, présente une unilatéralité, alors l'homme qui est presque intégralement dépendant, et souvent pour son malheur, d'un travail d'avenir inachevable doit, sans avoir à renoncer à son aspiration à la totalité in-achevée, éprouver comme le plein-achèvement de sa propre existence la communauté d'amour sensible et spirituelle la plus intime qui soit avec une femme qui parvient à s'accomplir et à accomplir son agir dans le présent; inversement, la femme qui ressent peut-être l'étroitesse de sa vie finie au présent parvient, dans l'amour qu'elle porte à un homme et à son œuvre, à recevoir une perspective d'avenir sans perdre à cette occasion le caractère de plein-achèvement de son être dans le présent. Sur cette voie que nous ne pouvons ici qu'indiquer fugitivement, nous comprendrions également la signification du mot souvent repris selon lequel c'est seulement ensemble que l'homme et la femme réalisent l'homme « complet », et nous concevrions que l'idéal de l'« humanité » ne s'oriente précisément pas vers quelque

---

1. Sur les valeurs biologiques comme moyens et l'impossibilité qui en découle de fonder sur elles des valeurs de culture, cf. *supra*, « Valeurs de vie et valeurs de culture », en particulier p. 117 *sq.*

chose d'identique chez l'homme et chez la femme, comme si masculinité et féminité n'étaient qu'une simple « couverture » pour l'humain, mais que le plein-achèvement doit être cherché dans la réunion de ce qui est essentiellement différent et qui, par cette différence, est rendu dépendant d'un autre. Dans la mesure où, dans les rapports des deux sexes qui reposent sur cette base, il y a une synthèse des deux premiers stades des valeurs personnelles, le principe de l'*amour* devrait valoir comme la valeur la plus élevée de la vie de présent personnelle pleinement-achevée.

6. Cette pensée d'une synthèse nous conduit du même coup plus loin. De même que du côté de la contemplation, s'ouvre ici aussi une perspective sur un troisième stade qui contient les qualités des deux premières sans leurs défauts, et il est clair d'emblée que l'amour « terrestre » n'exprime pas encore ce stade, malgré la liaison qu'il réalise entre présent et futur. Il est lié à la finitude de la particularité et c'est pourquoi, si l'on songe à la hiérarchie des stades du plein-achèvement, cet amour semble problématique tant qu'on ne réussit pas à le mettre en relation avec le bien suprême et sa valeur absolue. Voilà donc ce qu'il faut maintenir à propos des autres biens de la vie-au-présent achevée des personnes : ils leur manque | la liaison **320** nécessaire avec le tout de l'*universum* personnel. Nous en venons par là, de ce côté du système axiologique, au problème de la totalité pleinement-achevée. Comment devons-nous penser la clôture <*Abschluss*> de la série personnelle ? C'est là la dernière question qu'il nous faut poser.

Une comparaison avec les strates de la contemplation nous fournira la réponse. La tendance moniste au plein-achèvement poussait alors en premier lieu au-delà du dualisme théorique de la forme et du contenu puis, par-delà le dualisme du sujet et de l'objet, jusqu'à l'un-tout. La particularité pleinement-achevée a résolu, ici aussi, la tension du devoir moral autonome, mais la multiplicité de la vie individuelle ne pouvait que s'accroître par là. Chaque singularité trouve un plein-achèvement particulier <*partikulare*> qui lui revient *en particulier* <*besonderen*>. Nous sommes dans le domaine du pluralisme, et devons y rester. C'est pourquoi, même dans son stade le plus élevé, la totalité pleinement-achevée ne peut pas prendre la forme d'un « tout » de telle sorte qu'elle supprimerait la plénitude de la vie personnelle, comme le faisait la divinité du panthéisme. Le dernier stade montre bien plutôt ici deux côtés. Premièrement, le sujet peut si peu se perdre dans l'objet qu'il faut bien plutôt construire l'idéal d'un plein-achèvement *du sujet* <Subjekts-*Vollendung*> : en lieu et place du panthéisme apparaît la croyance en un dieu personnel. Mais la multiplicité des personnes singulières – ou des « âmes » – doit en outre être maintenue à côté de lui. Nous parvenons ainsi une deuxième fois dans le système à la *religion*, et c'est une chose nécessaire car précédemment, nous ne pouvions faire de place qu'au panthéisme. D'autres valeurs religieuses trouvent à présent leur place. Si, en tant que clôture de la série contemplative, impersonnelle et asociale, la croyance penchait nécessairement, avec sa tendance moniste, vers une négation du monde, il ne peut s'agir ici, où la vie personnelle de nombreux individus doit s'achever pleinement, que d'une affirmation de la plénitude de l'activité personnelle et sociale. Quoi qu'il en soit, Dieu et le « monde » tombent ici l'un en-dehors de l'autre, et ils doivent demeurer séparés quelle que soit l'étroitesse de la liaison. Le rapport à la divinité en tant que personnalité totale pleinement-achevée libère certes l'existence finie du sujet de ses imperfections mais ne peut pas l'anéantir de manière pour ainsi dire mystique. Au contraire, par la participation personnelle à une transcendance et à une éternité personnelles que nous aimons et dont nous pouvons nous croire aimés, il nous faut élever notre vie personnelle dans sa *plénitude* individuelle. C'est ainsi seulement que la tendance pluraliste parvient à sa clôture. Cette religion soutient et conforte la vie dans le présent et dans le futur en ce qu'elle lui donne une valeur qu'elle ne peut pas obtenir de ses propres forces particulières. L'éternel est introduit dans le temporel, le divin | dans l'humain, l'absolu dans le relatif, le plein-achèvement dans l'infini <*Endlose*> et dans le fini, la totalité de la personne dans la particularité, et du sens est également attribué à ce qui, depuis les points de vue adoptés jusqu'à présent, pouvait sembler inachevé ou même tout simplement absurde dans la vie personnelle.

Par là, le principe doit être clair. Il va de soi qu'il ne peut y avoir deux sortes de valeurs religieuses dans une vision du monde. Nous déployons ici les différentes valeurs dans un agencement systématique qui est le plus complet possible, et nous ne nous occupons pas, dans ce contexte, du problème de savoir comment la vie religieuse peut s'interpréter de façon unitaire. Nous ne mettons d'aucune manière en question la « vérité » de l'une ou l'autre religion, mais nous constatons seulement le fait que le dieu personnel du *théisme* ainsi que la foule des âmes actives ont tout autant leur place dans notre schéma que le panthéisme du côté de la vie contemplative. À la totalité pleinement-achevée de l'objet que nous y trouvions doit correspondre ici la totalité pleinement-achevée du sujet, et alors que toute vie personnelle et individuelle, active et sociale disparaissait là-bas dans la béatitude misérable <*Arm-Seligkeit*>[1] du monisme, sa richesse est ici ancrée de manière pluraliste dans l'éternel. Tous les individus ont en tant que personnalités un rapport personnel à la divinité personnelle, et ils lient ainsi leur particularité individuelle à la totalité pleinement-achevée. Ils travaillent en tant qu'individus au « royaume de Dieu sur terre » et peuvent par là devenir plus que des individus finis. Enfin, le moment social se montre élevé, lui aussi, au-dessus de tout ce qui est éphémère. Dans cette religion de la plénitude, la divinité se tient en effet face à chaque Je comme un Tu particulier avec lequel il se sait dans la plus intime des communautés. L'amour divin recueille en lui l'amour terrestre et lui confère la dignité la plus haute. Le croyant peut espérer être délivré de la malédiction de la finitude dans chacune des perspectives personnelle, active et sociale.

Voilà qui devrait suffire à la caractérisation de ce domaine qui, tout comme le dernier stade de la contemplation, comporte un caractère religieux, mais qui englobe néanmoins des valeurs d'un type principiellement autre. Si pour finir nous interrogeons son rapport à la vie culturelle effective, nous voyons qu'aucune des religions historiques ne coïncide sans reste avec cet idéal du plein-achèvement personnel. Mais ce n'est pas important pour notre ensemble systématique. Il suffit que quelques-uns des traits caractéristiques les plus importants que nous avons pu déduire schématiquement aient trouvé leur expression dans la vie religieuse qui existe de fait, par exemple dans le christianisme. Et partout où l'on croit à un Dieu personnel à côté duquel la | multiplicité des âmes individuelles 322 conserve son indépendance, l'opposition décisive au monisme et au panthéisme se fait jour. Du reste, les religions historiques doivent être comprises comme des formations dans lesquelles des éléments des deux types se rencontrent. La mystique chrétienne sera par exemple à concevoir comme une forme de mélange qui lie des valeurs personnelles de l'activité sociale à des idéaux panthéistes de la contemplation asociale. Mais en aucun cas il ne nous revient d'intégrer à notre considération la vie culturelle historique, ses nuances et ses stratifications; il s'agissait seulement d'ordonner les biens d'après les différences principielles des valeurs qui leur sont attachées.

---

1. Rickert joue ici sur l'étymologie du terme *Armseligkeit* (pauvreté, misère), qui est composé du terme *Seligkeit*, qui signifie le bonheur ou la béatitude. L'accomplissement exclusivement contemplatif de l'existence n'est ainsi que l'apparence de la béatitude, laquelle ne peut se concevoir véritablement que du côté d'une activité.

V. Science et vision du monde

Nous pouvons donc clore à présent les considérations portant sur le système. Les six genres principaux de valeurs, qui se présentent avec la prétention à la validité et qui contiennent donc des problèmes philosophiques, sont établis. Nous n'avons pas seulement compris comme disciplines nécessairement philosophiques la logique, l'éthique, l'esthétique ainsi que deux types de philosophies de la religion, mais une partie qui n'existait pas jusqu'à présent en résulte également à titre d'exigence – la philosophie de la vie-au-présent personnelle et pleinement-achevée. De nouveaux biens qui se déploieront éventuellement dans le futur doivent de même y trouver leur place. Dans cette mesure le système est ouvert et reste pourtant en même temps un système. Avant toute chose, nous n'avons pas obtenu une simple juxtaposition, mais une hiérarchie comprenant à chaque fois trois stades, de sorte qu'il devient possible en principe de s'interroger sur le sens unitaire de notre existence.

D'un autre côté toutefois, il faut insister résolument sur le fait que le système des valeurs ne nous dit rien encore à propos de la *solution* des problèmes de vision du monde. Sous le terme de hiérarchie, il ne fallait toujours entendre qu'un rapport *formel*. Lequel des biens doit-il valoir comme le plus élevé ou le plus central, de quel domaine doit-on partir pour parvenir à une unité de la vision du monde, et quelle stratification des valeurs déterminée quant au contenu s'ensuit-il – autant de questions qui demeurent indécidées dans tous leurs aspects. Est-ce la série personnelle ou la série chosique qui a le primat ? Est-ce le monisme ou le pluralisme qui fournit la vérité ? Devons-nous nier ou affirmer le « monde » ? On ne peut pas du tout affirmer que les valeurs absolues doivent se trouver soit dans le dernier stade de la contemplation soit dans celui de l'activité, car ceux-ci se tiennent peut-être tous deux côte à côte à validité égale <*gleichwertig*> ; ou bien, il est peut-être possible de déclarer que l'ensemble du domaine de la totalité pleinement-achevée est problématique en tant que domaine transcendant. | Si, conformément à cela, on refuse aussi bien le théisme que le panthéisme, restent alors posées les questions de savoir comment les biens d'avenir et les biens du présent se rapportent les uns aux autres du côté personnel et du côté impersonnel, et si l'on doit construire une vision du monde orientée plutôt vers la science ou vers l'art, plutôt vers la moralité ou vers le présent personnel pleinement-achevé. Est-ce plutôt un idéalisme logique ou esthétique qui a de la valeur, un idéalisme éthique ou « érotique » (comme on peut le nommer d'après le principe le plus élevé des biens personnels du présent), ou bien chacun de ces points de vue est-il peut-être unilatéral et insuffisant ? Tout cela semble encore pour l'instant également possible, et nous ne songeons pas à indiquer en cet endroit quelle décision doit être prise. De fait, il n'est établi nulle part que la philosophie puisse, en tant que science pure, fournir en général une réponse à ces questions. Elle doit éventuellement se contenter de développer, sur le fondement du système des valeurs, les différentes formes possibles d'une interprétation, conséquente en soi, du sens de la vie, et d'abandonner à l'individu singulier le choix de la vision du monde qui convient le mieux à sa singularité *supra*-scientifique personnelle. Rien de cela ne concerne plus, en tout cas, le système axiologique et c'est pourquoi nous le laissons ici en suspens.

Mais nous devons éclaircir en revanche un autre problème qui concerne le caractère de la philosophie en tant que science. Admettons qu'on réussisse, dans une vision du monde englobante, à répondre aux questions que nous avons soulevées, une question qui porte sur le système des biens se posera alors encore. En effet, la doctrine de la vision du monde n'y a encore trouvé aucune place pour l'instant. La philosophie doit aussi en fin de compte s'intégrer elle-même au système. Elle veut certes être une science et semble donc appartenir au premier domaine de valeurs, mais à partir de nos considérations, on peut tirer la conclusion qu'elle doit alors en rester à l'ordonnancement formel des valeurs que nous avons indiqué. Les raisons en sont immédiatement claires. Une interprétation unitaire du contenu du sens de la vie n'a plus le caractère d'un système ouvert car ce dernier reposait sur le fait que les domaines de valeurs *n*'avaient été déterminés *que* formellement. Si nous *remplissons* les schèmes d'une manière ou d'une autre afin d'obtenir une vision du monde, le système se trouve alors fermé. Nous revenons par là au problème dont nous sommes parti, et la difficulté s'en trouve même augmentée. Nous avons reconnu la science comme un bien d'avenir. Une vision du monde fermée reposant sur une base scientifique apparaît donc comme quelque chose de bien douteux. On peut même aller encore plus loin. Dans notre langue, fermeture signifie la même chose que plein-accomplissement, | et c'est pourquoi la doctrine 324 de la vision du monde *doit* nécessairement tomber dans une autre sphère que la science. Il va de soi qu'elle demeure contemplation. Le fait de la multiplicité des systèmes qui existent factuellement ne laissera cependant que peu de marge à la pensée d'une totalité pleinement-achevée, et les visions du monde, en tant que formations d'une particularité pleinement-achevée, doivent par conséquent ressembler à des *œuvres d'art*. C'est ce qui a souvent été cru par ailleurs, et notre système des valeurs en rend la raison compréhensible.

Toutefois la philosophie, même en tant que système fermé, n'est pas l'art. Elle demeure bien plutôt tout entière – c'est-à-dire non pas seulement dans sa fondation – science, et notre ordonnancement des biens est justement à même de le montrer. Nous ne devons pas oublier que les domaines de valeurs contiennent *plus* que les exemples par lesquels ils ont été illustrés et qu'il ne faut pas, par conséquent, les nommer, sans plus, d'après ces derniers. Le concept de science peut dès lors être élargi. Ce qui a été dit plus haut convient à l'ensemble des sciences particulières et demeure également valide pour lui : la connaissance de la totalité de la réalité effective est un but éloigné. La métaphysique «hypothétique» qui est exigée de temps à autre, et qui doit se presser en amont des disciplines singulières pour achever ce avec quoi la recherche scientifique spécialisée n'en a pas encore fini – cette métaphysique semble une entreprise intégrale-ment problématique. Mais dans la philosophie en tant que doctrine de la vision du monde, il ne s'agit pas d'une connaissance *de l'effectivité*. Elle veut interpréter le sens de la vie, qui comprend aussi le sens de la connais-sance de l'effectivité, et c'est justement à même cette tâche particulière que peut s'éclaircir le principe général par lequel elle se distingue des sciences singulières quant à la fermeture. En tant que logique, elle réfléchit néces-sairement sur les buts *derniers* de la théorie. Elle se présente donc à la place de la métaphysique, et elle ne peut *nulle part* en rester à quelque chose de provisoire si elle aspire à clarifier le *sens* de la vie, à tout le moins dans la tentative d'une interprétation unitaire du sens d'ensemble qui est celui de l'existence humaine. Nous comprenons à partir de là que les sciences spéciales peuvent toujours attendre l'avenir, alors que la philosophie doit vouloir produire un *terme*, quitte à ce que ce ne soit qu'un terme particulier. Et, de manière particulière, une philosophie du plein-achèvement <Voll-endung> est nécessairement à la recherche du plein-accomplissement <Voll-endlichkeit>. Mais ce fait la met seulement en opposition aux disciplines *particulières* et ne supprime pas son caractère *scientifique*. Elle n'est pas seulement contem-plative mais, tant qu'elle prend la forme de jugements et de concepts, elle montre aussi un caractère théorique et doit donc être nommée une science. Personne n'a le droit de déclarer que le **325** | procédé de la recherche singulière est le seul procédé scientifique.

Par suite, seul un point est juste dans la séparation de la doctrine de la vision du monde et de la science : la philosophie, s'interrogeant nécessairement sur les buts derniers, se prive par là en un certain sens de la participation à la série infinie <*endlosen*> d'évolution, c'est-à-dire qu'elle renonce à la totalité in-achevée et, pour atteindre le plein-achèvement qui lui est indispensable, elle se satisfait de la particularité parce qu'elle comprend qu'en raison du caractère inépuisable et in-fini du matériau pour l'individu temporel fini qui pratique la science, l'essence de la contemplation théorique exclut le rattachement du plein-achèvement et de la totalité en son sens le plus haut. Elle peut par conséquent être définie aussi comme l'activité scientifique qui cherche à trouver un point d'arrêt dans le flux de l'évolution qui ne cesse de se porter vers l'avant, ainsi que comme l'activité qui se tient à l'arrêt afin de porter à la conscience la signification de ce qui a déjà été atteint pour le sens de la vie. Assurément, il y a là un courage de la vérité qui est en même temps un courage de l'erreur, auquel se trouve liée en outre une limitation volontaire, un renoncement eu égard au futur. Mais courage et renoncement sont tous deux justifiés en ce que, si elle se tient en son but le plus haut et s'interroge sur le terme <*Ende*>, la contemplation théorique a besoin de tels points d'arrêt du plein-achèvement.

Mais le renoncement à la totalité in-achevée ne diminue-t-il pas la scientificité de la doctrine de la vision du monde ? Absolument pas, car sa particularité et son renoncement sont d'une espèce singulière. Elle n'exclut pas en effet purement et simplement l'insertion dans la série évolutive du bien d'avenir qu'est la science. On peut même dire franchement qu'il appartient à l'essence de la philosophie, en tant que doctrine de la vision du monde, de se développer sans fin en des systèmes fermés, donc dans des formes de la particularité pleinement-achevée. Un regard porté sur son histoire, qui fait apparaître comme douteuse chaque conclusion définitive et qui contraint à la résignation, peut néanmoins donner en même temps du courage à l'homme systématique. Le passé de la doctrine de la vision du monde ne ressemble pas à un cimetière peuplé de simples tombes, comme cela pouvait d'abord sembler le cas. Ce que les systèmes philosophiques des époques précédentes contenaient en matière de connaissance de l'effectivité est certes en grande partie dépassé et n'a encore, la plupart du temps, d'intérêt qu'« historique ». Mais les penseurs, eux qui ont interrogé le sens de la vie et l'ont porté à l'expression au sein d'un système fermé, si l'on sait les comprendre correctement, ne sont rien moins que morts. Beaucoup d'entre eux vivent encore aujourd'hui comme au premier jour, et

ce d'autant plus qu'ils ont cherché plus résolument les buts *derniers*
326 | de l'existence humaine, qu'ils se sont donc donné plus de peine pour
« achever » leur système. C'est précisément la finitude de leur particularité,
qui pouvait apparaître comme leur condition mortelle, qui leur a assuré
l'immortalité. Ils *ont pu* mettre un terme, et c'est là leur grandeur. C'est
pourquoi ils s'élèvent bien au-dessus du flot des événements finis et nous
éclairent depuis l'obscurité du passé.

C'est par là seulement que la forme scientifique caractéristique de
la doctrine de la vision du monde est correctement mise en lumière. La
particularité pleinement-achevée du système fermé est mise en fin de
compte au service de la totalité in-achevée et prend ainsi part à sa dignité. Il
en résulte pour le philosophe une situation particulière. Il sait que l'évolution conduira tôt ou tard au-delà du système qu'il est en train d'ériger.
Mais il veut maintenir fermement ce qu'il détient pour le moment, afin que
cela ne se perde pas dans le flux de l'évolution, et il le fait à bon droit s'il est
mû par la conviction qu'il pense d'une manière plus englobante et plus
unitaire que ses prédécesseurs. Il est venu récolter leurs fruits et il se bâtit
une « maison » pour y habiter, comme dit Fichte [1]. En tant qu'êtres temporels nous devons bien *tous* en venir à un terme. Osons-le aussi dans la
science et faisons de la philosophie avec confiance dans le fait que le fruit
pleinement-achevé de notre effort individuel et particulier est en même
temps un stade nécessaire dans le tout in-fini du progrès *supra*-individuel.
Nous nous tenons alors, si nous nous souvenons de notre système des
valeurs, entre la totalité in-achevée et la particularité pleinement-achevée, à
égale distance des biens d'avenir et des biens du présent, et l'on ne voit pas
pourquoi il n'y aurait pas de place ici pour une science qui voudrait être plus
qu'une recherche spéciale.

La détermination de cette place est d'autant plus signifiante d'un point
de vue systématique qu'elle a donné lieu, du côté personnel, actif et social, à
un bien intermédiaire entre le premier et le deuxième stade du plein-

---

1. J. G. Fichte, *Conférences sur la destination du savant*, III : « mon existence n'est pas
vaine et sans but ; je suis un maillon nécessaire de la grande chaîne qui va depuis le moment où
le premier homme est parvenu à la pleine conscience de son existence jusqu'à l'éternité ; [...]
eux tous [les bienfaiteurs de l'humanité] ont travaillé pour moi ; – je suis venu pour récolter
leurs fruits ; [...] je puis continuer la construction là où ils ont dû s'arrêter ; je puis rapprocher
de son achèvement le temple sacré qu'ils ont dû laisser inachevé » (trad. fr. J.-L. Vieillard-
Baron, Paris, Vrin, 1994, p. 65).

achèvement, et que c'est seulement à présent que le système s'édifie dans une parfaite symétrie. Tout à l'heure, c'était l'amour personnel de l'homme pour la femme, dans lequel l'être d'avenir prenait part au présent pleinement-achevé et en venait ainsi à aspirer au plein-achèvement particulier. À présent, c'est l'amour impersonnel et contemplatif du savoir, la φιλοσοφία au sens authentique du terme, qui réunit l'accomplissement dans le présent et la perspective sur l'avenir. L'*Eros* philosophique, en tant qu'aspiration au plein-achèvement, aime à toujours être satisfait. Il ne veut pas demeurer dans l'in-achevé malgré la conviction que le discours sur le pleinement-achevé ne sera qu'un « bredouillement ». Dans la mesure où | la **327** philosophie se conçoit de cette manière dans son type propre de scientificité, elle met la dernière pierre à l'édifice du système des valeurs et, dans une perspective formelle, elle le parfait de telle manière qu'il est permis d'espérer parvenir sur sa base à une vision du monde qui soit à la fois unitaire et englobante. Il y a peut-être une grande démesure dans cette « volonté de système », mais aucun critère « moral » n'a de valeur dans le royaume de la contemplation théorique.

LA VIE DE LA SCIENCE ET LA PHILOSOPHIE GRECQUE [1]

| I. CRISE DE LA SCIENCE ?

Dans de larges cercles s'est aujourd'hui répandue l'opinion selon laquelle un grand nombre des biens à la valeur desquels la plupart des hommes croyaient auparavant fermement ne sont pas de véritables biens, et que notre culture manque par conséquent de multiples façons d'un fondement sûr. Sur la base de ce genre de réflexions, des âmes fatiguées annoncent le déclin de l'Occident[2], alors que des esprits énergiques exigent

1. Cet article est une version élargie et modifiée d'un article écrit par Rickert un peu moins de deux ans auparavant pour la revue japonaise *Kaizo* sous le titre « Moderne Wissenschaft und griechische Philosophie » [« Science moderne et philosophie grecque »] (*Kaizo*, Tokyo, 1922, t. IV, n° 11, p. 94-109). Le quatrième chapitre du présent article (« La vie de la science », cf. *infra*, p. 198 *sq.*) a lui aussi été traduit en japonais, avec quelques légères modifications, dans la même revue dans le courant de l'année 1924, sous le titre « Gakujutsu no seimei » (*Kaizo*, Tokyo, 1924, t. VI, n° 1, p. 78-91). C'est dans ces années que la contribution de Rickert à la revue *Kaizo* et à la recherche philosophique japonaise en général aura été la plus conséquente, puisque deux autres articles (l'un sur *Faust* et l'idéalisme allemand, l'autre sur la tension entre individualisme et socialisme chez Fichte) ont été écrits par lui dans cette perspective. On notera qu'au même moment, Husserl a lui aussi publié une série d'articles dans la revue *Kaizo* sur un thème proche des préoccupations qui sont celles de Rickert dans les pages qui suivent, puisqu'à travers la question philosophique du renouveau (« Erneuerung » – c'est là la traduction du titre de la revue), il propose une réflexion sur le développement historique et la signification éthique de la science et du métier de savant (cf. E. Husserl, *Sur le Renouveau. Cinq articles*, trad. fr. par L. Joumier, Paris, Vrin, 2005).

2. Allusion au célèbre ouvrage d'O. Spengler, *Le Déclin de l'Occident. Esquisse d'une morphologie de l'histoire universelle* (1918), trad. fr. par M. Tazerout, Paris, Gallimard, 1976, 2 vol. Le premier tome de cet ouvrage, l'un des plus lus et des plus discutés dans l'Allemagne de la République de Weimar, ne connut pas moins de soixante-huit rééditions jusqu'en 1931. Dans *Die Philosophie des Lebens* [*La philosophie de la vie*] (1920), Rickert en avait déjà proposé une vigoureuse critique.

que notre vie soit transformée de fond en comble. Ces deux tendances peuvent également, surtout si l'on en reste à de simples états d'esprit <Stimmungen>, se conjuguer en une étrange position hybride. Quoi qu'il en soit, beaucoup sont comme Madame Alving dans le drame familial d'Ibsen qu'on admirait autrefois, et voient dans la culture de notre époque toutes sortes de « spectres » <Gespenster>, c'est-à-dire des formations qui sont mortes en vérité depuis longtemps et n'ont encore d'existence que celle d'ombres. « Ce n'est pas seulement ce que nous avons hérité de nos pères et mères qui court en nous, ce sont toutes les opinions mortes imaginables, toutes les croyances mortes – ça ne vit pas en nous »[1]. Et l'on ne se restreint pas, dans de telles opinions, à l'une ou l'autre partie de la culture. A-t-on une fois commencé à douter, alors la défiance ne trouve pas si aisément un terme. « Je ne voulais défaire qu'un seul nœud, mais lorsque je l'eus défait, tout le reste vint avec lui. Et c'est là que j'ai remarqué que ce n'était que de la mauvaise couture à la machine »[2].

Il n'est pas rare qu'une telle attitude spirituelle ait reposé, dans les générations précédentes, sur les résultats prétendus de la *science*. Il y avait aussi, sur le bureau de Madame Alving, des ouvrages scientifiques qui ne **304** plaisaient pas au pieux pasteur Manders. Depuis peu, les « esprits | libres »[3] empruntent de tout autres chemins. La science elle-même est aussi, et même avant tout, mise par eux au compte de « tout le reste », dans lequel ils ne voient que de la mauvaise couture à la machine, et c'est contre elle que, dans leur critique de la culture, ils dirigent de préférence leurs attaques.

---

1. Citation, approximative dans sa deuxième moitié, du drame d'H. Ibsen, *Les Revenants*, Acte II. Le titre de la traduction allemande de l'œuvre est *Gespenster*, qui signifie plus volontiers « fantômes » ou « spectres », ce dernier terme étant celui que nous avons retenu dans la phrase précédente, où l'allusion de Rickert au titre de la pièce est explicite. Nous avons traduit la citation telle qu'elle est proposée par Rickert mais, étant donné qu'il cite de mémoire la traduction allemande du drame d'Ibsen, il ne nous semble pas inutile d'indiquer ici la traduction française de cet extrait : « Ce n'est pas seulement le sang de nos père et mère qui coule en nous, ce sont aussi de vieilles idées, des croyances mortes. Elles sont mortes […] », trad. fr. M. Prozor dans H. Ibsen, *Drames contemporains*, « La Pochothèque », Paris, LGF, 2005, p. 320 *sq.*

2. Citation, également approximative, du même drame, quatre répliques plus loin. La traduction française donne de son côté : « Je ne voulais toucher qu'à un seul point ; mais, celui-ci défait, tout s'est décousu. Et alors j'ai vu que ce n'était que des idées toutes faites », trad. cit., p. 321.

3. Rickert fait ici allusion au concept nietzschéen. Rappelons en effet que le sous-titre d'*Humain, trop humain* est « Un livre pour les esprits libres » et que la deuxième partie de *Par-delà bien et mal* s'intitule « L'esprit libre ».

Beaucoup en Allemagne sont fort mécontents en particulier de nos universités, dont on était fier autrefois et qui appartiennent au petit nombre d'institutions à l'endroit desquelles même nos ennemis ont encore du respect. On ne reproche pas seulement telle ou telle « orientation » scientifique dans sa particularité. C'est là ce qui a toujours été fait et cela ne voudrait pas dire grand-chose principiellement. C'est bien plutôt la science qui est mise en question en tant que tout, et on y parle d'une « crise » ou d'une « révolution ». On ne pense pas que tel ou tel savant manque son but et que tel autre l'atteint mieux, mais on ne reconnaît plus de valeur aux tâches que se propose en général l'homme qui cherche la vérité. Même le « métier » de la connaissance la plus élevée qui soit est mis en question, et la différence qui peut alors être constatée entre les opinions consiste dans le meilleur des cas en ce que les uns attendent – ou espèrent – la fin de toute science alors que les autres veulent lui assigner des objectifs totalement nouveaux. Ils parlent alors d'une science « ancienne » qui serait vouée au déclin, et lui opposent pour l'avenir un programme de recherche qui n'est pas encore réalisé effectivement. Eux non plus ne parviennent plus à tirer de l'homme théorique tel qu'il est aujourd'hui quelque chose qui les anime encore.

Il est vrai que de telles tendances sont tout aussi peu inouïes – au sens où elles ne se seraient encore jamais montrées – que la critique culturelle des anciennes générations, orientées plus théoriquement. La science a déjà souvent connu des ennemis, et même le type de combat qu'on mène aujourd'hui contre elle rappelle certains mouvements spirituels des siècles passés. Nous ne poursuivrons pourtant pas de tels parallèles historiques, même s'ils peuvent s'avérer fort instructifs. Nous faisons abstraction de la question de savoir si les arguments introduits aujourd'hui contre la science sont vraiment nouveaux, ou si le meilleur de ce qui anime les esprits de notre époque n'a pas déjà été exprimé à l'encontre de la science de manière insurpassable par Goethe ou même avant lui. Pour montrer qu'il ne s'agit pas de nouveauté ni d'ancienneté dans ces questions, on peut en appeler à un mot de Goethe : « Tout ce qui est sensé a déjà été pensé ; on doit seulement s'efforcer de le penser de nouveau »[1]. C'est ce que nous avons à cœur de réaliser et c'est pourquoi nous nous limitons aux plus récents mouvements d'hostilité à l'égard de la science.

---

1. J. W. Goethe, *Maximen und Reflexionen* [*Maximes et réflexions*], n° 441.

305 | Il n'est pas nécessaire dans leur cas, du moins en Allemagne, de remonter plus loin que Nietzsche. À ses yeux, les penseurs qui croyaient à la vérité étaient encore loin d'être des esprits libres, et il s'agissait même pour lui de dénoncer la croyance à la vérité[1]. Certains de ses écrits sont jusqu'aujourd'hui la source principale des opposants à l'attitude purement théorique. Depuis que, peu après la fondation du nouveau Reich, le disciple de Richard Wagner a joué le dionysiaque contre l'apollinien – ou, pour parler avec Schopenhauer, la « volonté » contre la « représentation » – et que l'homme socratique a été rendu responsable du déclin de la culture tragique[2], la défiance à l'égard de la science n'a jamais complètement cessé chez nous. Les esthètes ne sont pas les seuls à l'avoir attaquée, de sorte qu'il a pu sembler nécessaire à d'autres esthètes de la défendre contre « ceux de ses contempteurs qui sont des esprits cultivés »[3], mais on a même fait campagne théoriquement contre la théorie et l'on s'est saisi des manifestations de l'esprit les plus diverses pour le justifier. La biologie darwiniste et la psychologie volontariste ont ainsi servi de soutiens, et l'intuitionnisme de Bergson fut un allié tout aussi bienvenu que le pragmatisme des anglais et des américains. C'est surtout depuis le conflit mondial, dont beaucoup font dater un bouleversement radical de la culture européenne, que les mouvements anti-scientifiques et leurs combats contre le règne de l'intellect se sont développés, même à l'intérieur de la science, selon une croissance constante.

Si l'on se demande à présent pour quelle raison beaucoup ne veulent plus rien savoir de l'ancienne science, on se heurte alors en particulier à la série de pensées suivante. Depuis que Nietzsche est à la mode, c'est la « vie » dans sa vitalité *<Vitalität>*[4] immédiate et originaire qui est estimée *<geschätzt>* comme le plus élevé de tous les biens. Par suite, le reproche le plus grave qu'on puisse élever à l'encontre de la science consiste à dire qu'elle est par essence hostile à la vie vivante. Ce qu'elle saisit au moyen de

---

1. *Cf.* F. Nietzsche, *Généalogie de la morale*, troisième dissertation, § 24, *Œuvres philosophiques complètes* (désormais *OPC*), Paris, Gallimard, VII, p. 337.

2. *Cf.* F. Nietzsche, *La Naissance de la tragédie*, *OPC*, I-1, et A. Schopenhauer, *Le monde comme volonté et représentation*, trad. fr. A. Burdeau, Paris, PUF, 1992.

3. Allusion à l'ouvrage de F. Schleiermacher intitulé *Discours sur la religion à ceux de ses contempteurs qui sont des esprits cultivés* (1789), trad. fr. I. J. Rouge, Paris, Aubier-Montaigne, 1944.

4. Sur la traduction de ce terme, *cf.* « Valeurs de vie et valeurs de culture », *supra*, p. 95, note 1.

ses concepts, dit-on, elle le tue ou le transforme en une coquille figée et fossilisée[1]. Et il ne s'agit pas seulement de la vitalité, mais l'unité de notre existence serait elle aussi détruite par l'homme théorique. Ce qui est étroitement lié dans la vie et qui n'a de consistance que dans cette liaison est déchiré par la connaissance, de sorte que du flux organique dans lequel nous sommes insérés il ne reste qu'un ensemble de morceaux dépourvus de sens. Mais la raison fondamentale de cet état de choses réside dans la division du travail scientifique qui s'est alliée à la différenciation croissante de la connaissance. La matière du savoir accumulée ne cesse de | grandir, de **306** sorte qu'il n'est pas un savant singulier qui puisse encore la dominer dans toutes ses dimensions. La recherche qui était autrefois orientée de manière universelle éclate par suite en une spécialisation bornée. Les résultats de celle-ci sont, dans le meilleur des cas, des collections de faits établis avec fiabilité et exactitude qui ne satisfont plus personne et que personne n'exige plus en dehors des spécialistes. L'homme *vivant* se sent encombré et gêné par tout le savoir qu'il a assimilé contre sa volonté et il ne souhaite rien plus ardemment qu'être un jour libéré pour toujours de son lourd cartable.

Dans cette situation, il n'y a qu'une seule voie de salut. La science doit se détourner du chemin qui n'a pas cessé de l'éloigner toujours plus loin de la vie vivante et unitaire dans sa totalité. Elle doit laisser la vitalité <*Vitalität*> qui croît dans la fraîcheur de son écoulement lui dire ce qui est sa tâche. Elle détournera alors le regard de l'accumulation absurde du savoir singulier pour le porter sur le tout du monde dans son unité, et elle conservera, même dans la connaissance, le caractère vivant de la totalité de l'existence. Si la science ne répond pas à cette vocation <*Beruf*>, alors elle doit disparaître, et plus vite disparaîtra l'ancienne recherche qui ne cesse de tomber toujours plus dans la micrologie, mieux se portera notre culture.

---

1. Le terme de « coquille » renvoie à la *Psychologie des visions du monde* de K. Jaspers, ouvrage publié en 1919. Ce terme est articulé par Jaspers à une critique du système comme « refuge », c'est-à-dire comme « appui dans le limité », par opposition à l'« appui dans l'illimité » qui est l'enracinement dans le flux de la vie. Un usage semblable de ce terme avait été proposé un an plus tôt par G. Simmel (*cf.* « Der Konflikt der modernen Kultur » [« Le Conflit de la culture moderne »], in *Das individuelle Gesetz* [*La loi individuelle*], Frankfurt am Main, Suhrkamp, 1987, p. 148), pour désigner les formations culturelles issues de la vie mais qui s'y sont soustraites. On se reportera sur ces questions à la recension critique faite par Rickert de l'ouvrage de Jaspers dès 1920, où Simmel est également évoqué : « Psychologie des visions du monde et philosophie des valeurs », trad. A. Larivée et A. Leduc, *Philosophie*, 87, automne 2005, p. 27 *sq*.

Mais les accusations de notre époque contre la science ne sont pas encore épuisées par là. On peut bien concéder que les résultats de la recherche, tels qu'ils sont formulés linguistiquement dans des propositions et tels qu'ils sont imprimés dans les livres, doivent toujours apparaître comme quelque chose de mort et de démembré si on les compare à la vie originairement vécue, car nous ne connaissons malheureusement que ce que nous séparons, comme Schiller déjà le savait bien[1]. Et il est même inévitable qu'avec la quantité de matière qui est la leur, les ouvrages scientifiques se limitent, pour la plupart d'entre eux, à une étude de fond concernant une partie du monde, et prennent donc plus ou moins le caractère de recherches spéciales. Celui qui s'adonne complètement à la chose doit en même temps s'opposer à elle, donc s'éloigner d'elle, et il ne peut pas dès lors poser la question de savoir s'il a ainsi détruit la vitalité et l'unité de ses vécus immédiats. C'est pourtant en ce point, s'il est correct, que le caractère douteux de la science pure devient pour beaucoup vraiment manifeste. En effet, son absurdité se manifeste dès que, de ses œuvres, on tourne le regard vers les hommes qui les produisent dans la mesure où ils mettent leur vie à son service.

On passe ainsi de la chose à la personne, ou du métier de la science à la science comme métier, et dans cette perspective aussi le jugement de notre
307 époque est fort défavorable[2]. L'homme | qui met la connaissance au centre de sa vie voit, dit-on, sa pleine humanité s'atrophier. Ceux qui enseignent la science et qui ne veulent être rien d'autre que des théoriciens ne présentent rien à leurs disciples qui fasse que la vie vaille véritablement d'être vécue[3]. Comment pourrait-il en être autrement? Nous n'avons pas seulement un

1. Schiller écrit en effet à Goethe le 23 août 1794: «Votre intuition saisit avec une parfaite justesse et embrasse, d'une manière plus complète, tout ce que l'analyse poursuit péniblement, et, si vous ignorez vous-même votre propre richesse, c'est uniquement parce qu'elle repose en vous comme un ensemble achevé; car nous ne connaissons malheureusement que ce que nous isolons et détachons de nous» (trad. fr. par L. Herr, *Correpondance entre Schiller et Goethe*, t. I, Paris, Gallimard, 1994, p. 44).
2. *Cf.* sur ce point M. Weber, *La profession et la vocation de savant*, trad. fr. C. Colliot-Thélène, Paris, La Découverte, 2003.
3. Rickert utilise ici le terme *lebenswert*, dont la signification usuelle est «qui vaut d'être vécu». Si l'on se souvient que la réfutation rickertienne de la philosophie de la vie passe par le refus de considérer les *Lebenswerte*, les valeurs de vie, comme des valeurs en propre, on comprend que cette parenté étymologique a un sens philosophique: elle indique que le désir d'une vie qui vaille d'être vécue est une des racines essentielles de l'affirmation selon laquelle la vie constitue par elle-même une valeur.

intellect propre à former des concepts. Nous voulons saisir le monde dans son intuitivité et dans sa beauté. Nous croyons avec ferveur au divin qui est en lui et qui gît par-delà l'entendement. Dans le lien social qui nous unit à nos frères, nous cherchons à être pratiquement actifs dans l'édification de la commune patrie ou de l'État national. La science authentique doit être au service de l'homme tout entier dans la richesse de son existence, afin de lui donner ce qu'on appelle la « culture » <*Bildung*>. C'est pourquoi elle ne peut <*darf*> pas tuer la vie avec ses concepts ni la démembrer, car la culture est nécessairement une unité vivante et organique. Si la théorie en appelle au fait que « la chose » veut qu'il en aille autrement, elle est alors précisément jugée comme une simple chose. L'accumulation de connaissances accable les personnes qui les apprennent, tout comme l'œuvre d'une science spéciale laisse son créateur dégénérer en une figure mesquine et misérable.

Bref, enseignants et élèves compromettent nécessairement leur salut si la recherche singulière fossilisée ne cesse pas de valoir comme un bien de la culture.

Il n'est pas nécessaire de continuer à décrire dans le détail des réflexions, des craintes, des accusations et des exigences de ce type, qui retentissent aujourd'hui dans de nombreux livres, articles et discours. Elles sont suffisamment connues de tous ceux qui suivent la vie spirituelle de notre époque. Sans aucun doute s'agit-il dans leur cas d'un problème qui a aussi une signification philosophique, car leur racine la plus profonde plonge dans des convictions qui touchent à la vision du monde tout entière. On peut aisément déterminer cette tendance de manière négative comme visant à *surmonter l'intellectualisme*. Elle combat toute opinion vitale <*Lebensansicht*> orientée unilatéralement vers l'entendement. À ce dernier, elle oppose comme puissance positive l'« homme tout entier » ainsi que tous les aspects de son activité. L'intellect ne la satisfaisant pas, elle veut que la vie entre elle aussi complètement et de plein droit dans la vision du monde, et qu'elle soit alors reconnue comme étalon de tous les biens qui méritent qu'on y aspire.

Le combat contre la science qui procède de tels motifs agite certes particulièrement la tête et le cœur de la jeune | génération. Mais des pensées **308** de ce type s'imposent également à l'esprit d'hommes plus âgés, et l'enseignant académique qui a fait des cours de science son métier ne peut pas, lui non plus, faire l'impasse sur elles. Il ne se refusera pas à voir le fait qu'un grand nombre de ses étudiants et de ses auditeurs sont déçus de ce qu'il leur présente en tant qu'homme théorique. Même des jeunes gens animés de l'aspiration la plus sérieuse commencent à douter de la signification de la science si ce qu'ils attendaient de leurs études ne se trouve pas rempli. Eduard Spranger a exprimé de manière caractéristique son expérience sur ce point. Plus fortement qu'avant la guerre, dit-il, une vague psychique déferlait sur lui depuis l'amphithéâtre, qu'il ressentait dans chacun de ses nerfs et qui pouvait se traduire en ces termes : nous ne voulons pas de science, nous voulons une certitude religieuse, une vision cernée des flots de la beauté, nous voulons de quoi alimenter et conforter nos instincts en formation [1].

Beaucoup ont vécu quelque chose de semblable, et chez chacun de ceux qui connaissent de telles émotions, s'il est précisément un homme de science, doit se faire jour le besoin de parvenir à la clarté théorique en les dépassant. Y a-t-il en vérité une crise de la science ? Que devons-nous faire aujourd'hui en tant que chercheurs ?

II. LES PRÉSUPPOSITIONS ET LE PROBLÈME

Les pages suivantes fournissent de ce point de vue une petite contribution à la clarification du problème de la science [a]. Cependant, si nous voulons traiter la question d'un point de vue scientifique, nous devons déterminer d'emblée notre tâche d'une manière qui peut apparaître à plus d'un comme une *petitio principii*.

Seules les raisons théoriques sont décisives dans la science, et ce serait une entreprise sans espoir que de vouloir convaincre par de telles raisons celui qui ne *veut* pas de la science en général, sous prétexte qu'elle ne lui dit rien. Il ne fait pas de doute qu'il y a des hommes qui se tiennent très haut dans l'art ou dans la religion, en politique ou dans tout autre domaine pratique, mais qui ne se soucient pas du tout de connaissance, ou bien qui ne s'en soucient que dans la mesure où ils peuvent appliquer le savoir à leurs buts extra-théoriques. Nos explications ne s'adressent pas à de tels

---

1. Citation presque littérale d'E. Spranger, « Wissenschaft als Beruf » [« La profession et la vocation de savant », titre identique à celui de la conférence de M. Weber citée dans la note précédente], in *Frankfurter Zeitung*, 65, n° 894, 1er décembre 1921, p. 3.

a. Les pensées se meuvent [ici] dans la même direction que dans mon livre *Die Philosophie des Lebens. Darstellung und Kritik der philosophischen Modeströmungen unserer Zeit*, 1920, deuxième édition 1922.

hommes. Nous devons bien plutôt présupposer que le lecteur | exige **309**
une connaissance scientifique et qu'il la reconnaît comme une chose
qui possède la valeur en propre indépendante qu'est la vérité. Si jamais
quelqu'un souhaite au contraire « libérer » son esprit jusqu'au point où,
comme Nietzsche, il dénonce même la croyance en la vérité[1], il n'est plus
possible dès lors de s'entendre scientifiquement avec lui.

On ne devrait pas se faire d'illusions sur ce point. Celui qui exige
d'abord une « preuve » que la vérité est une valeur qui vaut la peine d'être
recherchée ne comprend pas encore son propre souhait. Seule peut par
conséquent nous intéresser la question de savoir s'il est justifié d'élever ces
reproches indiqués plus haut à l'encontre de la science *actuelle* dans sa
totalité et d'opposer par suite une transformation radicale de la vie théorique ainsi qu'un nouvel idéal d'authentique scientificité à l'ancien idéal,
prétendument vieilli et voué pour cette raison au déclin. Sans la présupposition qu'il doit y avoir une science et une connaissance de la vérité *quelles
qu'elles soient*, notre entreprise d'une mise à l'épreuve théorique des
accusations modernes contre la science présente n'a plus aucun sens. De
fait, nous ne pouvons pas avancer sans cette *petitio principii*.

Nous devons encore maintenir d'emblée une autre présupposition qui,
de même, ne peut être fondamentalement prouvée. La recherche constitue
une partie de l'ensemble de la vie culturelle qui se distingue essentiellement des autres parties. Il en a toujours été ainsi et il en restera ainsi. La
science est un membre et *n'est qu'*un membre au sein d'un ensemble plus
englobant. Si, par conséquent, quelqu'un exige qu'elle lui donne *tout* ce
que la culture ou même la vie a à fournir en général et s'il se plaint qu'elle ne
le fasse pas, il rend par là impossible une exposition théorique féconde du
métier qu'est la science, de même que celui qui déclare qu'il ne croit
absolument pas à la vérité et que sa connaissance n'a par conséquent *rien* à
lui dire. Dans ces deux cas, il manque le point de départ d'une compréhension fondée sur des raisons.

Si nous souhaitons parvenir à la clarté scientifique quant à la
signification de la science et de l'essence de l'homme qui en fait profession,
nous devons donc tout d'abord les restreindre conceptuellement, et nous ne
pouvons délimiter leur domaine que si nous supposons que la science n'a
pas seulement une signification mais qu'elle est en même temps quelque

---

1. Cf. *supra*, p. 176, note 1.

chose d'autre que l'art, la religion ou la politique, et qu'elle remplit par suite en premier lieu sa vocation là où elle conserve son caractère propre en se distinguant des autres biens culturels, ou éventuellement là où elle le fait 310 mieux ressortir. On ne doit pas y voir non plus une restriction | injustifiée de notre tâche. C'est bien plutôt justement lorsqu'on veut mesurer la signification de la science à l'aune de ce qu'elle doit effectuer dans l'ensemble de la vie, ou bien lorsqu'on exige qu'elle prenne la forme la plus universelle possible afin de saisir la totalité de l'existence qu'il faut concevoir la science dans sa particularité et dans sa différence par rapport à d'autres parties de la culture.

Un tout vivant et englobant consiste toujours, d'une manière ou d'une autre, en parties et il ne doit être compris théoriquement que comme un tout composé de parties distinctes. Mais une partie ne peut pas devenir un membre vivant autrement qu'en remplissant dans le tout sa destination <Bestimmung> caractéristique et particulière. Nous nous laisserons donc guider par le principe selon lequel l'unité de la totalité doit toujours être l'unité de la diversité de ses différentes parties. La question qui porte sur le métier de la science et sur la science comme métier coïncide alors nécessairement avec la question de savoir quels sont les caractères spécifiques de la culture scientifique et quelles sont les qualités qui doivent se développer chez l'homme qui a pour objectif de faire du travail scientifique son métier.

Il faut enfin mettre encore en lumière une présupposition par laquelle nous nous approchons du traitement de la question, et qui nous conduit du même coup à la formulation de notre problème particulier. Nous avons mis au jour la connexion entre les attaques portées contre l'« ancienne » science et les tendances de la philosophie moderne de la vie. On ne croit plus que la vie doive s'orienter d'après la science, mais on exige à l'inverse que la science se mette au service de la vie. On attend de cette dernière et de sa plénitude intacte qu'elle surmonte l'intellectualisme, et il est fort possible de dire que c'est cette tendance qui donne aujourd'hui sa plus grande puissance d'attraction au combat contre la science. Le primat de la vie sur l'entendement semble à beaucoup aller tout simplement de soi. C'est pourquoi il leur apparaît clairement que la science doit être transformée. Il n'est pas rare toutefois que de telles pensées soient en même temps liées à une obscurité gênante. *Qu'est-ce que la vie?* Il arrive qu'on n'estime pas nécessaire de répondre à cette question alors que c'est pourtant la seule chose qui importe si l'on veut déterminer la tâche de la science à partir de la vie.

Est-ce quelque chose comme l'existence naturelle de l'organisme qui est visé par le terme de « vie », et devons-nous placer au fondement un concept de vie *tiré des sciences de la nature* pour décider de ce que la science doit faire afin de servir la vie ? Si c'est sur ce chemin qu'on aspire | à **311** un renouveau de la science au profit de la vie dans son ensemble, il nous faut alors renoncer à seulement poser ainsi le *problème*. Quelle que soit la forme qui est la sienne, la science demeure quoi qu'il arrive une partie de la *culture*, et c'est seulement du point de vue de la vie culturelle qu'il est possible, par suite, de déterminer en quoi consiste sa tâche. Mais la culture se révèle partout conditionnée *historiquement* et elle ne peut pas, dans cette mesure, être saisie par de simples concepts de la nature. C'est pourquoi on ne vient pas à bout ne serait-ce que du problème de la science au moyen d'un concept de la vie tiré des sciences de la nature.

Nous devons bien plutôt prendre une orientation *historique* si nous voulons obtenir quelque clarté sur le sens de la recherche et de l'exposition théoriques dans son rapport avec le reste de la vie culturelle. Mais cela n'a rien de commun avec un historicisme étroit en tant que vision du monde, et ne doit pas non plus susciter la défiance de ceux qui pensent que nous souffrons de toute façon d'un excès de culture <*Bildung*> historique, et que c'est là le contraire de la culture authentique[1]. Sans doute avons-nous le droit et même l'obligation, en tant qu'hommes de culture précisément, de nous élever au-dessus de la situation historique dans laquelle nous vivons présentement, et un attachement anxieux à ce qui s'est produit accidentellement ne peut en aucun cas avoir le sens d'un travail culturel quelconque. Tourner le dos au passé est dans cette mesure une attitude tout à fait justifiée, et l'on comprend sans peine la réticence à l'endroit d'une science qui ne connaît que ce qui fut autrefois.

Mais il est tout aussi peu douteux que nous ne pouvons commencer à espérer nous élever au-dessus du présent que si nous utilisons les biens culturels déjà élaborés comme des fondements sur lesquels continuer à bâtir. Sinon, nous sommes menacés d'une rechute dans le passé et d'un déclin de toute culture. Même celui pour qui il est justifié de ne rien voir d'autre, dans le passé, que l'ennemi de la vie vivante ne peut pourtant pas, en tant qu'homme de science, ignorer pour cette raison les époques précé-

---

1. Voir notamment F. Nietzsche, *Sur l'avenir de nos établissements d'enseignement*, *La Naissance de la tragédie* (in *OPC*, I-1), et la *Deuxième Considération inactuelle* (*OPC*, II-1).

dentes. L'ennemi n'est combattu avec succès que lorsqu'il est connu. On ne pénètre pas sans carte dans le territoire ennemi. Et celui qui souhaiterait enfin se débarrasser de l'histoire doit précisément chercher à s'orienter de manière historique. Par suite, il n'y a pas à réprouver que, dans une réflexion portant sur les buts culturels qui sont les nôtres, nous partions à la recherche de l'origine historique des manifestations dont l'avenir nous intéresse, et que nous observions alors quelles sont les exigences posées par la situation présente de la culture en vue de la poursuite féconde de son édification.

312 C'est à partir de ce point que se détermine le problème particulier qui doit être traité par la suite. Nous avons besoin d'un concept déterminé | de la science et si nous voulons l'obtenir d'une manière qui ne soit pas arbitraire, il nous faut tout d'abord nous demander quelles activités humaines ont reçu autrefois, dans le développement historique de la culture, le nom de science. Nous parvenons ainsi à un point de départ solide, et nous commençons par conséquent par la question de savoir ce qui est apparu *pour la première fois* en Europe en tant que science. Sans doute est-il vrai de la vie scientifique, lorsqu'elle est portée à un degré particulièrement élevé, que personne ne souhaite rester attaché à ses stades antérieurs. Toute tentative d'en revenir au passé donne ici naissance à des tendances romantiques hostiles à la réalité effective, et serait vouée à l'échec. Mais l'orientation vers les premiers stades du développement de la science ne demeurerait instructive pour le présent lui-même que si elle devait montrer qu'à bien des égards nous nous tenons aujourd'hui par rapport à eux dans l'opposition la plus décidée. C'est pourquoi nous nous rendrons présente <vergegenwärtigen> l'essence de la première science qui est apparue en Europe, pour nous proposer ensuite deux questions. Premièrement : qu'est-ce qui, en elle, appartient à l'essence de la science en général, et qu'est-ce qui, par conséquent, ne peut pas être abandonné si l'on ne veut pas courir le risque de perdre toute science en tant que bien culturel ? Deuxièmement : en quoi cette première science se révèle-t-elle historiquement conditionnée, et qu'est-ce qui, par conséquent, devra être surmonté en elle, si elle doit encore continuer à vivre aujourd'hui, afin que la science puisse poursuivre son développement d'une manière féconde pour l'avenir ?

Nous tournons donc tout d'abord le regard vers le foyer <*Heimat*> de toute vie scientifique, c'est-à-dire vers la *Grèce*. Ce qui pour nous s'appelle

aujourd'hui « science » y tomba tout d'abord sous le concept de la
« philosophie »[1], et l'« amour du savoir » propre aux Grecs est devenu
décisif pour tout ce qui apparut plus tard en Europe en guise de science.
Dans cette mesure, l'hellénisme continue à vivre de nos jours même chez
ceux qui ne savent rien de ces relations avec le passé. Nous aborderons par
la suite en quatre points séparés la question de savoir si nous pouvons
souhaiter que les choses restent en l'état ou si une modification fondamentale y est nécessaire, étant donné les besoins culturels de la modernité.

Nous considérerons tout d'abord le sujet qui a pratiqué la science en
Grèce afin de comprendre le comportement des premiers *hommes théoriques*. Nous déterminerons ensuite la teneur objective ou concrète du bien
culturel que cet homme théorique pose hors de lui comme une œuvre, c'est-
à-dire que nous interrogeons ce qui est devenu pour lui le *monde connu*.
À partir de là, nous chercherons à gagner quelque clarté sur le moyen qu'il
a utilisé pour atteindre | son but, c'est-à-dire que nous nous intéressons   313
à l'essence du *concept*, en tant que forme de la pensée scientifique que
le monde doit prendre pour devenir monde connu. Nous établirons enfin
quelle *vision du monde* générale s'est constituée en relation avec la science
grecque, ou encore ce en quoi les premiers hommes théoriques ont vu ce
qu'on appelle le sens de la vie.

Nous séparons ces quatre points les uns des autres parce qu'il paraît
naturel, dans notre position du problème, dans laquelle il y va de la science
comme métier à notre époque, de se demander si les différents facteurs qui
sont étroitement rattachés les uns aux autres de manière factuelle en Grèce
doivent nécessairement demeurer ainsi liés. Il serait en particulier possible
de penser que nous ne pouvons certes plus faire nôtre la vision du monde de
l'hellénisme, mais que nous devons pourtant, en prenant en considération
les trois autres points, conserver ce qui détermine l'essence de la science
grecque.

D'autant qu'une telle éventualité est importante pour la situation
problématique de la science moderne, dont nous sommes partis. Ce n'est
pas sans raison qu'il a été dit que l'hellénisme s'extériorise dans la philosophie en tant qu'intellectualisme[2], et il ne fait pas de doute que cette vision

---

1. Sur le lien originaire entre science et philosophie, voir également les premières lignes
du dernier article ici traduit, les « Thèses pour le système de la philosophie », *infra*, p. 265.
2. Parmi les nombreux auteurs auxquels Rickert peut ici faire allusion, on retiendra
R. Eucken, notamment dans *Die Einheit des Geisteslebens in Bewusstsein und Tat der*

du monde dépend étroitement du type de science qui s'est tout d'abord constitué en Grèce. Or, comme nous l'avons remarqué, les puissantes attaques portées aujourd'hui contre la science ancienne proviennent d'une vision du monde anti-intellectualiste. Elle ne veut rien savoir d'une domination intégrale de la culture ou même de la vie dans sa totalité par l'entendement parce qu'elle exige une prise en considération de l'homme tout entier dans la profusion de ses activités. C'est pourquoi doit pour nous devenir tout simplement décisive la question de savoir si une science qui procède comme la science grecque conduit nécessairement à l'intellectualisme, ou s'il est possible, eu égard aux trois premiers facteurs de la pensée scientifique, d'emprunter les mêmes voies que les Grecs sans en venir alors à une vision intellectualiste du monde.

Dès que nous considérons la philosophie grecque de ce point de vue, le *problème* le plus important pour la vocation et la vie de la science de notre époque peut au moins s'éclaircir, et c'est à lui que nous souhaitons nous limiter cette fois-ci.

314 | III. LA PHILOSOPHIE GRECQUE ET L'INTELLECTUALISME

Pour comprendre la réalisation théorique propre aux Grecs, nous maintenons tout d'abord la séparation entre *savoir* et *science*. Ils se fondent certes progressivement l'un dans l'autre, que ce soit dans l'évolution du genre humain ou dans la vie des individus, mais ils sont pourtant principiellement différents dans leur sens ou leur signification. Cela se voit déjà en ce qu'il n'y a certes pas de science sans savoir, alors qu'un savoir sans science est fort possible.

Nous trouvons des connaissances vraies bien avant les Grecs, à toutes les époques et dans tous les peuples. On tend au savoir parce qu'on en a besoin dans la vie pratique. Les connaissances qui se constituent alors peuvent s'accumuler en grande quantité et souvent coïncider, dans leur contenu, avec ce qu'enseigne la science. Il n'est cependant pas nécessaire que ce savoir soit scientifique. Les hommes le recherchent à des fins totalement extérieures à la science. On l'utilise par exemple pour la mesure du

Menschheit [*L'unité de la vie spirituelle dans la conscience et les actions de l'humanité*], Leipzig, 1888, p. 63 *sq.*, *Erkennen und Leben* [*La connaissance et la vie*], Leipzig, 1912, p. 28 *sq.*

temps ou d'un terrain, pour l'exploitation du sol, pour l'augmentation des impôts, etc., ou bien il est mis par les prêtres au service du culte religieux. Tant que les connaissances demeurent dans un tel rapport fonctionnel, elles ne constituent pas encore ce que les Grecs nommaient « philosophie ». Leur science se rattache certes au savoir préscientifique et l'intègre en elle. Mais avant que cela ne puisse se produire, il doit y avoir des hommes d'une constitution spirituelle particulière, inconnus en Europe avant les Grecs. Nous sommes donc conduit au sujet qui pratique la science, et nous devons avant toute chose en comprendre l'essence.

Nous pouvons dire d'un homme qu'il commence à se comporter scientifiquement lorsqu'il ne cherche plus le savoir pour l'utiliser dans un but qui tient hors du savoir, mais lorsqu'il souhaite savoir quelque chose pour l'amour du savoir lui-même. C'est ainsi qu'apparaît ce que nous appelons l'homme théorique, un type d'homme inconnu avant les Grecs, qui, dans l'agitation et les passions de la vie, ne veut connaître rien d'autre que ce qui est vrai. Le terme qui désigne cette constitution d'esprit se trouve tout d'abord chez Hérodote, et la chose elle-même s'y trouve aussi précisément indiquée. Crésus dit à Solon : « J'ai entendu dire que tu avais traversé beaucoup de contrées *de manière philosophique*, pour l'amour de la *théorie* »[1]. C'est là le point | décisif. Le « barbare » qu'est Crésus 315 s'étonne d'une telle aspiration – ce qui peut n'être pas remarqué car, aujourd'hui encore, plus d'un la trouverait incompréhensible. Mais ce qui est justement spécifiquement grec, c'est d'aimer le savoir pour sa propre contemplation[2], et les Grecs étaient fiers de pouvoir avoir un comportement à ce point non-pratique, ou purement théorique. C'est ainsi seulement qu'ils sont devenus philosophes[3].

1. Hérodote, *Histoires*, I, 30. Nous traduisons ici de manière littérale la traduction allemande citée par Rickert. La traduction française directe de cet extrait est la suivante : « Crésus lui demanda : "Mon hôte Athénien, le bruit de ta sagesse, de tes voyages est arrivé jusqu'à nous ; on nous a dit que *le goût du savoir* et la curiosité t'ont fait visiter maint pays" », trad. fr. par Ph.-E. Legrand, Paris, Les Belles Lettres, 1970, p. 47. Nous soulignons la traduction de ce qui est probablement l'une des premières apparitions du verbe φιλοσοφεῖν, et renvoyons également sur ce point à M. Dixsaut, *Le naturel philosophe. Essai sur les dialogues de Platon*, Paris, Vrin, 1998, Annexe I, p. 369.

2. Le texte allemand est « um der Betrachtung willen ». Nous avons traduit *Betrachtung* par « contemplation », car c'est par ce terme que la notion grecque de θεωρία, dont il est ici question, est habituellement traduite.

3. Aristote définit en effet la philosophie comme science théorétique (*Métaphysique*, A, 2, 982 b 8 *sq.*; trad. fr. par J. Tricot, Paris, Vrin, 1991, t. I, p. 8). Elle est par ailleurs cette

Il n'est pas nécessaire d'interroger la manière dont la nouvelle situation spirituelle a peu à peu procédé de l'ancienne. Là où une recherche théorique doit advenir, une libération à l'égard des nécessités les plus pressantes de la vie doit toujours avoir eu lieu afin que l'homme ait à sa disposition du temps libre pour l'activité en laquelle consiste l'amour du savoir. Il ne manquait cependant pas de pré-conditions de ce genre hors de la Grèce, et pourtant la science ne s'y est pas développée avant les Grecs. Nous ne continuons pas à en chercher les raisons, mais nous nous limitons à établir la nature de la conversion <Wendung> qui s'est accomplie dans le principe chez les Grecs. Nous constatons alors une inversion radicale du rapport entre fin et moyen. L'homme préscientifique, pour le dire brièvement, recherche le savoir pour vivre. Au contraire, l'homme scientifique ou théorique vit pour la recherche du savoir. Ce sont assurément deux cas extrêmes qui sont désignés par là, et qui ne peuvent que rarement être réalisés effectivement dans toute leur pureté, mais leur opposition demeure pourtant instructive, en particulier si nous songeons que cette inflexion qui s'est produite en Grèce peut être considérée, dans la signification qui est la sienne pour la vie humaine, selon deux points de vue différents.

D'un côté, on peut expliquer l'inversion du moyen et de la fin comme un processus psychique, en le comparant à d'autres processus qui tombent sous le même concept psychologique. On parlera alors en général d'un procès de déplacement axiologique <Wertverschiebung>, tel qu'il se produit souvent. C'est ainsi par exemple que la plupart des hommes recherchent originairement de l'argent afin de pouvoir s'acheter quelque chose, et l'argent possède ainsi une valeur au simple titre de moyen. Chez l'avare qui amasse au contraire l'argent pour l'amour de l'argent lui-même, ce rapport s'inverse. L'accent axiologique <Wertakzent> se déplace de la fin vers le moyen de sorte que l'argent devient la fin et la vie se met au service de sa possession. C'est à cela que correspond l'inflexion qui caractérise l'homme théorique. Alors que pour l'homme pratique le savoir est un simple moyen de favoriser la vie en tant que fin à la réalisation de laquelle il aspire, l'accent axiologique se déplace chez les premiers philo-

science qui est choisie et exercée pour elle-même, c'est-à-dire pour échapper à l'ignorance (*Ibid.*, 982 a 14-16, 30 *sq.*, 982 b 19 *sq.*; trad. cit., t. I, p. 7, 8 et 9). La vie qui lui correspond est la vie théorétique, le βίος θεωρητικός (*Éthique à Nicomaque*, X, 7 et 8; trad. fr. par J. Tricot, Paris, Vrin, 1994, p. 508-519), qui n'est pas autre chose que la vie heureuse dans la mesure où « le bonheur ne saurait être qu'une forme de contemplation (θεωρία) » (*Ibid.*, X, 8, 1178 b 32).

sophes grecs de sorte | qu'il fait du savoir la fin et que la vie ne reste plus **316**
qu'un moyen au service du savoir. La comparaison avec l'avarice paraîtra
peut-être choquante à plus d'un, mais elle est pourtant parfaitement
justifiée tant qu'il s'agit d'une explication psychologique des processus
psychiques chez l'individu singulier. L'avare et l'homme théorique ont en
commun l'inversion de l'évaluation originaire, c'est-à-dire le déplacement
de l'accent axiologique depuis ce qui était d'abord fin vers le moyen.

On peut pourtant considérer les processus d'un autre point de vue et dire
non seulement qu'il n'y a aucune similitude, eu égard au sens de la *culture*,
entre l'homme théorique et l'avare, mais qu'il faut même constater entre
eux une opposition principielle. Celui qui, comme l'avare, ne traite pas
l'argent comme un moyen mène une vie absurde *<sinnlos>* car l'argent n'a
aucune *valeur* qui soit à même d'en faire la fin d'une vie. Au savoir est au
contraire attachée la valeur de la vérité et, lorsqu'il met sa vie au service de
la réalisation effective de celle-ci, l'homme théorique agit par conséquent
de manière éminemment sensée *<sinnvoll>* eu égard à cette valeur. Pour
penser ainsi, on doit certes présupposer qu'il y a des *valeurs en propre*
<Eigenwerte> qui valent indépendamment des valeurs de la vie vitale[1].
Mais si on le présuppose, le déplacement axiologique par lequel l'homme
théorique se distingue de l'homme préthéorique se présente sous un
nouveau jour. L'apparition de l'homme théorique a alors la signification
d'un événement culturel *<Kulturereignis>* d'une portée considérable, car
une valeur en propre qui n'avait pas été saisie auparavant dans son essence
a été par là élevée à la conscience et a rendu ainsi possible le souci d'un
nouveau bien culturel dépassant la vie vitale. C'est là le commencement de
la science européenne.

Ces considérations suffisent à clarifier ce qu'il fallait établir quant au
sujet de la science. Si une recherche théorique doit avoir lieu, il faut qu'il y
ait des hommes qui cherchent le savoir pour la raison que la valeur de vérité
y est attachée, ou encore pour lesquels la vérité est devenue la valeur en
propre dont la réalisation effective par le biais de la connaissance est ce qui
confère un sens à leur vie. –

Mais on ne voit pas encore, à partir de là, ce qu'il en est de la façon dont
le contenu des théories est mis en forme, ou encore de l'*objet* de la science.

---

1. La démonstration de ce présupposé est fournie par le deuxième article ici traduit,
« Valeurs de vie et valeurs de culture », *supra*, en particulier p. 115 *sq*.

On ne recherchera pas n'importe quel savoir pour lui-même ou pour sa seule contemplation[1]. Il est certes vrai que je suis, par exemple, présentement en train de lire, mais la science ne s'édifie pas seulement à partir 317 de faits tels que celui-ci ou semblables | à lui. Ils peuvent certes aussi recevoir, dans certaines conditions, une signification scientifique, mais ils n'en possèdent aucune en tant que faits isolés, et le simple fait que nous les disons « isolés » indique déjà ce qui leur manque encore à cet égard. Ils doivent être mis en rapport avec d'autres faits au sein d'un *ensemble* <Zusammenhang> plus englobant. C'est seulement en cherchant à les connaître dans cet ensemble que nous sommes sur la voie de la science.

Qu'est-ce qui constitue l'essence de l'ensemble scientifique dans la première philosophie? Il se trouve qu'en Grèce les hommes théoriques ne fixaient aucune limite à leur aspiration au savoir. Il se posaient la question : qu'est-ce que le tout? La recherche faisait du « monde » son objet et comprenait par là tout ce dont elle présupposait la disponibilité. C'est de là que s'ensuivit le contenu de la première science. Elle est l'exposition des parties du monde dans l'ensemble qu'est le tout du monde. Une aspiration à un tel savoir ne pouvait se développer que là où l'on aimait la vérité pour elle-même. Tant que le savoir est mis au service de fins extra-théoriques, la recherche de tout ce qui est n'apparaît pas importante car sa valeur pratique demeure problématique. Les philosophes grecs se sont au contraire précisément fixé ce but éminemment non-pratique, et c'est ainsi que de l'amour du savoir pour sa seule contemplation[2] ils en sont également venus au bien culturel objectif qu'est la science.

L'essence de ce qu'ils ont réalisé peut être exprimée plus exactement comme suit. Ils cherchaient le général ou l'élément commun qui est au fondement de toute apparition particulière et le nommaient l'« *archè* » du monde. À l'origine, ce terme signifie le commencement temporel. Mais il faut précisément faire abstraction de la temporalité si l'on veut comprendre ce qui est visé ici. Pour les premiers hommes de science, le commencement signifie ce qui est partout et qui fut toujours, et qui peut donc être appelé atemporel ou éternel. Nous parlons aujourd'hui de « principe », en utilisant de même un terme dans lequel résonne encore le moment temporel[3]. Nous

---

1. Cf. *supra*, p. 187, note 2.
2. *Idem*.
3. Sur l'articulation des différents sens de l'« *archè* », *cf.* les premières pages du cinquième article ici traduit, « Le commencement de la philosophie », *infra*, p. 218.

pouvons aussi parler de fondement ou d'essence. Mais quel que soit le terme choisi, la chose reste toujours la même : « connaître le monde dans sa *contexture* intime »[1]. L'aspiration faustienne était déjà déterminante pour le caractère de la première science européenne[2].

Pour clarifier au moyen d'un exemple le contenu du bien culturel qui fut alors créé, songeons à la proposition qui nous fut laissée par l'un des premiers philosophes grecs. Anaximène enseignait : « De même que notre âme est air et nous | maintient, de même air et souffle entourent aussi *le* 318 *tout de l'ordre du monde* »[3]. On voit aisément et clairement comment la connaissance de l'*archè* ou du principe du monde nous apprend à connaître toute chose dans un ensemble unitaire, et comment c'est ici que se trouve la teneur objective de l'œuvre à laquelle les premiers hommes théoriques ont donné le jour.

Nous ajoutons seulement une détermination afin de délimiter l'essence de la chose dans tous ses aspects. Il existe aussi des expositions de l'ensemble mondain sous une autre forme que celle de la science, et elles ont une importance pour nous, car la science peut aussi se rattacher à elles : tout comme le savoir rassemblé à partir de points de vue pratiques, le mythe fut une étape préliminaire de la science. Mais c'est précisément la raison pour laquelle il nous faut en même temps le séparer strictement de la science, ce qui n'est pas difficile.

Pour le mythe, la vérité au sens théorique de la factualité n'importe pas ; mais, au moyen de l'imagination, il fait de l'ensemble des choses l'extériorisation d'êtres semblables aux humains. C'est ainsi que la terre est à ses

---

1. J. W. Goethe, *Faust I,* vers 382 *sq.*, trad. fr. par H. Lichtenberger, Paris, Aubier, 1976, p. 15. C'est Rickert qui souligne.

2. Cette conclusion vise directement les thèses d'O. Spengler (cf. *supra*, p. 172, note 2), pour lequel c'est l'homme occidental moderne qui est exclusivement déterminé comme l'« homme faustien ». En rétablissant une continuité dans l'aspiration qui détermine l'activité scientifique depuis sa fondation jusqu'à l'époque moderne, Rickert rompt ainsi avec l'historicisme radical qui caractérise la philosophie vitaliste de Spengler.

3. Anaximène, Fragment II, *in* H. Diels, W. Kranz, *Die Fragmente der Vorsokratiker*, Zürich, Hildesheim, Weidmann, 1992, I (désormais cité DK, suivi du numéro du tome), p. 95 ; c'est Rickert qui souligne. La traduction française directe du texte grec propose : « De même […] que notre âme, qui est d'air, nous soutient, de même le souffle et l'air enveloppent la totalité du monde », dans *Les Présocratiques*, « Bibliothèque de la Pléiade », Paris, Gallimard, 1988, p. 50.

yeux une femme et le ciel qui la surplombe un homme[1], et que la person-
nification mythologique s'étend même à ce qui précédait ciel et terre – au
néant, devrait-on dire de manière abstraite et conceptuelle. Mais pour le
mythe, ce néant n'est pas un néant de signification. Le chaos dont le cosmos
est né est pour lui une gueule béante. L'homme théorique rejette une telle
manière de fabriquer un ensemble mondain. Lorsqu'il se rattache au mythe,
par conséquent, sa tâche consiste en même temps à «désenchanter» le
monde[2]. C'est la raison pour laquelle, dans la détermination de la teneur de
la connaissance scientifique, il est recommandé de désigner expressément
l'ensemble des choses connues comme *démythifié <mythenfrei>*.

Bien entendu, il y a ici aussi des passages qui conduisent progressivement de l'ensemble préscientifique et mythique jusqu'à l'ensemble
scientifique et purement théorique. Ce fait supprime pourtant tout aussi peu
la différence principielle entre l'un et l'autre que les passages conduisant
des connaissances tirées des besoins pratiques jusqu'à la science théorique
remettent en question la différence principielle entre le simple savoir et la
science. Les passages doivent être compris précisément comme passages
de l'un à l'autre. Ce point peut également être éclairci par un exemple. On a
l'habitude d'appeler Thalès le premier philosophe parce qu'il a enseigné
que tout était «eau»[3]. Mais la renommée de ce penseur a aussi été
contestée. Il est possible de dire que Thalès a peut-être seulement exprimé
319 une | pensée déjà contenue dans le mythe et selon lequel tout provient
d'Okéanos[4]. Sa doctrine serait alors la manifestation d'un passage
du mythe à la science. En revanche, il en va tout autrement dans le cas

1. *Cf.* par exemple Hésiode, *Théogonie*, v. 176; trad. fr. par P. Mazon, Paris, Les Belles
Lettres, 1993, p. 38.
2. Allusion à la formule bien connue de M. Weber dans *L'éthique protestante et l'esprit
du capitalisme*, trad. fr. par J.-P. Grossein, Paris, Gallimard, 2003, p. 106-107: «Le grand
processus, au plan de l'histoire des religions, de *désenchantement* du monde, qui a débuté
avec la prophétie du judaïsme antique et, en association avec la pensée scientifique grecque, a
rejeté tous les moyens magiques de recherche du salut comme relevant de la superstition et du
sacrilège, a trouvé ici sa conclusion». *Cf.* également *Sociologie des religions*, textes réunis et
traduits par J.-P. Grossein, Paris Gallimard 1996, p. 380: «[le protestantisme ascétique, le
puritanisme] c'est ici uniquement qu'un total *désenchantement* du monde a été mené jusqu'à
son terme».
3. *Cf.* Aristote, *Métaphysique*, A, 3, 983 b 6 *sq.*, trad. cit., t. I, p. 13 *sq.*; *cf.* également DK,
I, p. 76 *sq.*, trad. fr. dans *Les Présocratiques*, *op. cit.*, p. 23.
4. *Cf.* Homère, *L'Iliade*, XIV, v. 245 *sq.*, trad. fr. par P. Mazon, Paris, Les Belles Lettres,
t. III, p. 49-50.

d'Anaximène. Certes, sa proposition selon laquelle l'« air » est l'*archè* du monde semble nettement apparentée à celle de Thalès qui fait de l'eau le fondement de toute chose. Mais dans le cas d'Anaximène, nous voyons qu'il a eu l'*intention* d'une connaissance purement scientifique, car l'air est pensé par lui d'une manière telle que toute chose en provient par compression ou dilution. Le monde est par là fondamentalement « désenchanté ». C'est pourquoi il nous est permis de dire qu'il y a ici tentative, provenant de besoins théoriques, pour connaître tout ce qui est mondain dans un ensemble unitaire qui se distingue fondamentalement de tout mythe. –

Après avoir compris l'essence de l'homme de science ainsi que le contenu concret de son œuvre, il nous manque encore quelque clarté quant au moyen par lequel le sujet théorique prend possession de l'ensemble objectif qu'il veut connaître, et par lequel il formule ensuite son savoir d'une manière telle qu'il soit transmissible à d'autres. Les premiers philosophes faisaient déjà naturellement un usage constant de ce moyen, car ils n'auraient rien pu connaître sinon. Mais ils n'avaient qu'une conscience fort incomplète de ce qu'ils faisaient alors. Il ne pouvait en aller autrement. Leur regard était tellement dirigé vers l'objet de la connaissance que la connaissance de l'objet n'avait pas encore le statut de problème[1]. En d'autres termes, les penseurs pensaient logiquement, mais ils ne pratiquaient aucune logique et ne savaient rien, par conséquent, du « *logos* » qui les rendait capables de connaître. Comment s'est accompli le pas qui conduisit la science grecque jusqu'à lui ?

On a dû tout d'abord avoir ici un motif de poser une *question*, ce qui se produisit seulement lorsque la science eut progressé relativement loin et qu'en outre, des objets du connaître, le regard de l'homme théorique se tourna vers ses sujets. On considère qu'une telle conversion est le fait des Sophistes. Si c'est exact, ils découvrirent par là un nouveau monde jusqu'alors délaissé. Ils considérèrent ce que chaque homme singulier a pour soi seul – le psychique, comme nous l'appelons aujourd'hui – comme le subjectif qui n'appartient à chaque fois qu'à un seul individu[2]. Tout à la

---

1. On reconnaît ici la formulation caractéristique par laquelle Rickert désigne la Révolution copernicienne, ainsi, par conséquent, que la tâche théorique générale qu'il se fixe dans *Der Gegenstand der Erkenntnis* [*L'Objet de la connaissance*] – penser dans leur articulation indissoluble l'objet de la connaissance et la connaissance de l'objet.

2. On peut compléter cette appréciation de la portée philosophique de la sophistique par le propos tenu par Rickert dans la deuxième partie de l'Introduction de sa *Théorie de la*

joie de leur découverte, ils se restreignirent en même temps au domaine qu'ils avaient trouvé, comme le font parfois, aujourd'hui encore, les psychologues, et c'est là précisément ce qui était important, car c'est ainsi que le monde environnant commun à tous les individus devait devenir problématique. L'homme singulier devait devenir la mesure de toute chose en général[1]. Dans ces conditions, on ne pensait plus qu'une connaissance **320** du monde valide pour tous | fût encore atteignable, et il est vrai qu'on ne le pouvait pas non plus.

Les argumentations des Sophistes étaient rien moins que « sophistiques » au sens péjoratif du terme. Tant qu'on croit que rien d'autre n'est donné immédiatement à l'individu que sa propre vie psychique, la façon dont l'homme sort de soi et devient ainsi capable de saisir objectivement le monde ou de le connaître selon son caractère d'ensemble doit demeurer inconcevable[2]. Tout ce que nous nous figurons à propos des choses n'est alors que pensée individuelle, et l'on ne peut nommer « vrai » que ce qui apparaît vrai à chacun singulièrement. C'est ainsi qu'apparut avec nécessité la question de savoir quels sont les moyens dont l'homme dispose pour produire une science de l'ensemble du monde.

Il n'est pas nécessaire de rechercher ici qui fut le premier à faire sortir la philosophie grecque hors du psychologisme négatif des Sophistes de sorte qu'une solution positive ait pu être donnée au nouveau problème. Nous en restons à la tradition. Aristote dit que deux choses doivent être reconnues comme le fait de Socrate, toutes deux se rapportant au principe du savoir : les preuves par induction et les déterminations générales du concept[3]. En bref, cela signifie concrètement que, par comparaison, le commun est extrait du particulier que chaque individu singulier a pour soi seul en propre, et qu'ainsi le général est trouvé dans le concept, dont le contenu

---

définition, où il reconnaît que les Sophistes ont « aidé l'esprit humain à prendre conscience de la logique » (trad. fr. par C. Prompsy et M. de Launay, précédé de *Science de la culture et science de la nature*, Paris, Gallimard, 1997, p. 214).

1. Dans le *Théétète* (152a), Platon attribue à Protagoras la formule : « L'homme est mesure de toutes choses, de celles qui sont, au sens où elles sont, de celles qui ne sont pas, au sens où elles ne sont pas » (trad. fr. par M. Narcy, Paris, GF-Flammarion, 1995, p. 153). *Cf.* également DK, II, p. 263, ainsi que la traduction de ce fragment dans *Les Présocratiques*, *op. cit.*, p. 998.

2. Sur l'articulation entre le problème de l'immédiat et le solipsisme, *cf.* le cinquième article ici traduit, « Le commencement de la philosophie », *infra*, p. 232 *sq.*

3. Aristote, *Métaphysique*, A, 6, 987 b 1-14 (trad. cit., t. I, p. 29-31), M, 4, 1078 b 17-19, 28-30 (trad. cit., t. II, p. 211), M, 9, 1086 b 3 (trad. cit., t. II, p. 255).

doit être indiqué ou «délimité» avec exactitude. Nous appelons aujourd'hui encore « définition » la détermination du concept[1], et la formation du concept est de fait le moyen par lequel on dépasse dans la science la pluralité des opinions individuelles. Toute théorie scientifique s'est mue, dès le premier pas, dans le concept. La signification de la pensée de Socrate était donc aussi grande qu'était simple son exposition chez Aristote. Par cette pensée, il devient manifeste que nous ne connaissons pas seulement notre vie psychique individuelle, mais que tout homme qui le cherche est en mesure de trouver quelque chose qui le relie aux autres hommes. Dans le concept, ou dans le *Logos*, il détient quelque chose de *supra*-individuel. Mais dès que c'est le cas, il possède du même coup le moyen qui le conduit du subjectif à l'objectif et qui rend donc possible en principe une connaissance du monde valide pour tous.

Nous faisons tout d'abord abstraction du mode sur lequel il faut saisir la façon dont ce moyen de connaissance, utilisé depuis longtemps mais venant seulement d'être découvert, se rapporte à l'objet de la connaissance – ou encore de l'opération du concept dans la saisie de l'*essence du monde*. Cela n'importait pas | pour Socrate. Il recherchait un accord entre les **321** individus sur ce qui est juste pour tous dans la vie pratique. Malgré tout, sa pensée reste également importante pour la science de l'ensemble des choses. On ne connaissait jusqu'alors que des objets et des sujets, c'est-à-dire des choses du monde extérieur et la vie psychique intérieure des hommes. Si Socrate a raison, nous disposons, avec le concept, d'un troisième terme[2], qui ne tombe ni dans la sphère du sujet connaissant ni dans celle de l'objet de la connaissance mais qui, en tant que « moyen » <Mittel> authentique, se trouve au milieu <Mitte>, et qui conduit précisément pour cette raison à ce à quoi la science aspire – la connaissance du monde extérieur *un* et identique par la *pluralité* des hommes différents. Le *logos* socratique jette un pont depuis la vie psychique individuelle des hommes singuliers vers un monde qui peut être commun à tous s'il est cherché par eux.

Nous comprenons ainsi la raison pour laquelle le concept appartient, en tant que moyen de la connaissance, à l'essence de la première philosophie

---

1. C'est là la thèse de Rickert dans sa *Théorie de la définition*. *Cf.* par exemple trad. cit., p. 218, 225 *sq.*, 232, 282, 288.

2. Nous retrouvons ici le thème du troisième terme comme règne intermédiaire. *Cf.* le premier article ici traduit, « Le concept de la philosophie », *supra*, p. 72 *sq.*, note 3.

tout comme l'homme théorique et l'ensemble démythifié de la connaissance. Si nous songeons encore à la forme qui rend la connaissance universellement partageable, nous pouvons dire alors, pour résumer, qu'en
tant que bien culturel réel, la science grecque était constituée de propositions dont les termes étaient rattachés à des concepts déterminés et qui
exprimaient ainsi de manière univoque la vérité, cherchée pour elle-même,
de la connaissance de l'ensemble des objets. –

Afin de rendre ce résultat fécond pour le problème posé au départ, nous
suivons encore l'évolution de la philosophie grecque dans son prochain
pas, par lequel elle n'est pas devenue moins signifiante pour l'ensemble de
la science européenne que par les facteurs nommés jusqu'à présent. Nous
rattachons ici notre propos au concept ou au *Logos* en tant que moyen de la
connaissance. C'est ainsi que s'éclaircira au mieux la façon dont on en est
venu à la vision du monde qui est souvent combattue de nos jours. Nous
nous limitons cependant, ici aussi, au principe général.

L'opinion selon laquelle le semblable ne pouvait être connu que
par le semblable a très tôt dominé chez les Grecs[1]. La prestation de la
science devait alors être cherchée dans la *copie* <*Abbilde*> d'un original
<*Urbildes*>. Cette présupposition, qui ne fut contestée que de manière tout
à fait isolée, devait avoir de vastes conséquences sur le sol de la doctrine
socratique du concept. Si l'on voit en effet dans le concept une image qui
doit ressembler à l'original qu'elle doit connaître, le monde entier, pour
autant qu'il est connaissable, reçoit alors un caractère conceptuel ou
logique. Au moyen de connaissance qui est celui de l'intellect correspond
nécessairement un objet conforme à la connaissance, ou encore un objet
322 déterminé | d'une manière intellectuelle. Mais il s'ensuit alors qu'il ne faut
pas séparer l'une de l'autre logique et ontologie, et que pensée et être
coïncident à tel point que l'essence du monde n'est pensable que comme
pensée. «Tu ressembles à l'esprit qui te conçoit»[2], doit dire l'homme
théorique au monde dans de telles conditions – et cela n'est pas significatif
seulement pour la doctrine du cosmos, mais aussi pour l'appréhension du
sens de la vie humaine. Les deux cas peuvent s'éclaircir en peu de mots.

1. *Cf.* Empédocle, Fragment B 109, dans DK, I, p. 351, trad. fr. dans *Les Présocratiques*,
op. cit., p. 417; Aristote, *De l'âme*, I, 2, 404 b 11 *sq.*, trad. fr. J. Tricot, Paris, Vrin, 1995, p. 18;
Métaphysique, B, 4, 1000 b 5 (trad. cit., t. I, p. 95).
2. Adaptation des vers 512 *sq.* du *Faust I* de Goethe, trad. cit., p. 19: «Tu ressembles à
l'Esprit que tu conçois, / Pas à moi ! ».

Si le semblable ne doit être connu que par le semblable, l'ordre des *choses* ne peut pas s'écarter principiellement de l'ordre logique des *pensées*. Donc s'il est possible de disposer en système les pensées vraies, nous saisissons par là du même coup la connexion systématique de la réalité, c'est-à-dire que le monde effectif est un cosmos ordonné logiquement. Mais ce n'est pourtant pas tout. L'essence du monde sensible dans lequel nous vivons immédiatement se détermine elle aussi à partir de là. Puisque ce monde montre partout une profusion ou une diversité sans règle qui s'oppose à l'ordre logique, il ne peut recevoir le caractère d'une effectivité authentique. Il devient une simple *apparition* <*Erscheinung*> ou un être de second rang dont il n'y a pas de connaissance vraie, puisqu'il est un irrationnel. Dans son essence, le monde est partout dominé par le *Logos* ou par la raison, et cette raison du monde qui coïncide avec la divinité se révèle à nous dans la mesure où nous la laissons parvenir en nous à la domination, c'est-à-dire dans la mesure où nous pensons logiquement ou rationnellement. C'est ainsi que l'intellect est élevé au rang de principe du monde, ou encore que l'essence des choses est interprétée de manière intellectualiste.

L'opinion qui touche à la destination de l'homme se tient dès lors en étroite connexion avec ces thèses. Si nous ne nous savons en harmonie avec le tout que grâce à notre intellect, le sens de notre vie doit résulter lui aussi de l'intellect, c'est-à-dire que le *Logos* ou la raison ne sont pas seulement la réalité mais également la *fin du monde* <*Weltzweck*>, le but de toute aspiration authentique, ou encore le bien suprême. Cette opinion était déjà préparée dans la doctrine de Socrate. Qui connaît le juste doit aussi faire ce qui est juste, ou encore : l'erreur est au fond un péché. C'est pourquoi la connaissance universellement valide fut si importante pour Socrate. Chez les grands métaphysiciens grecs qui vinrent à sa suite, cette conviction finit par prendre la forme selon laquelle tous les biens de la culture doivent être mesurés à l'aune de valeurs intellectuelles. Le monde des normes devient le « *mundus intelligibilis* » au sens fort du terme, le monde de l'intellect. C'est ainsi que l'intellectualisme s'accomplit également d'un point de vue pratique en tant que conception | de la vie, et qu'il s'assemble par là en un **323** système d'une grandiose cohérence.

Il n'est pas nécessaire de poursuivre l'examen de la vision grecque du monde plus avant dans son détail, car on voit déjà clairement, à présent, la raison pour laquelle un penseur de notre époque qui voit le bien suprême dans la « pleine vie » se détourne d'elle et en vient également bien vite à considérer avec défiance une science qui a conduit à un tel résultat. Pour l'homme moderne, l'intellect n'est pas la norme pour le tout du monde et de la vie. Il ne croit pas que l'essence de la réalité soit fondamentalement logique et que le monde sensible irrationnel ne possède par conséquent aucune effectivité véritable. Il refuse absolument de mesurer tous les biens de la culture à l'aune de la valeur qu'est la vérité théorique, mais il attribue à la vie artistique, à la vie morale, à la vie religieuse des *valeurs en propre* indépendantes, qui ne se laissent reconduire à aucune perfection simplement intellectuelle. Seule sa conception de la vie lui semble donc être en harmonie avec la situation historique dans laquelle il se tient en tant qu'homme de culture. Comme nous le disions dès le début, l'homme tout entier, dans tous les aspects de son activité, doit aussi entrer de plein droit dans la vision du monde[1]. C'est pourquoi est condamnable la recherche théorique qui ne parvient pas à reconnaître l'ordre extrascientifique de la vie. Ainsi la crise actuelle de la science, dont nous sommes parti, se trouve-t-elle éclaircie en relation avec son passé. Que peut-on en apprendre pour notre époque?

IV. LA VIE DE LA SCIENCE

Il va de soi que nous ne songeons pas à entreprendre de répondre intégralement à chacune des questions qui se posent ici. Nous ne poursuivons la série de pensées que nous avons commencée que dans la mesure où se précise la direction dans laquelle nous nous sommes engagé, afin d'apercevoir dans toute sa clarté, au moins à titre de problème, le rapport de la science de notre époque à la philosophie grecque. Nous reconnaissons alors absolument, et nous insistons expressément sur ce point, que l'intellectualisme grec est une vision du monde unilatérale dont l'homme moderne ne peut plus se contenter. Notre question ne peut être dès lors que la suivante : ne devons-nous pas, si nous voulons en général conserver quelque chose qui puisse porter le nom de « science », rester malgré tout
324 attaché aux trois autres facteurs, à l'homme | théorique, à l'ensemble démythifié de la connaissance et au concept en tant que moyen de connaissance, tels que les Grecs les ont portés à la conscience?

Cependant, avant de traiter séparément de ces trois points, il faut commencer par un éclaircissement préalable et global concernant la vie de

---

1. Cf. *supra*, p. 179.

la science en général. En effet, le simple fait que ce bien culturel ne provient pas seulement de la philosophie grecque mais en est resté factuellement dépendant jusqu'aujourd'hui sur des points essentiels, ce simple fait vaudra, pour les tendances de notre époque qui sont orientées vers le concept de vie, comme une raison de se demander si un tel type de science convient encore à notre monde culturel actuel. On pourrait être d'avis qu'un phénomène <*Erscheinung*> d'un âge si avancé doive être d'emblée considéré comme problématique. Est-il possible que fleurisse encore aujourd'hui ce qui a éclos il y a déjà plusieurs siècles? Si nous voulons parvenir à la clarté quant à la signification de la science, il nous faut donc établir avant tout en quel sens le bien culturel reçu de l'Antiquité peut encore être dit *vivant*. De ce point de vue, la vie de la science devient un problème d'importance pour tout homme théorique : qui ne souhaiterait que tout ce sur quoi il travaille soit véritablement vivant? Personne ne gaspillera ses forces sur quelque chose de mort.

Mais que faut-il entendre lorsque nous parlons de la «vie» de la science? Nous avons déjà indiqué une fois que ce slogan souffrait d'une grande indétermination et nous avons refusé d'utiliser un concept de vie tiré des sciences de la nature ne serait-ce que pour poser le problème[1]. Mais nous avons agi ainsi pour séparer l'une de l'autre la vie *historique* de la culture et la simple nature, de sorte que la question qui émerge à présent n'est pas réglée. La vie culturelle telle qu'elle se développe dans l'histoire doit elle aussi, et surtout elle, être bien vivante, et l'on n'ira pas interdire à la philosophie de comparer cette vie à la vie naturelle des organismes afin de construire un concept englobant, un concept *philosophique* de la vie. C'est ainsi que naît une doctrine générale de la vie, et cette bio-logie au sens le plus large du terme doit également étudier la vie culturelle. Mais il est alors nécessaire qu'elle parle de la vie de la science, et il nous faut comprendre quel est notre droit à exiger de la recherche théorique qu'elle soit vivante à la manière dont le sont les organismes pour pouvoir croître, fleurir et se développer.

| La philosophie moderne de la vie croira pouvoir d'emblée avancer un 325 élément décisif, non seulement à propos de la position de la question mais également à propos de la direction dans laquelle il faut chercher la réponse. Tout vivant commence par éclore, ensuite se développe, fleurit, donne des

1. Cf. *supra*, p. 182 *sq*.

fruits, puis se fane, pour finalement périr. C'est là le destin auquel il ne peut échapper. Jeunesse, maturité et vieillesse doivent donc être les étalons à appliquer partout où il doit s'agir de juger d'une valeur ou d'une non-valeur. Ce qui est jeune et qui croît avec vigueur est dans son droit. Au contraire, ce que l'âge fait grisonner semble rien moins que divin. Les ans n'ont ici aucune puissance sacrée[1] mais conduisent nécessairement tout phénomène <*Erscheinung*> au devant de son propre déclin.

Comment en irait-il autrement de la science? Si l'on pense à son origine, qu'elle tire de l'hellénisme, il est alors établi qu'elle est un produit de la vie dont la jeunesse et la floraison sont passées depuis longtemps. Elle ne peut donc se maintenir dans la vie que si elle entend redevenir jeune, et elle doit pour cela laisser de côté les restes d'Antiquité qu'elle comporte. Sinon, elle demeure soumise au destin de tout vivant qui est de finir par dépérir.

Mais ce n'est pas là tout ce que la philosophie de la vie peut avancer à propos de l'aspiration à la connaissance. Lorsque nous avons considéré l'homme théorique dans ses premiers stades, ont déjà été mis au jour des traits qui peuvent le faire apparaître comme une figure problématique. On doit poser la question de savoir si la science en général a jamais été jeune au sens propre du terme. Au sein de la culture grecque, elle émerge comme un produit tardif, et elle se rend par là suspecte. D'autant plus qu'au temps de Socrate, la vie économique, politique et nationale à Athènes avait dépassé son acmé. Les plus grands triomphes de la recherche théorique coïncident donc dans le temps avec l'extinction de la vitalité <*Vitalität*> grecque. Peut-être y a-t-il ici un lien nécessaire? La science telle que les Grecs l'ont pratiquée est-elle un indice, voire un ferment de leur déclin?

Comme le dit déjà Hegel: « Quand la philosophie peint gris sur gris, alors une figure de la vie est devenue vieille. La chouette de Minerve ne prend son envol qu'à l'irruption du crépuscule »[2]. Ici semble reconnue une

1. *Cf.* F. Schiller, *La mort de Wallenstein*, Acte I, scène 4, v. 206 *sq.*, 215-218: « Le danger qu'il faut craindre n'est point / Celui qui se déclare, plein de force et de vie / Mais l'ordinaire, l'immuable passé, / Ce qui ne cesse pas et sans cesse revient / Et qui sera demain car il est aujourd'hui! [...] Les ans qui passent ont le pouvoir de sanctifier, / Tout ce que l'âge a rendu gris est à ses yeux divin. / Si tu es possesseur, tu es dans ton droit / Et la foule pieusement te le conservera » (trad. fr. par G. Darras, *Wallenstein*, Paris, L'Arche, 2005, p. 172).

2. G. W. F. Hegel, *Principes de la philosophie du droit*, Préface, trad. fr. J.-F. Kervégan, Paris PUF, 1998, p. 88. On remarquera que Rickert omet de citer une partie du propos de

vérité qui va tout à fait dans le sens de la philosophie moderne de la vie. L'homme théorique fut d'entrée de jeu un type déclinant <*Niedergangs-typus*> ou encore un symptôme du crépuscule des peuples. C'est la thèse en faveur de laquelle, eu égard à l'hellénisme, s'est engagé en particulier le philosophe de la vie qu'est Nietzsche. En tant qu'archétype de l'homme théorique, | Socrate signifiait pour lui simultanément un phénomène de **326** déclin[1], et il exprima la pensée de Hegel en recourant lui aussi à l'image d'un oiseau, quoique dans un style qui n'est peut-être pas d'aussi bon goût : « Peut-être la sagesse n'apparaît-elle sur terre que sous la forme d'un corbeau qu'excite un discret relent de charogne ? »[2]. On en vient donc de nouveau à douter de la valeur vitale de la théorie pure.

On peut même chercher en fin de compte à comprendre l'hostilité de la vie à l'égard de la science comme nécessaire d'après son essence propre, et ce en s'attachant de nouveau à ce qu'on peut établir, dès son apparition, à propos de l'homme théorique et du type de vie qui est le sien. Comme nous l'avons vu, il n'y eut de science au sens strict qu'à partir du moment où les hommes cessèrent de chercher pour vivre et vécurent pour chercher. Une inversion de l'état d'origine, dans lequel la vie est une fin et non un moyen, fut nécessaire ; or, du point de vue de la vie, cette transformation semble fortement sujette à caution. Car on ne peut douter du fait que l'homme soit un membre de la série d'ensemble des vivants et qu'il demeure soumis, quoi qu'il arrive, à ses lois vitales universelles. Par conséquent, il ne peut valoir comme accompli que pour autant qu'il aspire soit à ce qu'exige sa vie individuelle soit à ce qui conserve la vie de son genre. Or, là où elle se met au service du combat pour la vie, la recherche de la vérité témoigne sans aucun doute elle aussi d'une force de vie et d'une bonne santé. Elle peut même y être fort utile et agir dans le sens de l'accroissement de la vie. En revanche, on ne peut comprendre que comme une dégénérescence le déplacement qui se manifeste chez l'homme théorique et qui transfère la valeur propre de la vie sur la recherche, comme un transfert morbide du

Hegel. Celui-ci écrit en effet : « Quand la philosophie peint gris sur gris, alors une figure de la vie est devenue vieille et, avec du gris sur gris, elle ne se laisse pas rajeunir, mais seulement connaître ; la chouette de Minerve ne prend son envol qu'à l'irruption du crépuscule ».

1. F. Nietzsche, *Crépuscule des idoles*, « Le problème de Socrate », *OPC*, VIII, p. 69-74. *Cf.* également *La Naissance de la tragédie*, *OPC*, I-1, § 12, p. 96 *sq.*, § 18, p. 121 *sq.*, *Socrate et la tragédie*, *OPC*, I-2, p. 39 *sq.*, *Ecce homo*, « La Naissance de la tragédie », § 1, *OPC*, VIII, p. 286.

2. F. Nietzsche, *Crépuscule des idoles*, « Le problème de Socrate », § 1, *OPC*, VIII, p. 69.

centre de gravité de la vie, aussi absurde que l'avarice, de sorte qu'il n'y a pas à s'étonner de ce que la science coïncide en Grèce avec le déclin de la vie nationale, ni même qu'elle le précipite. La recherche pour la recherche elle-même – voilà ce qui mine le fondement de la vitalité <*Vitalität*> et de sa force de résistance, dans la mesure où cela détourne l'homme du souci de sa vie. Celui qui ne connaît plus pour vivre mais qui ne vit plus que pour connaître, celui-là enfreint une loi de *toute* vie, y compris celle de la culture, et c'est pourquoi il doit disparaître.

Pour prendre position face à de telles pensées et à des pensées semblables, nous partons d'une difficulté qui se fait jour dès qu'on étudie à partir de ses propres présuppositions la « doctrine de la science » que nous avons présentée. Celle-ci se montre choquée par le déplacement de valeur qui a lieu chez l'homme théorique et considère ce dernier, en raison de ce déplacement, comme une « dégénérescence ». Ce terme n'est certainement

327 pas dépourvu de sens ici. D'un point de vue biologique, | on peut dire, de fait, du chercheur qui met sa vie au service de la vérité qu'il accomplit le pas le conduisant vers un autre « genre », ce qu'on peut bien désigner comme une dé-générescence. La question est seulement de savoir si cela doit avoir en même temps la signification d'une condamnation. Si on le croit, on tombe alors dans des difficultés. Qui pratique donc la distinction entre différents genres et sur quoi s'appuie-t-on lorsqu'on la pratique en vue de désapprouver certaines manifestations culturelles en tant que déviations par rapport au type pur ? Serait-ce la vie qui se retourne ici contre l'homme théorique et contre sa science en tant que dégénérescence ? Il ne saurait en être question. À cet égard, la vie est muette de naissance et tant qu'elle sera simple vie, aucune langue ne lui permettra de se soulever contre la science. Aucun jugement ne sera donc prononcé ici par le genre vivant à l'encontre de l'homme dégénéré.

Qu'est-ce qui se produit bien plutôt, en vérité ? Lorsque, en se fondant sur des théories philosophiques de la vie, on combat la recherche théorique au nom de son hostilité à la vie, c'est toujours un homme théorique qui a la parole et, pour pouvoir fonder ce qu'il avance, il doit s'appuyer sur des recherches qui sont le résultat d'une évolution de la culture théorique s'étendant sur plusieurs siècles. Mais doit-on condamner du même coup ces recherches comme dégénérées ? Il y a manifestement ici quelque chose qui ne va pas. Si l'on y regarde avec attention, il apparaît que dans la doctrine de la science évoquée, ce n'est pas le genre authentique qui lutte contre une déviation, mais l'homme théorique contre l'homme théorique, de sorte que celui-ci mine les présuppositions mêmes sans lesquelles il ne pourrait mener son combat. Il use d'arguments scientifiques pour déclarer la guerre par leur moyen à toute science. Il y a là une contradiction qui se dissipe dès qu'on cesse de confondre *Bios* et bio-logie. La philosophie de la vie demeure, quoi qu'il arrive, un produit de la science. En condamnant toute science en tant que dégénérescence de la vie, elle se conduit par suite elle-même *ad absurdum*. D'après ses thèses, il ne devrait y avoir que de la vie et aucune philosophie de la vie.

Pour celui qui veut éviter l'absurdité des présuppositions de la théorie de la vie hostile à la théorie mais qui refuse malgré tout de reconnaître la science comme un bien, la seule issue consiste à ne plus s'occuper de questions théoriques en général. Il peut bien suivre son propre chemin, et il n'a rien à voir, dès lors, avec la science, y compris en tant qu'adversaire de celle-ci. Il n'est plus objet de notre considération. Celui qui | entreprend en **328** revanche de combattre toute science au moyen de raisons scientifiques, ou bien ne sait pas ce qu'il fait, ou bien doit affirmer que l'essence de la science se révèle précisément en ce qu'elle se supprime elle-même au moment de sa pleine réalisation et commet ainsi un suicide bien utile à la vie.

Mais ne serait-ce pas là un jugement précipité? Il demeure tout de même aussi possible, en tout état de cause, que l'absurdité évoquée n'exprime rien d'autre que l'incapacité de la philosophie de la vie à prendre part en général aux questions culturelles telles que le bien de culture qu'est la science nous les adresse, et c'est seulement en continuant à penser dans cette direction que nous parviendrons à un résultat satisfaisant au sujet de la vie de la science.

La meilleure façon de prendre conscience de l'erreur de la doctrine de la science hostile à la science peut conduire en même temps au côté positif du problème. Il n'est tout simplement pas vrai de dire que la vie théorique se déroule comme celle du vivant organique, qu'elle éclôt, se développe, fleurit, donne des fruits, puis se fane, pour finalement périr. La science constitue bien plutôt une partie de la vie culturelle dont les commence-ments gisent dans l'obscurité du passé et qui n'a pas cessé, malgré de longues interruptions, de se développer jusqu'au moment présent. Les concepts qui se comprennent d'eux-mêmes si l'on considère la vie dans sa répétition ne *peuvent* pas convenir à un tel devenir historique dont le cours n'est pas circulaire comme celui de la vie des organismes, mais se modifie continûment de sorte qu'il fait venir au jour des formes toujours nouvelles et n'ayant encore jamais existé. Dans la vie de la culture telle qu'elle devient et se développe historiquement, il n'y a en particulier ni commencement ni fin d'un genre tel qu'on pourrait dire ses produits jeunes ou vieux, florissants ou déclinants, au sens où ces termes sont appliqués aux animaux ou aux plantes. Si l'on veut utiliser ici ces concepts en général, ils doivent d'abord être déterminés avec exactitude. Sinon, rien ne sera décidé par leur moyen, dans l'étude des manifestations culturelles, quant à la valeur ou à la non-valeur de ces dernières.

Que peut donc signifier qu'un bien culturel soit vieux ou jeune? La seule transposition de tels concepts à des communautés humaines comme les nations culturelles doit déjà conduire à des erreurs si l'on oublie que la vie d'un peuple se distingue essentiellement, en tant que totalité, de la vie de ses membres singuliers. À l'intérieur de chaque génération vivent aussi **329** bien des individus jeunes que des vieux, et c'est | la raison pour laquelle on ne doit pas dire sans plus qu'une génération, en tant que tout, soit vieille ou jeune comme l'est tel ou tel homme singulier. Cela va tellement de soi qu'il ne devrait pas être du tout nécessaire de le souligner expressément, et l'on voit pourtant déjà par là combien sont indéterminées et creuses les manières populaires de parler d'une culture vieille ou jeune, florissante ou déclinante. Dans la science, laquelle a besoin de concepts déterminés, de tels slogans ne font pas progresser sans des indications plus précises quant à leur signification.

De même, on aime toujours parler au sens figuré de jeunesse et de vieillesse à propos des peuples. On peut renvoyer au fait que, comme celle des individus, la vie des nations est enserrée dans des limites temporelles. Nous ne connaissons pas de peuple dont il soit possible de dire que sa vie n'aura jamais de fin. De même que chaque peuple a eu une fois un commencement, il doit également à son tour cesser d'être, et l'on peut bien appeler «jeunes» les stades précoces et «vieux» les stades tardifs. C'est plus qu'une simple image. D'autant que le concept de dépérissement d'une nation, ainsi compris, semble n'être pas douteux et peut s'appuyer sur nombre d'exemples tirés du passé de la culture. Avec la prudence requise, dira-t-on, on peut tout à fait tenter de mener à bien une considération comme celle qui a été indiquée, portant sur la naissance et la mort des peuples.

Nous voulons faire l'hypothèse que cela soit correct. S'ensuit-il pour autant que les concepts de jeunesse et de vieillesse sont utilisables non seulement pour les peuples mais pour chacun de leurs produits culturels?

Cela ne serait alors juste que si la mort d'un peuple signifiait toujours également le déclin de tous les biens culturels qu'il a produits – et l'on ne peut rien dire de tel. C'est justement ce que montrent de la manière la plus précise la philosophie grecque et la recherche européenne qui en dépend. La science née en Grèce n'a pas disparu avec le peuple au sein duquel elle est apparue pour la première fois. Son travail a bien plutôt été repris par d'autres peuples avec une force nouvelle, et lorsque ces peuples déclinèrent à leur tour, il se trouva à nouveau des hommes prêts, dans la fleur de leur jeunesse, à poursuivre l'œuvre commencée par les Grecs. Ainsi les termes « jeune » et « vieux » perdent-ils leur signification, même au sens figuré, dès qu'on cherche à les appliquer, à titre de principes de jugement, à des biens culturels qui, comme la science, ne sont pas restés limités à des nations singulières.

Ici s'exprime un principe général de la science de la culture. On ne doit
| jamais se contenter de considérer les biens culturels ayant une signifi- **330** cation concrète comme on considère les hommes qui y travaillent, et si les personnes peuvent bien être aussi subsumées à bon droit sous des concepts de vie, il ne s'ensuit, par conséquent, absolument rien quant à l'œuvre qui procède de leur activité. La science fournit pour cela l'exemple classique. En tant que bien culturel, elle consiste en des propositions qui ont un sens théorique vrai, et elle ne mérite le nom de « science » que pour autant que sa teneur concrète peut être détachée des individus comme des peuples qui l'ont progressivement connue. Si l'on veut dire que la science aussi mène une « vie », on peut bien le faire, mais il s'agit alors d'une vie propre <Eigenleben> dont l'être est indépendant de la vie organique et qui, par conséquent, ne se laisse pas ranger sous les concepts biologiques de la jeunesse et de la vieillesse. En particulier, le fait que la science est « vieille » de quelques siècles ne contredit pas le moins du monde sa « jeunesse », si l'expression doit se rapporter à sa vie propre concrète. Cette vie ne vieillit pas au sens où son déclin y serait lié, et elle ne vieillit même absolument pas tant que des individus ou des peuples jeunes mettent encore leur vie à son service.

C'est ainsi qu'est éliminé l'un des doutes que, du point de vue de la vie, on peut faire valoir contre la recherche théorique. Même si l'on croit que les *hommes* de science doivent être subsumés sous des concepts de vie, on ne doit pas pour autant transposer cette considération aux *biens de culture concrets* eux-mêmes. Il n'y a donc pas de raison convaincante que la philosophie moderne de la vie considère la science comme suspecte parce que ses débuts se trouvent chez les Grecs et qu'elle est demeurée dépendante de ce peuple dont la culture nationale a disparu depuis longtemps. Ici, le grand âge ne met absolument pas en question la vitalité.

Mais il nous faut faire encore un pas en avant afin de reconnaître à quel point il est peu nécessaire, dans une exposition de la vie de la science, de commencer par des concepts biologiques. Les hommes et les peuples qui leur donnent naissance se dérobent aussi à une exposition par la philosophie de la vie, et ce pour autant précisément qu'ils sont au service de la culture concrète. Ils ne sont pas essentiels à la doctrine de la science par ce qu'ils signifient en tant que vivants mais seulement par ce qu'ils effectuent pour la science. Le sens de leur vie est déterminé par leur vie propre <*Eigenleben*>. En tant que simples vivants, ils n'effectuent encore rien pour la science. Ils

331 ne deviennent bien plutôt des hommes de science qu'en | se tournant vers des valeurs en propre qui sont autre chose que des valeurs de vie, c'est-à-dire en commençant à cultiver le bien culturel qu'est la science par amour de la vérité. Prenant ainsi part à sa vie propre, ils accomplissent du même coup le pas qui les conduit à un autre « genre », et c'est pourquoi la considération qui réprouve une telle dé-générescence doit nécessairement conduire à une contradiction.

Cela montre en même temps combien il est faux de penser que la science se supprime elle-même en se développant de manière conséquente. La fausse évaluation biologique porte seule la responsabilité de l'absurdité à laquelle on est conduit. C'est précisément cette évaluation qu'il faut soigneusement éviter là où la vie devient essentielle pour la raison qu'elle se tient au service de valeurs théoriques en propre. Un traitement concret du problème n'est possible qu'à partir de ces dernières, et ce n'est qu'avec leur aide que peut être établi ce que signifie la « vie de la science », si cette expression ne doit pas perdre son sens.

Une fois que nous aurons ainsi gagné le juste point de vue pour juger des biens culturels historiques ainsi que des hommes ou des peuples qui y travaillent, nous serons alors en mesure d'apprécier tout d'abord la prestation des Grecs en faveur de la science, aussi bien dans son rapport avec leur propre culture qu'avec celle des époques postérieures. Peut-être s'avérera-t-il difficile de décider avec certitude si, il y a des millénaires de cela, c'est une liaison causale qui s'est exprimée dans la coïncidence temporelle de la floraison de la recherche et du déclin national. Il n'est tout de même pas possible de nier la simultanéité, et c'est pourquoi nous voulons admettre ici que la science a effectivement été autrefois l'un des facteurs qui ont porté préjudice à la vitalité <*Vitalität*> de l'être national. Serions-nous par là déjà en droit de condamner l'homme théorique en général ? Sur ce point également nous parvenons à un tout autre résultat que la considération de la vie, dès que nous séparons conceptuellement la vie propre de la culture de la vie des organismes. Mais c'est là une nécessité, car les Grecs ne sont pas morts à *tous* points de vue. Assurément leur vie nationale a-t-elle disparu. Mais, là où on la combat aujourd'hui, leur culture se montre au contraire encore éminemment « vivante ». Des millénaires après la mort de cette nation, aucun chercheur européen dans le domaine de la culture ne peut l'ignorer. Nous devons donc bien lui concéder une vie propre qui surpasse de loin toute vie naturelle. Mais les Grecs n'ont dû cette vie propre qu'au fait que, de la simple vie, ils se sont tournés vers des valeurs en propre valant indépendamment de toute vitalité <*Vitalität*>. Ils vivent encore aujourd'hui précisément parce qu'ils entendaient « dégénérer ». Il devient ainsi parfaitement clair que ce qui, du | point de vue de la vie, apparaît **332** comme un déclin fut, considéré à la manière des sciences de la culture et si l'on souhaite faire ici usage d'une telle expression en général, l'apogée de la « floraison ».

Le verbe « fleurir » n'est cependant qu'une image, car cette floraison ne s'est pas fanée et elle ne se laisse pas non plus ramener à des concepts de vie. Les lois de l'organisme n'ont pour elle aucune validité. Toute vie biologique porte en soi le germe de la mort, alors que la vie de la science n'est pas obligée de mourir. C'est une vie dans la vérité, laquelle peut être dite atemporelle ou éternelle. C'est ainsi leur conversion de la vie naturelle vers les valeurs en propre qui a fait gagner aux Grecs l'immortalité, et il ne faut pas seulement entendre par là une validité atemporelle des *valeurs* qui sont attachées aux produits culturels qu'ils ont créés, mais nous devons aussi dire des Grecs qu'ils sont immortels eu égard au fait qu'ils *continuent à agir* à leur manière propre dans la culture historique des époques qui ont succédé à leur déclin. Un peuple peut-il souhaiter pour lui-même quelque chose de meilleur que de disparaître d'une manière telle qu'il continue à vivre durant des millénaires ? L'homme sans préjugé, qui ne se laisse plus illusionner par l'ambiguïté des slogans à la mode que sont la « vie » et la « mort », n'aura ici aucun doute. Si la réussite de la science chez les Grecs devait effectivement être en même temps responsable de leur mort, alors nous voulons célébrer le vivant qui aspire à cette mort par le feu[1].

Mais nous avons présupposé jusqu'à présent le cas le moins favorable, afin de rejeter comme intenables, même dans ce dernier cas, les attaques qui sont menées contre la science. Au reste, il n'est pas du tout établi que la coïncidence temporelle entre floraison de la science et déclin de la vie nationale signifie qu'il y ait entre elles une liaison causale. Cependant, même indépendamment de toute décision quant à ces questions, nous parvenons, concernant la vie de la science, à un résultat qui contredit toutes les philosophies habituelles de la vie. L'hostilité à la vie qu'on veut trouver dans l'essence de la science sous prétexte que l'homme théorique a déplacé l'accent de la vie naturelle de la fin vers le moyen signifie, du point de vue de la culture, si peu une objection que la dé-générescence biologique doit bien plutôt être considérée comme signe de la vie culturelle la plus intense. Nous en connaissons déjà les raisons décisives, et il n'est plus nécessaire, par conséquent, d'en fournir une exposition exhaustive pour rejeter même l'argument de la philosophie de la vie qui semble le plus fort.

Celui qui ne vit qu'au sens biologique et qui ne fait jamais du monde des valeurs en propre le centre de sa vie, celui-là, comme tous les vivants, meurt

333 tôt ou tard, et il meurt alors pour toujours. En tant que | simple vivant, il ne laisse pas la moindre trace caractéristique de son être dans la culture des temps qui lui succèdent. S'il veut s'élever au-dessus de ce destin qui consiste à devoir mourir une fois pour toutes, il lui faut alors s'extraire de la série des simples vivants. Il n'y a pas d'autre chemin terrestre pour échapper à la mort. Cela vaut pour les hommes de culture singuliers comme pour les peuples culturels. Ce n'est qu'en cessant d'être simplement vivants qu'ils prennent part à la vie qui, tant qu'il y a une culture, ne meurt pas. Les hommes qui, au contraire, vivent conformément aux idéaux de la philosophie de la vie et cherchent à devenir les hommes les plus vivants qui soient, sombrent peu après pour toujours dans la nuit dont ils ont émergé

---

1. Citation quasi exacte de Goethe, *Le Divan*, Le livre du chanteur, « Bienheureux désir » : « Ne le dites à personne, sinon au sage, / Car la foule est prompte à railler : / Je veux louer le Vivant / Qui aspire à la mort dans la flamme », trad. fr. H. Lichtenberger, Paris, Gallimard, 1984, p. 43.

pour une existence temporaire. Qui veut demeurer durablement auprès de <*am*> la vie doit pouvoir faire plus que vivre[1].

Ces remarques étaient nécessaires pour parvenir à la clarté quant au sens en lequel la science doit être vivante. Il faut rejeter à tous points de vue la manière biologico-philosophique de considérer les choses. Si l'homme ne voulait chercher que pour vivre, il s'ensuivrait déclin et dégradation non pas de la vie, mais bien de la science. La vie propre de cette dernière ne se meut donc sur une ligne ascendante que s'il se trouve des hommes pour mettre leur vie au service de la connaissance et poursuivre le travail là où, du fait de leur mort naturelle, leurs prédécesseurs ont dû laisser leur œuvre en plan. Ainsi, la vie de l'*œuvre* dure au-delà de tous les changements qui ont lieu dans la vie des *hommes*. Et plus cette œuvre prend de l'âge, plus elle gagne en richesse. Il n'y a donc pas la moindre raison de craindre de nous affairer à une chose morte ou dépérissante si nous restons fidèles à l'héritage que nous avons reçu des Grecs.

Mais de même que ce bien culturel mène concrètement une vie propre qui se distingue principiellement de la vie naturelle, de même devons-nous aussi, nous qui travaillons à la science, vivre comme des hommes théoriques et déplacer dans cette mesure l'accent naturel de la vie. Tout comme les Grecs ont gagné l'immortalité en se détournant de la simple vie, nous dépassons à notre tour, en prenant part à la vie propre de la science, le destin de toute vie, qui est de devoir mourir. C'est donc précisément dans l'intérêt de notre *vie* qu'il nous faut pratiquer la science. Sa vie nous maintient également vivants. Mais elle ne vit que si elle rend effectives des connaissances vraies, et il y a toujours besoin pour cela d'hommes du type de ceux qui sont apparus pour la première fois en Grèce. C'est pourquoi,

---

1. *mehr als leben*. Il s'agit là d'une expression caractéristique de la philosophie de la vie. Elle fut élevée par G. Simmel au rang de concept philosophique, notamment dans son dernier ouvrage, *Lebensanschauung* [*L'intuition de la vie*], en son premier chapitre, « Die Transzendenz des Lebens » [« La transcendance de la vie »]. La vie y est définie de manière dialectique comme auto-dépassement dans deux directions distinctes : comme plus-de-vie (*Mehr-Leben*) et comme plus-que-la-vie (*Mehr-Als-Leben*). On se reportera au commentaire qu'en propose V. Jankélévitch dans son essai introductif à *La tragédie de la culture*, Paris, Rivages, 1988, p. 26-41, et en particulier p. 34 *sq*. Il va de soi que Rickert propose ici une conception radicalement distincte de l'auto-dépassement de la vie, et que ce dernier relève plus pour lui de la métaphore que d'une dialectique immanente à la vie. On notera que Nietzsche fait quant à lui usage de l'expression *Mehr-Leben* pour renvoyer au fait que pour l'homme en grande santé, la maladie est un moyen de « plus vivre » (*Ecce homo*, « Pourquoi je suis si sage », § 2, *OPC*, VIII, p. 247).

334 lorsqu'elle combat l'homme socratique, | la philosophie de la vie ne sert en
aucune façon la vie de la science.

Cela ne signifie naturellement pas que nous devions en rester pour cette
raison à ce que les Grecs ont produit il y a des siècles. De fait, aucune vie
scientifique n'aurait lieu si les hommes ne faisaient que reprendre toujours
à nouveau les pensées qui ont déjà été pensées une fois. La science elle aussi
ne vit effectivement que dans la croissance et le développement. Mais des
termes tels que ceux-ci ne doivent pas être pris à leur tour en un sens
biologique général, tel qu'ils conviennent aussi aux organismes vivants, et
nous ne devons pas croire en particulier que le développement de la
nouvelle vie scientifique présuppose ou exige la mort de l'ancienne vie. Au
contraire, pour autant que la vie de la science a été véritablement vivante
auparavant, elle demeure vivante dans la nouvelle vie, et nous ne surpas-
sons l'ancienne vie qu'en accroissant simultanément ce qui en est conservé.

Mais cela ne se produira certainement pas en inventant un tout nouveau
type de science qui n'aurait plus que peu – voire rien du tout – en commun
avec la science des époques précédentes; la science ne reste vivante dans
son avancée qu'en ne cessant pas de produire un *matériau* nouveau et,
grâce aux moyens qu'elle a conservés, en en faisant une connaissance
neuve, c'est-à-dire plus englobante. Se soucier de ce que, dans cet effort
pour maintenir la science dans sa nouveauté et dans sa vie, la matière
<*Stoff*> pourrait venir à nous faire défaut, et de ce que nous devrions par
conséquent reprendre alors la chose de fond en comble – un tel souci n'est
pas fondé. Car le monde qu'il nous faut connaître demeure toujours d'une
inépuisable diversité et nous propose des tâches toujours nouvelles. Il
n'est que de *vouloir* sérieusement, et nous nous heurterons bientôt à des
difficultés au bout desquelles seule une vie scientifique intense et inédite
sera à même de venir. C'est ainsi que l'ancienne forme de la science ne
cesse de recevoir un nouveau contenu et par là une nouvelle « vie ». Si la
science vient un jour à s'effondrer, seul en sera responsable notre manque
de force vitale scientifique, c'est-à-dire notre incapacité à nous consacrer
théoriquement à la chose théorique. Encore cela n'arrivera-t-il que tempo-
rairement. Nous n'avons pas à craindre que la force vitale scientifique ne
dépérisse durablement, de sorte que la vie de la science, au sens du terme
que nous avons indiqué, devrait être également assurée pour l'avenir.

| V. FACTEURS ATEMPORELS ET FACTEURS TEMPORELLEMENT   **335**
CONDITIONNÉS DE LA SCIENCE GRECQUE

Il nous reste maintenant à prendre encore position par rapport aux points particuliers dont nous avons souligné le sens caractéristique pour l'essence de la science grecque, et à nous demander dans quelle mesure leur revient une signification *supra*-historique ou atemporelle. La réponse à cette question doit éclaircir par conséquent le rapport de la vie de la science moderne à la vie de la philosophie grecque. Nous faisons ici tout d'abord abstraction des problèmes derniers de la vision du monde, pour traiter des trois premiers points pour eux-mêmes – ce qui est possible pour peu que nous considérions la science comme *un* bien culturel *parmi d'autres*, devant être d'autant plus soigneusement conservé et développé dans sa singularité qu'il prétend moins à l'hégémonie. Il est alors possible de montrer aisément que les Grecs ont effectué quelque chose d'immortel pour ce côté spécial de la culture humaine, et que, sous plus d'un aspect, nous ne devons pas abandonner la voie qui est la leur tant que la science en général nous tient à cœur.

La signification de l'homme théorique doit déjà être suffisamment claire pour ne plus requérir d'exposition expresse. S'il doit y avoir une science quelle qu'elle soit, ce type d'homme est indispensable. C'est précisément si nous présupposons que la recherche est un travail culturel parmi d'autres que la vérité peut aussi n'être qu'une valeur parmi d'autres valeurs en propre de la vie culturelle ; nous avons alors besoin, pour la réalisation effective de la connaissance vraie, de sujets qui cherchent « pour la considération théorique elle-même »[1], ou bien qui n'aiment le savoir que parce qu'il est vrai. Aucun souci sérieux du bien culturel qu'est la science ne serait pensable sans ce déplacement axiologique que nous avons exposé ni la transformation, qui en procède, du moyen en une fin. Ce n'est certainement pas une raison pour en venir à souhaiter que *tous* les hommes trouvent en la recherche scientifique le sens de leur vie. Même en Grèce il n'en a pas été question non plus. Comme chez nous, le nombre des sujets théoriques y était relativement réduit. Mais les hommes qui ont choisi la connaissance scientifique comme métier doivent demeurer des Grecs en ce qu'ils ne cherchent pas le savoir à des fins extra-scientifiques mais l'aiment

---

1. Cf. *supra*, p. 187, note 2.

par amour pour la théorie. C'est là le premier point par rapport auquel il ne faut <*darf*> pas s'écarter fondamentalement de l'essence de la première science.

336 | Qu'en est-il dès lors de la teneur objective de la science, qui fut chez les Grecs le résultat de ce qu'ils cherchaient à connaître toute singularité dans sa connexion avec le tout ?

Il semble bien aujourd'hui y avoir chez nous une différence essentielle sur ce point. L'homme théorique moderne ne tourne pas toujours son attention vers le monde dans son ensemble <*Weltganzen*>, en posant alors la question du principe de toute chose. Outre la science du tout du monde <*Weltall*>, il y a des disciplines spéciales dont les buts cognitifs sont limités. Cela n'était cependant pas non plus étranger à l'hellénisme et, même abstraction faite de ce point, la spécialisation de la science ne signifie pas encore, par rapport au but cognitif des Grecs, un éloignement principiel dans une direction qui serait pour nous essentielle. Si, dans la connaissance, toutes les parties du monde ne sont peut-être pas agencées dans la connexion *du* tout, il reste que la science veut toujours saisir *un* tout, en lequel elle assemble toutes ses singularités. Nous ne pouvons pas, nous non plus, renoncer dans la science à une « *archè* », à un principe de la liaison d'ensemble des connaissances. C'est là le point décisif. Par comparaison avec lui, le fait que la science moderne, afin de trouver pour chacun d'entre eux des principes *particuliers* de la connaissance, découpe dans une bien plus grande mesure le monde en des domaines spéciaux que ne le faisait la science grecque – ce fait est secondaire. Par nous comme par les Grecs, la partie singulière est connue dans sa connexion avec le tout auquel elle appartient en tant que partie.

Mais nous ne voulons pourtant pas, nous non plus, renoncer pour toujours à connaître finalement les différentes totalités <*Ganzheiten*>, que nous avons étudiées tout d'abord séparément, comme des parties d'un tout dernier, omni-englobant ; et il n'est pas du tout nécessaire d'expliquer en particulier que l'ensemble purement scientifique doit être, pour nous comme pour les Grecs, dépourvu de tout mythe. C'est ainsi qu'eu égard au deuxième des facteurs mentionnés, l'idéal grec de la connaissance demeure tout aussi peu contesté qu'il ne l'était relativement à l'homme théorique.

Qu'en est-il toutefois du moyen de la connaissance, du *concept ?* C'est peut-être ici qu'on se refusera le plus à emprunter l'ancien chemin, dont Aristote rapporte qu'il constituait la méthode socratique. Il est vrai que dans le monde moderne, c'est souvent une pure et simple aversion à l'encontre de la pensée conceptuelle qui se donne à voir : on souhaite qu'elle soit remplacée, dans la science également, par l'*intuition*.

Il n'est pourtant pas difficile de montrer que dans cette perspective non plus il n'est pas possible de parler d'une opposition principielle par rapport à | la philosophie grecque. Sans doute y a-t-il aujourd'hui des espèces forts **337** différentes de formation de concepts, se rapportant fort différemment au monde intuitif. La seule induction généralisante ne peut suffire. La pluralité des méthodes, dans sa liaison avec la différenciation propre à la recherche moderne et avec la division du tout du monde, touche un grand nombre de disciplines singulières. Mais nous ne devons pas manquer pour autant ce qu'il y a de commun dans cette diversité, et il nous faut maintenir que, prise seulement pour elle-même, l'intuition ne fournit encore aucune vérité scientifique. Un seul fait suffit à en décider. L'indication précise de ce que doivent signifier les termes dont se composent les propositions de la science est toujours requise, et l'on ne peut atteindre en principe à une telle univocité de la langue autrement que par une « délimitation » au sens socratique[1].

Le contenu de ce que nous voulons exprimer dans la science doit donc être déterminé conceptuellement afin que tous ceux qui entendent ou lisent nos termes comprennent leur sens comme *le même*. Sans la forme logique de l'identité du contenu conceptuel, par opposition à la multiplicité des représentations diverses et flottantes des individus singuliers, il n'y a pas, aujourd'hui non plus, de connaissance valide pour tous d'un objet commun. On ne voit pas comment, par conséquent, la science pourrait jamais s'en sortir sans concepts déterminés. Nous demeurons, dans cette perspective aussi, les successeurs des philosophes grecs qui pensaient dans des concepts.

Nous sommes ainsi parvenu à un résultat décisif. Nous avons vu tout d'abord qu'en Grèce, la science, en tant que bien culturel, consistait en propositions reliées, par leurs termes, à des concepts, et qui exprimaient par là de manière univoque la vérité, cherchée pour elle-même, à propos de l'ensemble des objets de la connaissance. Il doit être clair à présent qu'il ne peut en aller autrement de la science moderne. À travers les trois facteurs que sont l'homme théorique, l'ensemble démythifé de la connaissance et la détermination du concept comme moyen de la connaissance, les Grecs ont

---

1. Cf. *supra*, p. 194 *sq*.

ainsi façonné un bien culturel qui possède une signification atemporelle, c'est-à-dire qui est valide pour toutes les époques, et auquel nous devons par conséquent nous en tenir tant que nous voulons pratiquer la science en général. –

Mais le point principal semble pourtant ne pas être encore tranché par là. Pouvons-nous donc, en tant qu'hommes modernes, *vouloir* encore d'une science? N'est-il pas nécessaire que nous succombions par là, du **338** même coup, à la | vision du monde intellectualiste des Grecs, contredite par la conscience culturelle de notre époque?

La réponse à cette question n'est plus difficile, elle non plus, après les éclaircissements précédents. Il ne nous reste encore qu'une chose à faire : nous devons mettre en question la présupposition grecque selon laquelle le semblable n'est connu que par le semblable, de sorte que le concept vrai serait une copie de l'essence du monde[1]. Une nouvelle situation s'ouvre dès lors à nos yeux. Si l'interprétation grecque de la connaissance devait en effet s'avérer intenable, nous serions alors délivrés du même coup de toutes les conséquences de la vision du monde propre à l'intellectualisme. Nous pouvons donc voir dans la connaissance par concepts une simple forme parmi d'autres, pour laquelle l'homme peut se décider dans son rapport au monde, sans lui accorder par là une hégémonie sur l'ensemble de la vie culturelle. Plus : si nous avons reconnu que la science se justifie tout autant comme bien culturel particulier parmi d'autres, il en résulte justement pour l'homme théorique l'obligation de reconnaître également les valeurs artistiques, morales et religieuses comme des valeurs en propre indépendantes qu'il ne faut jamais mesurer à l'aune de la valeur théorique d'une simple perfection intellectuelle.

Bref, si la *théorie* grecque de la *connaissance comme copie* tombe, l'intellectualisme n'apparaît plus du tout lié nécessairement aux trois autres facteurs de la recherche grecque, de sorte que personne n'a encore le droit de combattre la science ancienne parce qu'il la rend responsable d'une vision unilatérale du monde.

Cette indication doit suffire à clarifier en principe le problème du rapport de la science moderne à la philosophie grecque, et nous ajouterons seulement un mot de conclusion à propos du chemin qui mène à une décision définitive. Il est devenu clair, à partir de nos remarques, que ce

---

1. Cf. *supra*, p. 196 *sq.*

n'est que par une *théorie du connaître* que nous obtenons des explications sur la position qui est celle de l'homme théorique par rapport à l'intellectualisme; et il faudra avant tout prendre ici en considération la philosophie du penseur de la naissance duquel nous fêtons présentement le deux centième anniversaire, car c'est par Kant que la conception grecque de la pensée scientifique comme mise en image de l'essence du monde a été jusqu'à présent le plus ébranlée. De là résulte la grande signification du « criticisme » moderne également pour les problèmes derniers de vision du monde en philosophie, lui qui procède apparemment de manière si spécialisée et qui est traité comme un rationalisme étroit *<rationalistisch>*. Si la théorie de la connaissance réussit à montrer | que nous pouvons nous **339** tenir au concept grec de la science sans succomber en même temps à l'intellectualisme grec, alors non seulement est établie par là la base d'une doctrine de la science englobante, mais se trouve également produit le fondement sur lequel édifier une théorie omnilatérale *<allseitig>* de la vie culturelle dans son ensemble, de sorte que doivent se taire les accusations portées contre la science, selon lesquelles elle rend l'homme unilatéral ou ne reconnaît pas son droit à la pleine vie. La reconnaissance d'une telle philosophie universelle de la vie culturelle humaine constituerait une « critique » bienfaisante de la science.

LE COMMENCEMENT DE LA PHILOSOPHIE[a]

« C'est seulement à l'époque moderne qu'on a pris conscience du fait que trouver un commencement dans la philosophie constitue une difficulté, et c'est seulement alors que la raison de cette difficulté, tout comme la possibilité de la résoudre, ont été discutées de manière variée. Le commencement de la philosophie doit être soit un *médiatisé* soit un *immédiat*, et il est aisé de montrer qu'il ne peut être ni l'un ni l'autre, par quoi l'une et l'autre manière de commencer se trouve réfutée ».

C'est en ces termes que Hegel débute le premier livre de sa *Science de la logique*[1] et expose ensuite avec plus d'exactitude le problème du commencement de la philosophie. Nous n'avons aucun motif de nous engager plus avant dans ses pensées, mais nous retenons seulement l'affirmation selon laquelle le commencement doit être soit un médiatisé soit un immédiat, et selon laquelle il ne peut être ni l'un ni l'autre. Peut-on fonder ce point *dans la chose* <sachlich>, ou bien la difficulté dont parle Hegel ne provient-elle pas plutôt de ce que le *terme* de « commencement » est plurivoque, de sorte qu'un « commencement » médiatisé, en un premier sens, pourrait fort bien

---

a. Ce traité est en étroite connexion avec des pensées que j'ai publiées dans cette revue sous le titre « Die Methode der Philosophie und das Unmittelbare » [« La Méthode de la philosophie et l'immédiat »] (tome XII, p. 235 *sq.*). Il ne constitue pourtant pas la continuation de ce qui a été dit là mais, comme son titre le laisse déjà supposer, il donne ce qui, conceptuellement, précède encore ce qui a été exprimé auparavant et qui ne pouvait y être indiqué que fort brièvement.

1. G. W. F. Hegel, *Wissenschaft der Logik*, 1, *Die Lehre vom Sein*, in *Gesammelte Werke*, Akademie-Ausgabe, Bd. XXI, Hamburg, 1985, p. 53.

être éventuellement articulé à un « commencement » immédiat, en un second sens ?

122 |En tout état de cause, il sera bon d'indiquer exactement ce qu'on entend par commencement avant de traiter le problème du commencement de la philosophie ; une double signification se montre alors d'emblée, plus expressément encore en grec et en latin que dans la langue allemande. Par « *archè* » et « principe » <*Prinzip*>, on n'entend pas tant, en philosophie, ce qui vient en premier dans le temps que, bien plutôt, ce qui « précède » conceptuellement tout le reste. Nous souhaitons réserver l'utilisation du terme étranger de « principe », sans autre forme d'ajout et tel qu'il est devenu courant, seulement pour ce qui est premier conceptuellement, et séparer de lui le commencement simplement temporel. Il est dès lors possible de dire que le commencement temporel de la philosophie doit bien être quelque chose de médiatisé, mais que son commencement conceptuel ou son principe peut en revanche rester malgré tout quelque chose d'immédiat.

Cette distinction n'épuise pourtant pas le nombre de significations que le terme de « commencement » peut recevoir. Même lorsqu'on fait abstraction d'un commencement simplement temporel, on doit se demander si l'on veut penser au commencement du *monde* ou à celui du *système*. Ces commencements peuvent avoir tous deux une priorité conceptuelle et être quelque chose d'immédiat, mais leur type d'originarité et d'immédiateté peut éventuellement être fort différent. Voilà qui peut être éclairci de la façon probablement la plus simple par le biais d'une remémoration historique. La recherche d'un principe du *monde* est aussi ancienne que la philosophie. Mais, comme Hegel le fait remarquer à juste titre, c'est seulement à l'époque moderne que la conscience qu'il y a une difficulté à trouver, pour l'édification d'un *système*, une *pensée* qui précède conceptuellement toute autre pensée a reçu une signification déterminante.

Lorsque, par exemple, les philosophes grecs s'interrogeaient sur l'*archè*, ils voulaient connaître « la contexture la plus intime du monde »[1]. Ils cherchaient alors le principe de tout *être* ou encore, comme le dit Hegel, « le commencement objectif de toute chose »[2]. Celui-ci était déterminé en tant qu'eau ou en tant qu'air, comme *apeiron* ou comme *noûs*. Cette

---

1. J. W. Goethe, *Faust I*, v. 382 *sq.*, trad. fr. par H. Lichtenberger, Paris, Aubier, 1976, p. 15. *Cf.* également l'article précédent, *supra*, p. 191, note 1.
2. *Cf. supra*, p. 217, note 1.

« *archè* » est au « commencement » du monde pour autant que tout autre être procède d'abord d'elle, et elle doit valoir du même coup comme l'immédiat par comparaison avec lequel l'être restant déchoit au rang de quelque chose qui n'est que médiatisé. C'est de cette manière que toute philosophie englobante a ensuite cherché le commencement du monde en tant que principe du monde, et a cherché par conséquent l'immédiat comme ce qui ne peut plus être déduit d'un autre être. On peut alors placer également le principe du monde en tête de l'exposition et en faire ainsi un terme temporellement premier, comme le fait par exemple l'Évangile de Jean avec la proposition : « Au commencement était le *Logos* ». Mais la coïncidence du commencement | temporel et du principe de l'être demeure **123** fortuite. Pour le fondement du monde, il est inessentiel que l'exposition commence factuellement par lui.

Mais, outre ces deux commencements, y en a-t-il encore un troisième ? Que visaient les philosophes modernes, comme Descartes par exemple, lorsqu'ils cherchaient le commencement conceptuellement nécessaire de leur pensée ? Ce n'était pas le principe atemporel de tout être qui était ainsi visé, ni seulement la première proposition de l'exposition, mais on s'interrogeait sur la formation <*Gebilde*> à laquelle il fallait d'abord penser si l'on voulait édifier le système de la philosophie. La pensée de l'élément logiquement indéductible et, dans cette mesure, immédiat, devait être le premier membre du système, la pierre angulaire sur laquelle reposent toutes les pensées suivantes. C'est pourquoi il fallait d'abord établir cette pensée, qui pouvait pourtant être encore bien éloignée de tout principe fondamental de l'être. La question de savoir par quoi le monde lui-même « commence » doit par conséquent être scrupuleusement séparée de celle de savoir ce qui, lors de son exposition dans le système, relève du commencement, bien que les deux questions ne se rapportent pas à un simple commencement temporel mais à une priorité conceptuelle, et que toutes deux visent en outre un immédiat, puisque le premier membre du système ne doit pas, lui non plus, être déduit d'autre membres.

Nous devons donc distinguer en tout *trois* significations du terme « commencement » : premièrement, le commencement temporel et fortuit ou encore le point de départ qui est celui par lequel le philosophe débute *factuellement* et qui ne doit pas nécessairement être un immédiat ; deuxièmement, le commencement conceptuel et nécessaire qui, en tant qu'il est *logiquement* immédiat, est mis au commencement du système parce que toutes les pensées suivantes doivent reposer sur lui ; troisièmement enfin, le commencement qui, en tant que principe de tout être ou fondement du monde, doit être appelé *concrètement* ou ontologiquement l'immédiat, parce c'est de lui que proviennent toutes les autres parties du monde. Si l'on ne sépare pas les uns des autres ces trois concepts du commencement, ainsi que les deux concepts de l'immédiat qui les accompagnent, on ne parviendra jamais à la clarté sur ce par quoi le système de la philosophie doit débuter, en tant que son premier membre, pour effectuer ce qu'on attend à juste titre d'un système. Dans les pages qui suivent, en nous interrogeant sur le commencement de la philosophie, nous voulons nous restreindre au *commencement* du *système*, à celui qui a été nommé en second lieu, en indiquant seulement tout d'abord un peu plus précisément comment ce commencement se rapporte d'un côté au principe ontologique du monde, et d'un autre côté au commencement temporel ou factuel en tant que point de départ de l'exposition.

On peut penser, pour faire tout d'abord abstraction de tout ce qui est simplement temporel, que fondement du monde et commencement du système sont nécessairement en relation | l'un avec l'autre. La division du système doit bien correspondre, d'une manière ou d'une autre, à la division de l'« objet » <*Gegenstandes*> qui doit y être exposé, c'est-à-dire à la division du monde. Dans cette mesure, le commencement nécessaire du système, ou l'immédiat logique, ne peut <*darf*> pas être non plus pensé dans une complète indépendance par rapport au principe du monde, ou à l'immédiat concret. Plus : il y a de fait des systèmes philosophiques qui font place au principe du monde dès le premier membre de leur exposition. Cet agencement est-il seulement fortuit ? Certainement pas. Il nous faudra même montrer, par la suite, en quoi consiste la relation entre commencement du système et commencement du monde. Mais nous laissons tout d'abord cette question de côté. Il convient d'établir pour quelle raison il ne peut être question d'une *coïncidence* nécessaire des commencements logique et concret, ce que montre déjà cet autre fait que dans bien des systèmes philosophiques, commencement du système et principe du monde sont factuellement fort éloignés l'un de l'autre.

On peut même aller plus loin et affirmer qu'il y a un type de penser philosophique pour lequel toute mise en avant du principe du monde en tant que commencement du système signifie tout simplement une imperfection de l'édification systématique. Nous rencontrons par là l'opposition du criticisme et du dogmatisme ; ici, par criticisme, il ne faut pas entendre la seule philosophie de Kant mais tout penser philosophique qui, à l'aide

124

d'une fondation logique, cherche à parvenir progressivement jusqu'au principe du monde. Seul le « dogmatique » croit que l'immédiat concret ou le fondement du monde se laisse saisir de manière logiquement immédiate au début d'un penser du monde. Le philosophe formé à l'école de la critique verra bien plutôt au « commencement » du système l'*élément dernier <das Letzte>* à propos duquel il doit encore, au début du système, s'abstenir de tout jugement. La question de savoir si, en particulier, l'A doit être en même temps l'Ω ou si, comme beaucoup l'enseignent, l'*archè* et le *telos* peuvent être reliés de manière cyclique, cette question doit rester pendante dans un premier temps. C'est alors seulement que l'édification d'un système s'effectuant pas à pas reçoit son sens plein. Le chemin doit conduire progressivement du commencement logique au commencement concret ou au fondement du monde qui n'est plus lui-même déductible. Si l'on ne distinguait pas ainsi les deux commencements ou les deux immédiats, le développement d'un édifice articulé de pensées perdrait son but véritable, et l'on pourrait se dispenser d'une exposition du tout du monde progressant à l'aide de raisons. On aurait atteint la fin dès le commencement. C'est pourquoi il faut séparer strictement et conceptuellement dans tous les cas commencement du système et commencement du monde, quelque justifiée que soit par ailleurs l'opinion selon laquelle, dès la détermination du commencement du système, il faudrait prendre en | considération le fait **125** qu'au cours du développement du système, depuis le commencement jusqu'à son terme, c'est le fondement du monde ou le principe dernier de tout être qui doit être cherché et finalement trouvé.

Mais si l'on accomplit *intégralement* la séparation des deux commencements, on peut alors poser la question de savoir si le problème du commencement du système ne coïncide pas malgré tout avec la question qui porte sur le commencement temporel. N'est-il pas possible de bâtir l'exposition du monde selon des manières très différentes et, malgré cela, de parvenir finalement dans tous les cas à un édifice de pensées qui corresponde d'une manière ou d'une autre à l'articulation du monde et qui remplisse ainsi la fin de la philosophie ? Le commencement du système n'accueille-t-il pas dès lors un élément contingent et ne déchoit-il pas au rang d'un simple commencement temporel si tout renvoi au fondement dernier du monde lui fait défaut ? Ne devons-nous pas, par conséquent, abandonner la triple détermination du commencement que nous avons commencé par donner et nous contenter de séparer l'un de l'autre le commencement temporel de l'exposition, qui peut être contingent, et le principe nécessaire et atemporel du monde ?

Pour parvenir à quelque clarté sur ces points, nous nous en tenons avant tout à la philosophie de l'époque moderne, pour autant qu'elle fait précéder tout à fait consciemment le problème du monde par le *problème de la connaissance*. Il ne lui est pas nécessaire pour cela d'être d'avis que la question portant sur le principe de l'être se résout dans celle qui porte sur le principe du connaître, ou que l'ontologie *ne* puisse encore être pratiquée *qu'*en tant que logique. Elle croit simplement que seul le chemin qui passe par la clarté sur l'essence de la connaissance du monde conduit à la saisie du principe du monde. Dès lors, le système de l'exposition est nécessairement lié au sujet qui veut connaître le monde à travers un édifice de pensées, et la première question qu'un tel sujet se pose doit par conséquent être la suivante : que faut-il mettre en première place dans le système, au titre de ce qui, *pour le sujet connaissant*, s'avère l'immédiat ? Mais le concept de ce qui est logiquement immédiat devient par là un problème autonome pour l'édification du système, et la question qui porte sur lui ne coïncide plus avec celle qui porte sur le simple point de départ temporel.

C'est ce qui peut se préciser en particulier de la manière suivante : le sujet connaissant recherche la vérité sur le monde et exige, pour son penser, un critère de la vérité. Il le trouve dans la *certitude*, et c'est de la certitude qu'il cherchera avant tout pour le commencement. Mais la certitude médiatisée doit faire défaut au premier membre du système. L'immédiat du commencement systématique prend alors la forme de l'immédiatement certain. Si le commencement, qui ne peut être fondé par une partie **126** précédente | du système, demeure incertain, tout ce qui s'ensuit, c'est-à-dire le système tout entier, flotte pour ainsi dire dans les airs. L'exposition doit par conséquent commencer par quelque chose d'immédiatement certain, c'est-à-dire par une pensée qui repose en soi-même sans requérir de médiation. Mais un tel commencement du système ne peut plus être alors simplement temporel et contingent, mais il doit se révéler expressément comme logiquement nécessaire. En quoi consiste ce qui, en tant que terme logiquement premier, repose en soi-même sans médiation, voilà ce qui ne se donne pas de soi-même comme s'il pouvait être énoncé, lui aussi, sans médiation. C'est bien plutôt ce qui doit d'abord être cherché, et des médiations sont nécessaires pour le trouver.

Nous apercevons maintenant clairement notre problème. C'est avant tout un point de départ temporel qui est requis pour parvenir à un véritable commencement du système, et il faut tenir compte de ce qu'on peut de fait tendre éventuellement à ce but par divers chemins. Tout point de départ est justifié, pourvu seulement que soit atteint ce qui, pour le sujet connaissant, s'avère être logiquement immédiat. On peut bien, dans cette mesure, dire du commencement temporel de la philosophie qu'il est contingent. Il dépend de la situation historique, éventuellement même du talent individuel ou de l'inclination selon lesquels le philosophe débute factuellement sa pensée du monde. Mais demeure pourtant commune à tous les philosophes critiques la tâche d'examiner ce qui, dans leurs commencements simplement temporels, est certitude immédiate et ce qui doit être mis hors-circuit en tant que médiatisé, si l'on veut parvenir à l'immédiat logique en tant que commencement conceptuellement nécessaire du système et qui, en tant que premier membre du tout systématique <*System-Ganzen*>, repose en soi-même et est dès lors capable de porter les membres médiatisés qui suivent.

Ainsi, la distinction entre les trois commencements s'est de nouveau révélée nécessaire à tous points de vue. Veut-on un exemple, on peut alors penser à Descartes. Son doute est le commencement temporel ou son point de départ, son *sum cogitans*[1] le commencement du système, et il ne trouve le commencement du monde que dans la substance infinie. Ce qui peut dès lors être généralisé ainsi : à partir de ce que nous pouvons aussi appeler un commencement psychologique pouvant prendre des formes très différentes, le penseur critique cherche tout d'abord à parvenir à l'élément absolument certain pour le poser au commencement du système en tant que logiquement immédiat, et doit laisser encore indéterminé en ce point ce qui est commencement du monde ou principe ontologique dernier.

---

1. Bien que cette formule destinée à renvoyer au *cogito* cartésien présente l'avantage de mettre en évidence qu'il ne s'agit pas avec lui de la conclusion d'un raisonnement, mais du résultat d'une « simple inspection de l'esprit » (*Réponses aux secondes objections*, dans *Œuvres de Descartes*, C. Adam et P. Tannery (éd.) (désormais AT), VII, Paris, Vrin, 1983, p. 140 ; trad. dans *Œuvres philosophiques*, F. Alquié (éd.), Paris, Garnier, 1999, t. II, p. 564), elle n'apparaît jamais comme telle sous la plume de Descartes. Elle est en revanche au cœur de la seconde des objections que lui adresse Hobbes (dans *Œuvres de Descartes*, AT VII, p. 172 ; trad. cit., p. 600), et on la retrouve également dans diverses discussions critiques de ce moment fondamental du cartésianisme, que ce soit chez Spinoza (*Les Principes de la philosophie de Descartes*, I, Proposition IV, Scolie ; trad. fr. C. Appuhn, dans *Œuvres I*, Paris, GF-Flammarion, p. 250 *sq.*), chez Kant (*Critique de la raison pure*, A 335 ; trad. fr. A. Renaut, Paris, Aubier, 1997, p. 368) ou bien, dans le contexte de sa réappropriation phénoménologique, chez Husserl (*La Crise des sciences européennes et la phénoménologie transcendantale*, § 17 ; trad. fr. G. Granel, Paris, Gallimard, 1976, p. 90).

| II. LE MINIMUM UNIVERSEL

C'est à partir de ce point que devient également compréhensible un concept dont on a beaucoup discuté, par lequel on a souvent cherché à déterminer le commencement du système, et dont l'exposition peut servir de fait à poursuivre la clarification de notre problème.

On dit que la philosophie critique devrait commencer *sans présupposition*, et il y a là sans doute quelque chose de juste. Mais le terme prête en même temps à équivoque. Comment peut-on vouloir ne serait-ce que commencer à penser sans présupposer quoi que ce soit ? Le commencement n'est-il pas lui-même déjà antéposition *<Voraus-Setzung>* au sens propre, et le commencement du système ne consiste-t-il pas à poser une pensée en avant de toutes les autres [1] ? Si l'on voulait mettre hors-circuit *toute* présupposition, on parviendrait alors soit à une série indéfinie soit au pur néant, et l'on ne pourrait jamais atteindre un commencement positif du système. Ainsi tout commencement accomplit-il nécessairement une présupposition, quelle qu'elle soit ; plus exactement, il *est* lui-même présupposition, c'est-à-dire qu'au commencement, le philosophe accepte déjà quelque chose comme établi, et la seule chose qu'on puisse attendre de lui est que sa présupposition inaugurale ne repose pas sur une autre présupposition ou qu'elle ne soit pas tout d'abord médiatisée par elle.

Si toutefois l'on veut donner un sens au concept d'absence de présupposition, il faut dire qu'au commencement de la philosophie, rien d'autre ne devrait être présupposé que le *minimum* de ce qui demeure inévitable pour une pensée du monde, même avec la plus grande prudence critique. Comprise ainsi, l'exigence de la plus grande absence possible de présupposition ou de l'absence relative de présupposition reçoit une signification, en particulier si l'on veut distinguer grâce à elle la philosophie des sciences spéciales, c'est-à-dire des disciplines qui se bornent à des parties du monde. Ces dernières doivent accomplir des présuppositions spéciales et accepter par exemple que les objets partiels *<Teilgegenstände>* dont elles s'occupent existent bien en tant que formations séparées. Il ne leur est

---

1. Rickert joue ici sur le sens du verbe *voraussetzen* et du substantif *Voraussetzung*, traduits couramment par « présupposer » et « présupposition », mais dont la formation (soulignée par Rickert qui sépare le préfixe du radical par un trait d'union) laisse entendre quelque chose comme un acte d'« antéposition » (*voraus-setzen*) et renvoie ainsi à un « antéposé » (*Voraus-Setzung*).

pas nécessaire, par suite, de demander sur quelles présuppositions reposent de telles hypothèses, et elles ne le peuvent même pas à moins de vouloir cesser d'être des sciences spéciales. C'est ainsi que la physique présuppose le monde des corps comme un complexe existant pour soi de choses étendues et agissant les unes sur les autres dans l'espace, puisqu'elle ne pourrait commencer sinon en tant que physique. Et il en va de même, en principe, pour les autres disciplines spéciales. Elles acceptent, sans s'interroger sur sa fondation, une série de propositions qui ne sont pas immédiatement certaines en elles-mêmes. Elles n'ont | aucune raison, en tant que **128** sciences partielles, de progresser jusqu'à l'immédiatisé <*Unvermittelten*> logique qui n'est plus porté par d'autres présuppositions. Elles repoussent les problèmes liés à leurs présuppositions. La philosophie, étant au contraire la science du tout du monde, ne peut pas procéder ainsi. Elle transforme justement les hypothèses médiatisées propres aux sciences spéciales en un problème, car c'est seulement de cette manière qu'elle peut progresser jusqu'à ce qui, parce qu'il repose en soi-même, ne requiert plus aucune médiation. Dans cette mesure, la philosophie est de fait la science la plus dépourvue de toute présupposition.

Cela a souvent été expliqué et il n'est pas nécessaire ici d'entrer plus avant dans les détails. Mais il convient toutefois de mettre le concept de minimum de présuppositions à l'abri d'un dernier malentendu. En effet, il ne doit pas être seulement un minimum en général, mais bien un minimum *philosophique* et, pour peu qu'on y songe, on peut douter que, parmi les sciences, la philosophie soit celle qui ait le moins besoin, à tous points de vue, de présuppositions. Sans aucun doute peut-elle éviter les présuppositions *spéciales* propres aux disciplines partielles. Mais n'a-t-elle pas besoin, en tant que science de l'*universum*, d'autres présuppositions qui ne sont pas nécessaires pour les disciplines partielles ? Elle souhaite connaître le tout du monde, et ainsi faire plus que toute recherche spéciale. Elle doit se proposer cette tâche dès le départ, et à cela se rattachent déjà certaines présuppositions que n'accomplissent pas les disciplines singulières. Ne peut-on pas aller jusqu'à dire qu'eu égard au maximum de connaissance que la philosophie se propose comme son but et qu'elle doit considérer comme principiellement accessible, elle se trouve être la science la plus riche en présuppositions ?

Nous sommes parvenu ici au point où se montre la connexion entre commencement du système et commencement ou principe du monde, c'est-à-dire où le but dernier de la philosophie, la connaissance du fondement du monde, détermine déjà le premier membre de l'ensemble de pensées par lequel nous entamons l'édification du système. En effet, les sciences spéciales ne présupposent que les parties particulières du monde dont elles s'occupent, alors que la philosophie doit au contraire présupposer qu'il y a un tout du monde auquel les parties appartiennent en tant que membres, qu'il y a donc au fondement un principe dernier du monde qui rassemble toutes les parties en un tout articulé. *Ce qu'*est ce tout du monde et *comment* il s'articule demeure toujours, au commencement du système, en suspens. Mais *qu'*il y ait un tout articulé du monde, c'est là ce qui est établi dès le départ pour la philosophie, laquelle, dans cette mesure, doit être appelée de fait la science la plus riche en présuppositions.

129 | Si nous voulons parvenir à une complète clarté sur la signification de ce fait pour le commencement du système, il faut tout d'abord remarquer que, d'un certain point de vue, l'exigence critique d'un minimum de présuppositions ne peut pas demeurer intacte. Le système n'a besoin, au commencement, d'aucune présupposition portant sur le *contenu* du monde, mais il doit se restreindre à des présuppositions touchant la *forme* de la connaissance de celui-ci. Cette connaissance doit songer seulement au fait qu'il lui faut fournir une connaissance du tout du monde en général. Mais c'est alors ce qu'il lui faut faire à *chaque* pas, donc également à son premier pas, et même particulièrement à celui-ci, ce qui n'est pas sans signification pour la configuration qui est celle de son commencement. Elle doit débuter de telle sorte que son commencement renvoie déjà à son terme, c'est-à-dire à la connaissance du tout du monde, et il s'ensuit que le premier membre du système doit déjà avoir un caractère *universel*, c'est-à-dire qu'il ne doit certes pas être *le* tout, mais *un* tout.

Eu égard à ce que nous avons établi jusqu'à présent, cela signifie que si le commencement du système doit englober l'immédiat au sens logique que nous avons indiqué, alors l'immédiat doit être traité dès le départ comme un tout ou comme un «monde», car c'est seulement ainsi qu'il appartient au système de la science du monde en tant que membre nécessaire. Cela permet de déterminer plus précisément le concept de minimum critique. Prise pour elle-même, la plus grande absence possible de présupposition n'est pas encore suffisante. Le minimum ne peut <*darf*> pas être une *partie*, aussi grande soit-elle, de l'immédiat, mais le plein commencement du système n'est atteint que par un minimum universel, c'est-à-dire par le *tout* <*All*> de l'immédiat. Toute particularité doit être exclue; ou, plus exactement: tant qu'on reste dans la particularité, on ne dispose encore d'aucun commencement *plein* de la philosophie, c'est-à-dire qu'on ne dispose pas encore de ce qui peut valoir comme premier membre indépendant du système, mais, dans le meilleur des cas, d'un simple commencement temporel dont on a besoin pour progresser jusqu'au minimum universel.

Nous comprenons donc la raison pour laquelle une exigence universelle doit entrer en jeu d'un point de vue formel à titre de complément de l'exigence critique. Seule la liaison de l'immédiateté et de la totalité donne au commencement la solidité dont la science du monde a besoin pour son fondement. Il faut déjà penser, en posant la première pierre logique, au bâtiment qui doit être érigé sur elle. C'est pourquoi, si l'on veut savoir ce qu'il en est de l'« absence de présupposition » de la philosophie, le moment universel ne doit pas être moins pris en considération que le moment critique.

| III. Moi et non-moi   130

Après avoir déterminé la tâche, nous en venons à l'explication de l'orientation suivant laquelle nous devons chercher la solution. En quoi consiste le minimum de présuppositions assez solide pour être le premier membre dans le maximum de la connaissance ? Dans la réponse à cette question double, nous mettons en avant l'exigence critique de la plus grande absence possible de présupposés. C'est ainsi que, dans un premier, temps, nous voulons seulement savoir ce qui est immédiat au sens où, pour le sujet connaissant, il est doté de certitude immédiate.

Comme nous l'avons déjà vu, la réponse à une telle question ne peut pas être donnée « à brûle-pourpoint », c'est-à-dire qu'elle ne peut pas se tenir toute prête devant nous, accompagnant la proposition du système qui est temporellement première. En philosophie, on ne peut pas renvoyer à n'importe quel immédiat. Cela ne servirait principiellement à rien. Nous cherchons bien plutôt le *concept* de l'immédiat, et des médiations sont nécessaires en vue de sa détermination. Et ce n'est qu'en passant par elles que nous progressons jusqu'à *cet* immédiat qui s'indique comme le premier membre du système. Par conséquent, si notre commencement temporel, ou notre point de départ, doit par la suite s'avérer médiat, cela n'est pas dommageable. Nous ne *possédons* pas encore le concept de l'immédiat et nous ne sommes pas encore en mesure, par suite, de mettre hors-circuit les conditions fortuites qui sont liées au fait que nous sommes des individus et des enfants d'une époque particulière. En elles, en tant qu'elles constituent un point de départ seulement temporel, il se peut qu'il y ait une quantité de médiations et de présuppositions non critiques. Pour nous défaire, au moins quant à la possibilité, de notre personne individuelle, cherchons expressément un contact avec la pensée qui s'est jadis souciée de l'immédiat et interrogeons ce qui, jusqu'à présent, a semblé aux philosophes pouvoir être posé comme commencement du système. Nous pouvons utiliser leur travail à cette occasion pour notre fin.

Considéré pour soi, le concept d'immédiat est négatif. Il rejette tout médiat et renferme tout simplement, dans cette mesure, un problème : que reste-t-il en guise d'immédiat lorsque tout médiat est mis hors-circuit ? Là où la limitation à l'immédiat est posée comme exigence critique, on pense toutefois à quelque chose d'autre qu'au simple renoncement à toute méditation, et l'indication d'une nouvelle détermination est déjà donnée si l'on nomme immédiat, comme on a en général l'habitude de le faire, ce **131** qui est immédiatement *donné*. Or le terme | « donné » perd son sens sans la présupposition d'un moi ou d'un « sujet » auquel quelque chose est donné. Ne peut être donné immédiatement que ce que *j*'ai immédiatement, et c'est par conséquent par ce qui *m*'est donné immédiatement que doit commencer le penser qui porte sur le monde, afin de mettre hors-circuit tout ce que je ne saisis qu'à travers des médiations.

Cette détermination du commencement logique semblera peut-être à la plupart aller de soi, et c'est de fait par son seul biais que l'exigence critique reçoit sa fondation. Il n'est pas possible d'écarter par la pensée le moi connaissant du problème du commencement en tant que problème de connaissance. Il ne faut pas sous-estimer en même temps la portée de cette « évidence allant de soi ». Dans le concept de ce qui « m'est donné immédiatement », il y a d'emblée quelque chose de *double* : un moi en tant que « sujet », à qui quelque chose est immédiatement donné, et, donné au moi, un « objet » ayant le caractère de l'immédiateté. Il faut prendre en considération les deux membres de cette *alternative* si l'on veut parvenir à un commencement du système qui inclue *toutes* les présuppositions qu'on ne peut éviter. L'immédiat en tant que tout ne peut pas en quelque sorte être saisi *seulement* en tant qu'objet immédiatement donné, comme on le fait souvent sans réfléchir là où l'on parle d'un donné immédiat, mais ce concept n'est complètement et véritablement pensable qu'en relation à un moi. Si nous voulons donc faire du donné immédiat dans sa *totalité* le commencement de la philosophie, il ne nous est pas permis d'ignorer le concept d'un moi dès le premier membre du système.

C'est ce que peut confirmer un regard porté sur le passé de la philosophie. Pour la pensée critique, au sens qui a été indiqué, il n'est pas rare que le moi reçoive une signification tout simplement décisive. Il n'est que de rappeler le rôle qui fut le sien lorsqu'à l'époque moderne, on s'est mis à chercher systématiquement le commencement logique du système. Les développements de Descartes peuvent, de ce point de vue, valoir comme classiques et ont une signification *supra*-historique. Le grand penseur commence certes factuellement, comme nous l'avons vu, par le doute. Mais celui-ci n'est pour lui qu'une tâche préliminaire. Comme ses écrits le montrent, il a besoin du point de départ conditionné temporellement à tous points de vue comme d'un moyen pour parvenir grâce à lui à ce qui est donné immédiatement, et c'est alors qu'il trouve le véritable commencement du système en lui-même. C'est pourquoi il place le « je pense » en tête sans intention d'exprimer par là quelque chose sur le commencement du monde. Le doute a libéré cette première vérité, en tant que certitude immédiate, de tout ce qui est médiat. En douter est impossible ne serait-ce que parce que, même | pour douter, je dois exister en tant que moi, 132 de sorte que je ne pourrais pas même douter si la proposition « je pense » était fausse[1]. Nous faisons ici abstraction de la détermination plus précise qui fait du « je pense » un « *sum cogitans* »[2]. Descartes n'est pour nous qu'un exemple de ce type de philosophie critique qui devient déterminant à l'époque moderne. Nous pouvons par suite nous restreindre au moi comme commencement logique du système.

Partirons-nous à notre tour, en accord avec une opinion largement répandue, de « nous-mêmes », pour déterminer plus précisément le concept de l'immédiat, et poserons-nous alors le moi au commencement du système? Cela semble indiqué, en tout cas, à titre de commencement temporel. Rien n'est plus certain que le moi propre et, dans cette mesure, il n'y a pas de meilleur point de départ pour une philosophie qui veut commencer de manière critique par quelque chose d'absolument certain. Nous laissons de côté la question de savoir si nous possédons par là déjà le *tout* du

1. *Cf.* R. Descartes, *Méditations métaphysiques*, Deuxième Méditation, AT, VII, p. 25, trad. dans *Œuvres philosophiques*, *op. cit.*, t. II, p. 418 ; *Principes de la philosophie*, I, § 7, AT, VIII-1, p. 6-7, trad. dans *Œuvres philosophiques*, *op. cit.*, t. III, p. 94-65.
2. Cf. *supra*, p. 223, note 1.

commencement, et nous reconnaissons seulement ceci : le moi est *un* immédiat. Conformément à cela, le médiat doit être désigné comme non-moi. Nous nous trouvons ainsi devant la tâche de tracer la limite entre moi et non-moi, si nous voulons savoir ce qui est admis dans le commencement du système et ce qui en est exclu.

Mais il faut tout de suite indiquer que l'opposition du moi et du non-moi ne doit pas valoir comme univoque sous tous rapports. Comme dans le donné immédiat, nous trouvons également dans le moi en tant que totalité quelque chose de double, et ce point est essentiel dans la mesure où ce membre qui, en tant qu'objet, se présente en opposition au moi-sujet peut également être appelé non-moi. Mais *ce* non-moi relève tout autant que le moi de l'immédiat, il est même l'immédiatement donné lui-même. Nous devons donc distinguer deux sortes de non-moi et parler, conformément à cela, d'un moi au sens étroit et d'un moi au sens large.

Le premier non-moi demeure nécessairement rattaché au concept du moi, ce qui se comprend aisément à partir de l'essence du moi. Sans un non-moi, un moi ne peut être pensé pour soi seul comme un tout. Un objet *appartient* au sujet, et ces concepts ne sont compréhensibles que dans leur relation réciproque. Par suite, le moi qui est au commencement de la philosophie, si par là c'est le commencement tout entier qui est visé, doit lui aussi être compris de telle sorte qu'il se scinde en un moi au sens étroit et un non-moi. Nous souhaitons appeler non-moi *immanent* ce non-moi donné immédiatement au moi et qui lui est nécessairement rattaché. Comme commencement tout entier, le moi au sens large englobe ainsi le moi au sens étroit et le non-moi qui lui est immanent, sous la forme dédoublée du moi-sujet et du moi-objet.

133 | À cette totalité du monde égoïque <*Ich-Welt*>, que nous identifions à l'immédiat et que nous *tentons* de mettre au commencement de la philosophie, s'oppose un autre non-moi qui se trouve par-delà toute relation à un moi, donc à l'extérieur du monde égoïque, et que nous désignerons par suite comme le non-moi *transcendant*. C'est par lui qu'est déterminé le domaine qui, au commencement, doit demeurer problématique, parce qu'il ne tombe plus dans le monde égoïque. Nous n'avons tout d'abord affaire qu'au moi et au non-moi qui lui est immanent et nous devons seulement interroger la manière dont il faut déterminer ce concept-double <*Doppelbegriff*> s'il doit satisfaire l'exigence que nous posons au commencement du système.

Par lui, l'exigence critique d'un minimum de présuppositions semble intégralement satisfaite. Personne ne peut contester au moi propre la donation immédiate ni, de même, à ce qui entre en opposition à ce moi en tant qu'objet immanent ou « représenté » par lui, ainsi qu'on a coutume de le dire. Si l'on considère leur certitude immédiate, les deux versants d'un tel monde égoïque semblent ne dépendre que d'eux-mêmes. L'existence du tout ne peut être fondée davantage et elle ne requiert pas non plus de fondation par d'autres présuppositions. La vérité des deux propositions « je suis » et « ce qui m'est donné immédiatement est » est claire sans autre médiation. Mais cela ne signifie pas que cette proposition-double <*Doppelsatz*> n'ait qu'*une* signification, déterminée une fois pour toutes. Il faut par conséquent nous engager plus avant dans son examen, sous peine de ne pouvoir répondre à la question de savoir si elle est *universelle* au sens où nous exigeons du commencement qu'il le soit. C'est ici avant tout le concept du moi-sujet qui importe, car c'est de sa détermination que les autres concepts dépendent. Ce qui doit être compris sous l'objet immanent se soustrait à toute équivoque pour peu que nous sachions ce que nous devons entendre par le moi. Si nous connaissons exactement son concept, nous ne pouvons plus dès lors rester dans le doute quant au concept du commencement tout entier. Nous posons donc tout d'abord la question de savoir ce qui est visé par le terme « moi » dans le commencement tel que nous l'avons admis à titre d'essai.

D'un certain point de vue, on considèrera également que cela va de soi. Chacun sait ce qu'il veut dire quand il dit « je », car personne ne se confond avec un autre. À partir d'ici, on peut déterminer sans difficulté le non-moi, et même aussi bien le non-moi immanent que le non-moi transcendant. Ce qu'est le moi et, de manière correspondante, ce qu'est le non-moi n'est douteux tout au plus que dans certaines formes de maladie psychique, et celles-ci n'ont aucune signification dans notre considération du problème. N'est-il donc pas suffisant de poser que par le moi | il faut entendre la **134** personne propre ou le « soi » et par le non-moi immanent tout ce qui lui est donné immédiatement? Il n'est plus nécessaire alors de continuer à nous creuser la tête au sujet du non-moi transcendant. Seule importe ici sa détermination négative. Tout ce qui n'appartient pas au monde du moi doit, au commencement, être mis hors-circuit en tant qu'incertain.

On ne peut nier de fait que nous obtenions de cette manière un *concept* déterminé du monde égoïque. La question se pose seulement de savoir si nous avons également par là un commencement du système qui soit praticable. Nous cherchons à parvenir à une réponse en ne mentionnant pas seulement ce qui appartient à ce commencement, mais aussi ce que nous devons mettre hors-circuit, c'est-à-dire considérer comme problématique en tant que non-moi transcendant, pour voir ensuite si nous ne parvenons pas ainsi à une pensée d'un *tout* qui soit claire en elle-même et pensable d'une manière logiquement conséquente.

Si le moi doit être un individu, alors le non-moi immanent sera lui aussi déterminé dans sa totalité comme une formation *individuelle*. Conformément à cela, Schopenhauer a posé au commencement de sa philosophie la proposition « le monde est *ma* représentation »[1]. Mais si, de manière conséquente, on restreint à cela le commencement du système, on en vient alors nécessairement à cette hypothèse qu'on appelait auparavant l'égoïsme et qu'on nomme aujourd'hui le solipsisme : il n'y a que moi-même et ce que je me représente. Nous devons demander ici : faut-il considérer que c'est juste, même seulement à titre d'essai ou de manière provisoire ? Et même, est-ce tout simplement pensable ? Nous faisons donc abstraction de ce que pourrait signifier le solipsisme en tant que « système définitif de la philosophie ». Il est vrai qu'il est rarement défendu sous cette forme. Même ceux dont la pensée commence par lui concèdent en général, et même assurent avec ardeur qu'on ne peut pas en rester à ce point. En tant que terme de la philosophie, ce serait une absurdité. Mais ce n'est pas cela qui importe ici. Il nous faut simplement établir si, dans le solipsisme en général, il y a un *concept* clair ou bien si ce « point de vue » n'est pas plutôt inapproprié en tant que simple commencement, et ce déjà parce qu'il se supprime dans sa propre conséquence.

Si l'on veut sur ce point de la clarté, il faut alors faire avant tout attention à la position exceptionnelle qui est ici celle du moi propre. Tout doit tomber dans *ma* conscience de soi. Il s'ensuit inéluctablement qu'à tout individu étranger doit être contesté le caractère immédiatement certain d'une existence du type de celle qui est la mienne. En d'autres termes, le toi se transforme intégralement en *ma* représentation et cesse par là d'être ce qu'on entend pourtant par un toi. D'un tel point de vue, | il n'y a plus **135** de toi en général. Nous devons donc ici de nouveau poser la question : peut-on penser la conscience de soi comme quelque chose qui, avec les objets qui lui sont immanents, est pour elle *seule* le monde de ce qui est immédiatement certain ?

1. A. Schopenhauer, *Le Monde comme volonté et comme représentation*, Premier livre, § 1 ; trad. fr. par A. Burdeau, Paris, PUF, 1992, p. 25, première proposition de l'ouvrage. C'est Rickert qui souligne.

On dira peut-être que *conceptuellement*, aucune difficulté ne s'ensuit. Je puis bien être factuellement « seul ». Pourquoi donc ne pas me penser seul avec mes représentations au commencement de la philosophie ? Sans doute le puis-je, mais tout dépend de ce qu'on entend par « seul ». Je ne puis être seul qu'en un sens qui conduit simultanément le solipsisme *ad absurdum*. En effet, seul <*allein*> signifie alors *isolé* <*einsam*>, et ce dernier concept perd son sens si par là on ne pense pas à une communauté dont on s'est séparé. Même le moi qui se sait « seul », c'est-à-dire isolé, et précisément lui, doit présupposer une communauté d'autres individus coordonnés à lui dans leur être. Il n'y a pas et il ne peut pas y avoir de moi isolé en tant que « monde ». Un moi propre, individuel, ne peut pas du tout être *pensé* sans que se présente, à titre de complément, la pensée d'une personne étrangère. Si l'on présuppose le moi propre en tant qu'existant, on a présupposé par là *implicite* un toi. Seul importe de mettre expressément en lumière le fait qu'il appartient à l'essence de l'« *ipse* » au sens du solipsisme de ne jamais pouvoir être « *solus* ».

Nous rencontrons par là le même principe que celui qui a trouvé son expression lorsque nous parlions de la relation insuppressible d'un moi-sujet à un objet donné [1]. Il n'est pas nécessaire d'exposer plus exactement l'essence du penser hétérothétique [2] dans sa généralité. Il suffit de renvoyer brièvement au fait que bien des concepts perdent tout sens si on ne les pense pas en connexion avec d'autres concepts. Le premier exige l'autre comme complément nécessaire et seul le tout procédant des deux est véritablement pensable. Sans doute pouvons-nous séparer conceptuellement le premier membre d'une telle corrélation de l'autre membre, mais nous devons alors du même coup nous *rapporter* à l'autre, parce que, sans cela, la séparation conceptuelle ne serait pas du tout possible. De tels concepts sont générale-ment les membres d'une alternative et constituent ensemble une totalité dans laquelle ni l'un ni l'autre ne peut manquer. En relève également le concept du « soi » en tant que moi propre, individuel. Il existe simplement comme membre du concept plus englobant d'une corrélation moi-toi. Peu importe quel côté on *nomme* en premier. Décider de ce point relève de la question qui porte sur le commencement temporel et fortuit. Logiquement, le premier membre est aussi nécessaire que | l'autre et aucun des deux n'a la **136** priorité. Par là s'éclaire l'absurdité logique du commencement solipsiste. Dans un tout qui consiste en deux membres s'entre-appartenant nécessairement, il cherche à accorder au premier un avantage par rapport à l'autre, par lequel il cesserait d'exister. On peut tout aussi peu mettre hors-circuit le toi que le moi, de sorte qu'en tant que simple représentation du moi propre, le toi n'est plus le toi de la corrélation moi-toi dont les deux membres doivent être logiquement coordonnés.

Si nous voulons pourtant mettre le moi au commencement et ne reconnaître que le non-moi qui lui est immanent, il faut tracer d'une nouvelle manière la limite entre moi et non-moi. Le non-moi immanent ne doit <*darf*> pas seulement être constitué par les objets donnés immédiatement au moi propre, ou par « mes » représentations, c'est-à-dire que le moi ne doit pas demeurer seulement moi propre ou soi. Ce qu'à titre d'essai nous avons reconnu comme commencement s'est ainsi révélé inutilisable. Son concept ne peut être pensé jusqu'à son terme sans conduire au-delà de lui.

IV. CONSCIENCE DE COMMUNAUTÉ ET CONSCIENCE DE CONTENU

Quelle voie suivrons-nous donc pour parvenir à *ce* moi dont nous avons besoin en vue de la détermination d'un nouveau monde égoïque, laquelle doit être assez large pour qu'en elle le toi immédiatement certain trouve également sa place?

Résumons de nouveau le résultat auquel nous sommes parvenu. Le solipsisme est un non-concept <*Unbegriff*>, c'est-à-dire quelque chose de logiquement impensable. Un soi « unique » en tant que tout est une *contradictio in adjecto*. La conscience de soi ne peut être qu'une *partie* du tout que nous cherchons, car le moi individuel ou la personne propre n'est pensable que comme concept *social*. La conscience de soi doit par conséquent être élargie à la *conscience de communauté* si nous ne voulons pas en rester avec elle à un fragment de pensée – ce qui ne peut pas être notre intention là où c'est le commencement du système qui est en question. Nous ne devons jamais oublier que ce n'est pas d'un morceau que nous avons besoin, mais d'un tout. Il semble en résulter que si nous voulons maintenir en général le moi comme point de départ, il nous faut commencer le système par la conscience de communauté. Il faudrait alors désigner ce qui lui appartient nécessairement comme ce qui est immédiatement certain, et le reste du monde demeurerait problématique dans son ensemble. Parvenons-nous ainsi à un premier membre du système qui soit utilisable?

| Il n'est pas nécessaire de poser la question de savoir si, de cette 137
manière, l'exigence critique est satisfaite, c'est-à-dire que peut rester dans
l'ombre la question de savoir si le contenu de la corrélation moi-toi ne
transcende pas le domaine de ce qui est immédiatement donné. Ce qui nous
intéresse à présent, c'est l'exigence universelle, c'est-à-dire la question de
savoir si la conscience de communauté parvient à embrasser en vérité le
tout de ce qui est donné immédiatement. Nous considérons ici cette
conscience aussi largement que possible, et nous pensons donc le moi
propre en connexion avec tous les êtres qui peuvent se présenter face à lui
comme personnalités-toi *<Du-Persönlichkeiten>*. En principe, cela ne
signifie aucun pas au-delà de ce qui a été dit jusqu'à présent, et sous le
concept qui est ainsi obtenu tombe sans doute une grande partie du monde
immédiatement certain. On ne peut à l'évidence pas nier qu'une telle
conscience de communauté puisse fournir, pour quelques domaines de la
philosophie, le cadre au-delà duquel il n'y a pas de raison de s'élever. Cette
conscience englobe le monde social des personnalités, dans lequel nous
vivons nous-mêmes en tant que personnalité et auquel se rapportent dans
une large mesure la plupart de nos volontés et de nos actions. La « philosophie pratique » pourrait donc par là, peut-être, commencer.

La philosophie en général le pourrait-elle également, elle qui pense
d'emblée être science universelle au sens le plus large? Il est aisé de
répondre à cette question. Une grande quantité de contenus de conscience
qui nous sont donnés immédiatement ne se rapportent pas aux personnes ni
à leurs relations mutuelles, de sorte que le contenu de la conscience de soi
élargie à la conscience de communauté déchoit lui aussi en une formation
particulière au sein de ce qui est immédiatement donné. En cherchant à
déterminer conceptuellement dans sa totalité le monde de l'immédiat à
partir de la conscience de communauté, nous nous restreindrions toujours à
un cercle trop étroit. Cette conscience de communauté ne serait, en
principe, pas plus appropriée à cette tâche que la conscience du soi. Pour
une philosophie véritablement englobante, la relation moi-toi, même sous
la forme la plus large qu'on puisse penser, devient une affaire *spéciale*.

Ce fait nous contraint de douter de ce que le moi, en tant que soi, ait
encore un rôle déterminant à jouer au commencement de la philosophie. Il
devrait déjà être clair à présent qu'il y a un danger philosophique dans la
prééminence du moi individuel, apparemment si évidente, au commencement d'une théorie du tout du monde. Nous ne pouvons jamais espérer
progresser jusqu'au minimum *universel* à partir d'un simple morceau de ce

qui est immédiatement certain. Dès que nous conférons au moi propre une position théorique d'exception, nous nous interdisons d'emblée la vue sur la plénitude du monde immédiatement donné. Il y aurait là à ajouter **138** d'autres raisons | que celles qui ont été évoquées, mais ce que nous avons pu montrer dans le cas de la corrélation moi-toi suffit à nous donner le droit de dire qu'il n'est tout simplement pas vrai que je sois plus certain pour moi-même que ne l'est le reste du monde. Une fois le contresens du solipsisme décelé, il en résulte un élargissement du concept de conscience qui déplace au-delà de la personne propre ou du soi le point de référence pour l'immédiat, élargissement tout aussi justifié d'un point de vue critique qu'il est nécessaire dans l'intérêt de l'exigence universelle.

Mais abandonnerons-nous pour autant tout à fait le moi en tant que point de départ d'une détermination du monde de l'immédiat ? Cela aussi est impossible dès que nous disons que l'immédiat est un donné immédiat – ce à quoi nous devons nous en tenir afin que le concept de l'immédiat demeure lié à celui de l'immédiatement certain et ne devienne pas complètement vide. Mais nous avons dès lors aussi besoin d'un moi ou d'un sujet pour lequel l'immédiat est en tant que donné. Parvenons-nous donc à une difficulté insoluble ?

Jusqu'à présent, nous avons seulement pu montrer que le moi *individuel* ou la personne propre ne sont pas appropriés à la détermination de la totalité de l'immédiat. Le terme « moi » ne s'entend-il pas autrement qu'avec la signification de la conscience de soi ? Les remarques précédentes, d'après lesquelles le moi propre doit être coordonné logiquement au toi, et tous deux, pour autant qu'ils sont immédiatement certains, doivent l'être au monde impersonnel et asocial des choses, ces remarques, si l'on veut prendre cette totalité dans sa donation, renvoient à une conscience pour laquelle même le soi propre se présente d'emblée comme un *contenu* de conscience parmi d'autres contenus de conscience. *Cette* conscience ne peut-elle pas valoir comme point de référence pour tout contenu de conscience quel qu'il soit, de sorte qu'elle soit à même d'admettre en elle la totalité de l'immédiat ? Il serait alors toujours possible de penser encore une conscience comme premier versant du commencement, et il faudrait y ordonner la totalité des contenus de conscience immédiatement donnés en tant que deuxième versant du monde égoïque. Nous pourrions ainsi déter-miner autrement le couple conceptuel moi et non-moi immanent. À la place de la conscience de soi, il nous faudrait poser une *conscience de contenu en général*, et l'immédiatement donné serait ce qui est donné à cette conscience comme son contenu.

Mais, bien entendu, nous n'avons là que l'indication d'un problème. Que faut-il entendre par une telle « conscience en général » ou par un sujet pour lequel le moi lui-même, pour autant qu'il est une | personne indivi- **139** duelle, n'est, tout comme sa communauté avec d'autres personnes, qu'un objet parmi d'autres objets, et ne représente donc qu'une simple partie du contenu plus englobant du monde, lequel est immédiatement donné ? Cette conscience que nous adjoignons à tout donné immédiat a-t-elle encore quelque chose de commun avec ce moi dont, en nous rattachant à la tradition, nous avons tout d'abord fait l'essai de partir parce qu'il semblait être l'unique certitude immédiate ? À cette question, il nous faut une réponse univoque. C'est seulement par elle que le concept du minimum universel sera déterminé de manière univoque. Il nous faut indiquer exactement quel concept nous construisons lorsque, par opposition à la conscience de soi et à la conscience de communauté, nous prenons pour point de départ un moi en tant que « conscience de contenu en général » pour mettre ensuite au commencement de la philosophie la totalité de l'immédiat en tant que corrélation d'un tel moi et du contenu qui lui est immédiatement donné.

V. ABSTRACTION GÉNÉRALISANTE ET ABSTRACTION ISOLANTE

Nous en venons ainsi au problème le plus difficile que pose notre recherche, et il est recommandé non seulement de développer positivement nos pensées mais, pour prévenir tout malentendu dans la mesure du possible, de dire également de manière expresse ce que nous ne visons pas par ce concept de moi qu'il nous faut à présent déterminer.

Remettons-nous sous les yeux une nouvelle fois le but auquel nous tendons. Nous sommes à la recherche du concept le plus englobant qu'on puisse penser du donné immédiat, et nous savons que ce terme perd son sens si l'on ne présuppose pas un moi ou un sujet auquel l'immédiat est donné. Mais le moi qui est présupposé ne peut pas être la personne propre ou le soi, parce que tout ce qui se tient avec lui dans le rapport de l'être-donné comporte un caractère trop particulier pour valoir comme minimum universel. Il s'agit donc de saisir le concept du sujet ou du moi en tant que présupposition inévitable, de telle sorte que nous nous défassions de la personne propre ou de la conscience de soi. En d'autres termes, nous somme à le recherche d'un moi *général*, puisque c'est le seul à être utilisable comme point de référence pour un monde du donné immédiat.

Or on peut penser qu'il est aisé de mettre hors-circuit l'individualité du moi et que, dès le départ à vrai dire, nous avons déjà posé un moi général à la place du moi individuel. Il n'y aurait donc pas besoin de former un **140** | nouveau concept. Il n'y aurait qu'à clarifier expressément ce qui est déjà disponible *implicite*. Le terme « moi », peut-on dire dès lors, ne signifie jamais seulement, dans un exposé philosophique, la personne unique du philosophe, comme c'est par exemple le cas dans l'autobiographie, mais il doit toujours être compris de sorte que tout homme quel qu'il soit, pour autant qu'il est un moi, puisse s'y engager. Même le philosophe qui rédige un ouvrage en solipsiste ne parle pas du moi qui porte un nom propre et qui est insubstituable, car il attend de chaque auditeur ou de chaque lecteur qu'il mette son propre moi à la place du moi dont l'ouvrage traite. Dans cette mesure, le moi du solipsisme lui-même ne serait considéré que comme quelque chose de général. On concédera assurément que le solipsiste commet par là une inconséquence car il reconnaît *implicite* d'autres personnes en coordination avec lui-même et supprime ce faisant de nouveau le prétendu être-*solus* de l'*ipse*. Mais on sera d'avis que c'est précisément ce qui montre que dans toute considération *philosophique* du moi on en vient nécessairement à un moi général.

Qu'y a-t-il à dire là-dessus ? C'est un fait que peuvent être ainsi visées, dans une large mesure, les pensées dont nous avons indiqué le sens et qui sont développées là où l'on commence la philosophie par le moi. Il est fort caractéristique que le terme « nous » y soit bien souvent employé comme équivalent de « moi », et cela suffit à renvoyer au fait que le soi est remplaçable par n'importe quel moi. Ce qui « m' » est donné est ce qui « nous » est donné. Mais sommes-nous en vérité avantagés si, à la place de la personne particulière, nous mettons un moi en général valant comme un « nous » ? Nous ne faisons par là qu'intervertir l'exemplaire égoïque <*Ich-Exemplar*> disponible à présent et le concept général de son *genre*. Suffit-il que nous élevions de la sorte le commencement de la philosophie dans la sphère de la généralité ?

De fait, le concept générique ne nous conduirait pas au-delà de ce que nous avons atteint jusqu'à présent, et en aucun cas il ne lèverait non plus les difficultés qu'il nous a été possible d'indiquer. Il demeure un concept *pour* des formations individuelles qui tombent sous lui à titre d'exemplaires, et c'est pourquoi il ne peut rien effectuer de plus que ce que

tout exemplaire nous donne lors de la détermination du commencement. Ce
« nous » si apprécié, et qui du reste est parfaitement justifié en tant que
forme de l'exposition, est tout simplement égarant lorsqu'il conduit à
l'illusion que ce qui « nous » est donné signifie seulement ce qui est donné à
un individu quel qu'il soit. Avec ce concept générique général <*dem allge-
meinen Gattungsbegriff*> du moi comme présupposition de l'immédiat,
nous restons toujours limité à une partie. Si nous voulons parvenir au tout
ou à un commencement plein et prendre tout de même notre départ du moi,
nous | devons penser, sous le moi général en tant que conscience de **141**
contenu, une sorte de généralité que ne possède justement pas le concept
générique. Une telle sorte de généralité existe-t-elle, et en quoi consiste-
t-elle ?

Répondre à cette question requiert de réfléchir tout d'abord à deux
sortes de formation de concepts, la première desquelles nous souhaitons
nommer l'abstraction généralisante et la seconde l'abstraction isolante.
Tout concept est concept *de quelque chose*, et le concept général obtenu par
abstraction généralisante demeure *finalement* le concept *de* quelque chose
de particulier, c'est-à-dire qu'il est certes général en tant que concept
générique, mais que sous lui tombent soit d'autres concepts génériques
soit, s'il ne s'agit plus de ce dernier cas, ses exemplaires particuliers et, dans
cette mesure, individuels. Nous ne pouvons en rester là. Nous ne devons
pas seulement construire un concept général d'un individu mais plutôt un
concept général d'un général, donc envisager la possibilité d'une autre
sorte d'abstraction, dans l'exposition de laquelle toutefois apparaît tout
d'abord une difficulté terminologique. L'habitude règne en effet d'appeler
« concept » ce qui n'est pas une réalité particulière et individuelle, ni même
éventuellement « métaphysique », réalité dont nous faisons toutefois complètement abstraction. C'est ainsi que même dans le cas d'un moi général,
on ne pensera toujours qu'à un « concept » du moi. Si c'est là quelque chose
que nous maintenons, il n'en faut pourtant pas moins séparer les concepts et
les concepts de ces concepts, c'est-à-dire que si nous désignons ce moi
général que nous cherchons également comme un concept, nous ne devons
pas le confondre avec le concept de cette formation conceptuelle. Mais
parce qu'un tel usage linguistique conduit aisément à des malentendus,
nous préférons ne pas nommer « concept » tout ce que par abstraction nous
pensons dans sa « pureté » comme général, et toujours parler des concepts
par distinction de ce qui tombe sous eux. Nous désignons dès lors comme

moment général le quelque chose saisi par abstraction conceptuelle et qui, comme son concept, peut être général.

Si nous pratiquons cette distinction, on peut comprendre immédiatement dans quelle mesure il n'est pas nécessaire que la généralité d'un moment égoïque soit la généralité d'un concept générique. Il nous faut donc bien plutôt maintenir dans leur distinction pas moins de quatre formations égoïques : premièrement, le moi individuel ou le soi dont nous sommes parti tout d'abord ; deuxièmement, le concept générique de celui-ci, qui ne nous intéresse plus à présent ; troisièmement, le moment égoïque général que nous recherchons et, quatrièmement, son concept, lequel n'est pas général au sens où plusieurs exemplaires individuels tomberaient sous **142** lui, mais qui ne peut être appelé | général qu'en tant qu'il est le concept *de* quelque chose de général. Le point principal demeure ici la distinction entre deux sortes de généralité que nous séparons l'une de l'autre en tant que généralité du concept égoïque générique et généralité du moment égoïque.

C'est également à partir de là que se comprend aisément la distinction entre deux sortes d'abstraction. Alors que l'abstraction généralisante parvient au concept générique général sous lequel tombent les exemplaires individuels, l'abstraction que nous visons libère le moment égoïque général en l'extrayant du moi individuel et le pense alors seulement pour lui-même. On peut l'appeler l'abstraction *isolante*. Il n'est pas nécessaire que nous nous engagions plus avant dans cette distinction en général, puisque seul importe de mettre au jour une généralité qui ne soit pas celle du concept générique, et que peut rester complètement pendante la question de savoir s'il y a encore d'autres sortes d'abstraction que l'abstraction généralisante et l'abstraction isolante. Il nous suffit de savoir que dans le concept du moi dont nous avons besoin à titre de présupposition pour la détermination de la totalité du donné immédiat, ce ne sont pas les « caractéristiques » communes des réalités égoïques individuelles qui sont rassemblées – et dont relèveraient aussi la caractéristique de l'individualité – mais qu'avec ce concept, nous isolons dans le moi individuel ce qu'on peut appeler l'« égoïté » générale pour renvoyer ainsi à son caractère abstrait. C'est elle que nous prenons en vue pour elle-même en tant que « moment » du moi individuel.

VI. LE MONDE DU COMMENCEMENT

Mais nous n'avons d'abord caractérisé que le chemin qui doit nous conduire au but. Il s'agit à présent d'indiquer le principe sur le fondement duquel, par abstraction isolante, le moment égoïque est extrait dans sa pureté du moi individuel et par lequel apparaît alors le concept d'un moi *pur*, à l'aide duquel nous pouvons déterminer universellement le monde égoïque du commencement.

Nous procédons ici de la manière la plus élémentaire possible, ainsi qu'il est souhaitable, et par conséquent aussi justifié de le faire au commencement. Le moi individuel dont nous sommes parti est caractérisé, d'après son concept, aussi bien par l'égoïté que par l'individualité. Nous devons penser ensemble ces deux moments en lui mais en même temps les distinguer conceptuellement l'un de l'autre, car il y a d'autres formations qui possèdent certes l'individualité sans être nécessairement pour cette raison un moi. Pour établir en quoi consiste pour soi l'essence | de l'égoïté, **143** nous construisons tout d'abord de manière hétérothétique le concept du non-moi puis, en l'extrayant du moi individuel, nous libérons ensuite l'égoïté dans sa pureté en tant que ce qui ne peut jamais être compris comme non-moi. Est non-moi tout ce qui peut être objectivé. En relève également l'individualité du moi. Le moi étranger lui aussi, pour autant qu'il est un individu, devient ainsi factuellement un non-moi s'il se présente face à nous comme un toi, et il ne fait aucun doute que nous ne pouvons pas seulement, de cette manière, objectiver un moi étranger, mais que, jusqu'à un certain point, nous pouvons faire de « nous-mêmes » aussi un non-moi, certes non pas de tout notre moi mais bien de notre individualité, pour insérer celle-ci en tant que membre, tout comme un toi, dans le monde des objets. Il n'importe pas, dans ce contexte, de savoir si, factuellement, une telle « auto-objectivation » réussit *intégralement*, mais il ne s'agit que du principe, et rien ne s'oppose en tout cas à la tentative de *penser* l'auto-objectivation comme conduite jusqu'à son terme. Mais voilà qui suffit, car le concept du moi pur ou le moment égoïque conceptuel-lement isolé est par là déjà donné en tant que concept de ce qui ne peut jamais être considéré comme non-moi, de ce qui reste donc un moi et qui doit pourtant être simultanément pensé comme libre de toute détermination individuelle. Un tel moi général se trouve dans tout moi individuel en tant que moment partout *identique*. Il doit être compris comme ce par quoi chaque moi se différencie de toutes les formations qui sont du non-moi.

C'est donc à bon droit que nous l'opposons de manière hétérothétique en tant que moi pur à tout ce qui peut jamais être saisi comme non-moi, et que nous obtenons ainsi de lui un concept que personne ne confondra avec le concept générique du moi individuel.

À la place de « moi », nous pouvons dire aussi « sujet » ou « conscience », et à la place de « non-moi », « objet » ou « *contenu* de conscience ». Le moi pur peut par suite être appelé sujet pur par opposition à tous les objets, ou conscience partout identique par opposition à tous les contenus possibles de la conscience. Nous devons seulement ne jamais oublier qu'une telle « conscience en général » peut être isolée de manière simplement conceptuelle et, par conséquent, ne peut être mise en lumière dans la conscience scientifique en tant que moment séparé que par *construction*. Seule une médiation la rend claire théoriquement dans sa spécificité. Mais cela ne change absolument rien à son applicabilité en vue de la détermination du monde universel de ce qui est immédiatement donné. Le sujet pur se présente comme une présupposition inévitable pour tout objet immédiatement donné.

Revenons de nouveau, avec ce sujet pur, au monde égoïque dont nous sommes parti. Quelle doit en être la nouvelle détermination ? À présent, 144 nous | séparerons toujours l'un de l'autre un non-moi immanent et un non-moi transcendant, mais il faut tracer les frontières entre les domaines d'une tout autre manière que précédemment, et cela vaut en particulier pour la détermination du rapport dans lequel se tiennent moi et non-moi immanent en tant qu'ils sont les deux membres du monde égoïque qui doit se trouver au commencement du système. Aussi certainement que le moi général ou pur est quelque chose d'autre que le moi individuel et objectivable, son membre opposé, le non-moi, doit aussi être quelque chose d'autre que ce qu'il était précédemment. Tout ce qui lui confère un caractère individuel et lui appose la marque de quelque chose de particulier, tout cela est supprimé. Le fait que le moi est nécessairement complété par son non-moi consiste à présent simplement en ce que s'oppose à la conscience égoïque, en tant qu'elle est donnée immédiatement, tout ce dont elle peut devenir immédiatement conscient. C'est ainsi que le moi pur et son non-moi immanent constituent ensemble un « monde » qui peut être désigné comme monde englobant de l'immédiat et qui par suite, d'après son concept, satisfait tout autant l'exigence critique que l'exigence universelle. *Seul* ce qui est immédiatement donné a une place dans ce monde égoïque, et ce monde égoïque est assez grand pour *tout* ce qui est immédiatement donné.

Peut-être élèvera-t-on cependant encore des doutes à l'encontre de notre formation de concept, et deux d'entre eux au moins doivent être expressément exposés dans la mesure où ils ont une signification principielle pour le concept du monde égoïque du commencement.

Le moi général ou pur fut d'emblée déterminé comme un moment isolé de manière seulement conceptuelle. On peut s'interroger : tout donné ne reçoit-il pas en tant que *présupposition*, dans l'ensemble de notre monde égoïque, une indépendance qui contredit son essence ? La meilleure manière de répondre à la question est peut-être de mettre encore au jour une autre détermination concernant la division du monde égoïque. Sur son versant subjectif, il y a quelque chose qui ne peut en aucun cas devenir *contenu* pour un moi et qui peut par suite, de manière hétérothétique, s'appeler également la *forme* du moi. C'est seulement sur l'autre versant, le versant objectif, que nous avons l'ensemble *<Inbegriff>* de tous les contenus qui s'insèrent dans la forme égoïque. C'est ainsi que l'indépendance des deux versants s'éclaircit à tout point de vue. C'est seulement dans leur réunion que forme égoïque et contenu égoïque – ou conscience en général et contenu de conscience donné – forment un *tout* indépendant, que nous avons divisé conceptuellement en ses deux côtés afin d'indiquer avec précision ce que nous posons au commencement du système en tant que « monde » de l'immédiat.

Mais un autre doute peut encore être élevé. Si c'est *nous* qui *posons* la dualité du moi et du non-moi, ne faisons-nous pas par là | du commencement tout entier un objet, et le premier de ses deux membres ne perd-il pas ainsi son essence qui consiste à être moi pur ? Il semble que nous ne pouvions pas présupposer le monde égoïque ou le poser en général sans le mettre par là même du côté du *contenu* de conscience. Mais il entre du même coup de nouveau en opposition à un sujet, et ce sujet ne peut pourtant pas non plus être absent du commencement plein. N'avons-nous donc pas, toujours et encore, qu'une partie du commencement, et n'est-il pas, du coup, impossible de jamais compléter cette partie ? Il ne serait manifestement d'aucune aide que nous ajoutions au commencement ce nouveau sujet en opposition auquel l'ensemble du monde égoïque semble se tenir, car le monde égoïque ainsi complété serait par là de nouveau objectivé et s'opposerait à un troisième sujet ou à un troisième moi. Chaque pas en avant que nous faisons sur cette voie devrait nous conduire toujours à nouveau face à la même difficulté ; et si le commencement doit déjà contenir toutes les présuppositions de l'immédiat, la conséquence semble être qu'il nous est impossible de commencer effectivement. Il semble que nous nous trouvions devant une série infinie, et partant devant une tâche insoluble. Si l'on clôt la série des présuppositions en l'un de ses moments, on fait alors du monde égoïque – qui doit être corrélation du moi et du non-moi ou du sujet et de l'objet – un simple objet ou un non-moi, et on le détruit ainsi partiellement en son essence.

Même cette objection, pour peu que nous l'observions plus attentivement, n'est aucunement convaincante ; sa formulation elle-même, renvoyant à une série infinie, montre qu'il s'agit ici d'une difficulté qui est fondamentalement liée à la langue <sprachlich> et non à la chose <sachlich>. C'est en apparence seulement qu'avec le sujet auquel doit s'opposer la relation sujet-objet en tant que commencement, quelque chose de nouveau est ajouté au monde égoïque du commencement. En vérité, la pensée d'un deuxième sujet qui a conscience, en tant que commencement, de la relation sujet-objet, cette pensée ne nous a pas fait faire le moindre pas en dehors ou au-delà de ce que nous déterminions dès le départ comme commencement plein. Par le fait que nous pensons le soi comme objet et le mettons au compte du non-moi immanent, la série des sujet est déjà conduite à son terme de sorte que, selon son concept, elle ne *peut* plus être prolongée. Si le monde égoïque pouvait être opposé en tant qu'objet à un autre sujet, alors son premier membre ne serait pas encore sujet pur, car ce dernier a bien été défini comme ce qui n'est plus objectivable ou qui n'est plus pensable comme non-moi. Voilà qui suffit à rendre impossible la considération de l'ensemble du monde égoïque – tel que nous le comprenons comme ensemble <Zusammen> du moi pur et de son non-moi immanent – comme objet pour | un sujet. Dans la mesure où nous le pensons, nous faisons certes de son *concept* un *contenu* de conscience, mais il ne devient pas par là un concept sous lequel ne tombent que des contenus de la conscience ou des objets. Il nous serait sinon tout à fait impossible de construire le concept du sujet en opposition à celui de l'objet.

L'objection indiquée peut encore être repoussée d'une autre manière. Le moi en opposition auquel l'ensemble de la relation sujet-objet doit s'opposer en tant qu'objet, ce moi ne peut pas être appelé un nouveau ou un deuxième moi pur, pour cette simple raison qu'il n'y a pas deux moments égoïques abstraits. Nous ne connaissons que l'unique moi pur, c'est-à-dire le moi pur identique. On ne peut le *nommer* une nouvelle fois que dans la langue <sprachlich>. Dans la chose <sachlich>, son redoublement ne dit rien. Nous avons par là immédiatement réduit à néant les pensées relatives à une objectivation de l'ensemble du commencement. Il appartient à son essence de ne pouvoir être pensé comme simple objet mais seulement comme ensemble du sujet et de l'objet. Pour prévenir tout malentendu linguistique, on pourrait aussi désigner le monde égoïque comme le moi du moi et du non-moi. On renverrait ainsi d'emblée au fait que ce monde ne peut jamais être pensable seulement comme objet pour un sujet. Le redoublement de l'expression « moi » devrait immédiatement rendre claire la raison pour laquelle, dans la chose, la série des objectivations a atteint son terme.

Mais une telle terminologie pourrait éventuellement provoquer des malentendus dans une autre perspective. On pourrait en effet penser qu'au commencement, le moi pur se fait « lui-même » objet et que ce serait ainsi le *même* moi qui se présente dans le monde égoïque comme moi et simultanément comme non-moi. C'est ce dont, précisément, il ne peut être question. Dans le monde égoïque du commencement, le soi, c'est-à-dire l'individu, ne doit encore être pensé que comme non-moi, et le moment égoïque identique dans chaque moi que nous avons libéré par abstraction isolante n'est plus un soi qui pourrait encore s'objectiver « soi-même ». Dans la mesure ou le concept du moi pur est placé au commencement, tout soi pensable est bien plutôt déjà pensé comme objectivé. C'est précisément en tant que moment égoïque identique, qui dans tout soi égoïque[1], que le moi pur doit être conceptuellement différent de tout soi. Si l'on veut parler d'une auto-objectivation, on peut alors seulement dire que le moi pur objective le soi sans être lui-même un soi. En pensant que le moi pourrait s'objectiver « soi-même » au sens où il demeurerait identique au moi qui est objectivé, on confond le moment égoïque identique qui est partout *le même* <*dasselbe*> et le soi <*Selbst*> qui, en tant qu'un individu parmi bien d'autres, s'oppose en tant qu'objet au moment égoïque identique. La langue allemande, | employant un terme presque identique pour « le 147 même » <*dasselbe*> et « le soi » <*das Selbst*>, fournit l'occasion d'une telle

---

1. Rickert écrit « das in jedem Ich Selbst steckt ». Nous interprétons ici l'expression « Ich Selbst » sur le modèle des tournures telles que *Ich-Welt* (monde égoïque), *Ich-Moment* (moment égoïque), qui envahissent ici le texte. L'intention de Rickert est claire : il s'agit de contester toute possibilité d'une réponse affirmative à la question, posée dès la troisième section de l'article : « N'est-il donc pas suffisant de poser que par le moi il faut entendre la personne propre ou le "soi" […] ? » (cf. *supra*, p. 231).

confusion. En latin, on distinguera plus aisément *idem* et *ipse*, et c'est ce qui devrait se produire conceptuellement en toute circonstance.

Il ne s'agit pas là de quelque chose d'inessentiel; car il faut éviter en effet toute apparence selon laquelle il y aurait dans le concept de l'«auto-objectivation» une «contradiction», c'est-à-dire la pensée de quelque chose qui procède du dit et du contredit <*Spruch und Widerspruch*>[1], ou de l'affirmation et de la négation du même concept. Ce serait de fait le cas si le sujet pur se faisait «soi-même» – c'est-à-dire le sujet pur – objet. On se trouverait alors en présence de la tentative de nier en tant que moi quelque chose qui est en même temps affirmé en tant que moi. Mais nous devons exclure toute pensée de ce genre. Le soi, c'est-à-dire l'individu dans le moi, devient objet pour le moi pur qui est partout le même et qui, pour cette raison précisément, n'est pas un soi. Il n'y a pas là la moindre contradiction et c'est tant mieux, car nous il ne nous serait en aucun cas permis de commencer le système par une pensée en soi contradictoire. Nous confions bien plutôt à la philosophie la tâche de penser le monde sans contradiction, puisque ce qui se contredit est soit ce qui ne peut pas du tout être pensé soit ce qui ne peut être pensé qu'au sens où en lui une pensée en réduit proprement une autre «à néant», et où il n'y reste donc plus rien qui soit «quelque chose» de pensable. On peut sans doute penser la contradiction en tant que dit et contredit, mais penser quelque chose qui est parfaitement contradictoire en soi – c'est-à-dire qui contient deux déterminations se supprimant mutuellement – ne signifie pas penser *quelque chose*, mais penser un *non*-quelque chose, c'est-à-dire rien.

VII. LE MOI COMME PRÉSUPPOSITION

Pourtant, même si le concept du moment égoïque isolé ou du moi pur a été compris correctement, on peut douter de la question de savoir si son inscription au commencement accomplit quelque chose d'essentiel pour la philosophie. Car ce moi demeure bien «vide» et n'est rien d'autre, à vrai

---

1. Cette expression pourrait contenir une allusion aux deux vers qui constituent le poème de J. W. Goethe intitulé précisément *Spruch, Widerspruch*, traduit par R. Ayrault sous le titre «Dits, contredits»: «Vos contradictions ne sauraient me troubler! / Dès qu'on dit quelque chose, on se met à errer» (*Poésies, 2 – Du voyage en Italie jusqu'aux derniers poèmes*, Paris, Aubier, 1982, p. 587).

dire, que la forme du donné immédiat. Qu'avons-nous gagné par là pour le commencement?

C'est un fait que ce qui importait était de déterminer complètement, c'est-à-dire d'après le contenu et la forme et à l'aide du moi pur, le concept du commencement en tant que concept du donné immédiat. On ne doit cependant pas sous-estimer la portée de cette caractérisation. Par elle, il doit être clairement établi que nous devons commencer le système par une *dualité*, | parce qu'il n'est pas possible de penser quelque chose comme **148** donné immédiatement sans le rapporter par là même à un moi ou à un sujet non donné. C'est être irréfléchi ou s'illusionner soi-même que de croire que le moi non donné est moins originaire et moins indéductible que le contenu qui lui est donné immédiatement. Mais la mise au jour de cette erreur est d'une importance principielle, et ce non seulement pour le premier pas d'une pensée du monde – dans lequel le moi reste encore vide – mais pour le système *tout entier*, qui n'a la capacité de donner un contenu au concept de sujet qu'en commençant à partir d'un point de départ subjectif.

Mais limitons-nous à ce qui a déjà été établi. Une fois reconnu dans sa spécificité le caractère inévitable du versant subjectif non donné du commencement, sont d'emblée rejetées comme irréalisables toutes les tentatives qui, comme l'intuitionnisme et les courants qui lui sont apparentés, cherchent à faire des contenus de conscience donnés immédiatement ou intuitivement la seule base de la philosophie pour tout édifier ensuite sur eux. Cette base prétendue s'est transformée en un problème. On ne peut pas construire son concept sans y ajouter quelque chose qui n'est pas immédiatement donné. Le moi pur ne peut être élevé dans son essence à la conscience scientifique que par le biais d'une médiation ou par *construction* et doit malgré tout être *présupposé* logiquement pour le donné immédiat. Si nous ne le faisons pas, alors nous ne pouvons pas non plus «présupposer» quoi que ce soit comme donné immédiatement. C'est ainsi que le moi pur s'avère l'« *a priori* » ne serait-ce que du premier pas d'une doctrine des fondations de la philosophie.

Si l'on méconnaît ce point, on commence la science qui est la nôtre d'une façon spécifiquement *non philosophique*, c'est-à-dire de façon non pas omnilatérale et universelle mais unilatérale et particulière. On se restreint au côté objectif du monde comme le font les sciences spéciales, lesquelles ignorent le côté subjectif comme présupposition. À partir de là se comprend également la raison pour laquelle les orientations philosophiques qui ne veulent être attentives qu'à ce qui est immédiatement *sous* les yeux reçoivent l'approbation de ceux qui sont habitués à penser *en spécialistes* <*spezialistisch*>. Il n'est pas nécessaire que les sciences spéciales se soucient de leurs propres présuppositions. La philosophie manque en revanche à ce qui est véritablement sa tâche si, par intérêt pour une « scientificité » mal comprise ou par peur des constructions, elle imite cette manière de procéder. Elle ne peut jamais alors devenir science universelle ni produire un système en général. Elle en reste nécessairement à des recherches singulières fragmentaires. Elle tombe sur des parties mais non sur des touts, et encore moins sur le tout.

149 | Pour montrer quelle est l'insuffisance des tentatives qui vantent de manière unilatérale la vision <*das Schauen*> de ce qui est immédiatement donné et qui ne veulent reconnaître que ce qui se laisse ainsi voir pour ensuite le « décrire », notre résultat peut être formulé d'une autre façon. Sans doute est-il sensé de dire qu'aucun concept ne peut être rempli dans son contenu sans « intuition » et que, dans cette mesure, l'intuition est l'assise fondamentale de tout penser scientifique, y compris du philosopher. Mais on n'a rien dit de *déterminé* par là car, comme dans presque tous les termes se terminant par le suffixe « -tion », il y a une ambiguïté dans le terme d'intuition [1]. Il ne faut pas entendre par là seulement l'intuitionné qui est intuitionné mais également l'intuitionner auquel appartient nécessairement un moi intuitionnant. Par conséquent, si l'on dit que la philosophie doit faire de l'intuition le commencement ou la base, cela n'est justifié que si l'on considère comme équivalents *les deux* concepts que nous relions dans le terme, et que si l'on comprend dans le concept d'intuition non seulement le non-moi intuitionné mais aussi le moi intuitionnant. Mais on est alors parvenu, dans le principe, au même résultat que nous, et il devrait être immédiatement clair que le *tout* de l'« intuition » ne peut plus être intuitionné. On ne peut intuitionner que l'*objet* intuitionné, et avec le voir <*Schauen*> de cet intuitionné on présuppose *implicite* quelque chose qui se dérobe à tout intuitionner. Il nous faut un œil pour voir <*Sehen*> mais nous

---

1. Cette prise en compte de l'ambiguïté constitutive des termes en « –tion », qui désignent à la fois l'acte et le produit de l'acte, n'est pas récente chez Rickert, puisqu'on la trouve déjà dans la thèse de doctorat qu'il rédigea sous la direction de W. Windelband en 1888 et qu'il publia en 1915 sous le titre de *Théorie de la définition*, trad. fr. par C. Prompsy et M. de Launay, Paris, Gallimard, 1997. Dans le premier chapitre de cet ouvrage (trad. p. 229) cette distinction est appliquée à la notion de définition. On lit en effet : « par définition, on peut comprendre soit l'*acte* qui définit (*definitio*) soit le *produit* de cet acte (*definitum*) ».

ne voyons pas l'œil lui-même. Ce n'est certes là qu'une image, mais elle renvoie bien à la chose. Dans le monde égoïque du commencement tel que nous le comprenons, le non-moi immanent est intuitionné alors que le moi intuitionnant, puisqu'il est présupposition de l'intuitionner, doit demeurer inintuitif *en tant* précisément *que* présupposition de tout ce qui est intuitif.

Dit encore autrement, cela signifie qu'on ne peut pas intuitionner le moi présupposé de l'intuitionner mais seulement le *penser*, et il faut recourir de nouveau à l'image de l'œil pour saisir clairement cette distinction. L'œil ne peut être vu qu'à l'aide d'un miroir qui le réfléchit. Nous devons, nous aussi, «réfléchir» sur le moi intuitionnant, c'est-à-dire le penser, pour l'élever à la conscience scientifique. Si l'on refuse tous les résultats d'une telle réflexion pour cette raison qu'ils sont inintuitifs, alors on n'a encore jamais «pensé» en pleine conscience, c'est-à-dire qu'on n'a pas pensé ce penser qui voudrait faire du concept d'intuition l'assise fondamentale de tout penser. Si l'on pense ce penser, on obtiendra aisément une «vision complète» *<durchschauen>* de l'erreur qu'il commet.

| De tels propos peuvent certainement faire venir à l'esprit de beaucoup **150** ces vers de Goethe souvent cités :

> "Comment t'es-tu élevé aussi haut ?
> Tu as, dit-on, su bien mener ta barque !"
> Je m'y suis pris sagement, mon enfant :
> Je n'ai jamais pensé sur la pensée [1].

N'est-ce pas là un avertissement? De fait: un penser tel que celui que nous cherchons ici peut bien paraître peu sympathique à l'homme de tempérament visuel *<Augenmenschen>* parce qu'il conduit à du non intuitif; mais la sympathie n'est pas ce qui compte ici. Goethe lui-même le savait fort bien: «Je n'avais pas d'organe pour la philosophie au sens véritable» [2]. Sans un tel organe, le philosophe au sens «véritable», c'est-à-dire scientifique, n'ira «pas loin». Il lui faut précisément penser le penser et comprendre ainsi ce qui dans le penser scientifique repose sur l'intuition et ce qui ne peut être que pensé et qui n'est donc pas intuitionnable. Il saisira dès lors la différence entre voir *<Schauen>* et penser de la manière

---

1. J. W. Goethe, *Xénies apprivoisées*, VII, trad.fr. par R. Ayrault, *Poésies, 2 – Du voyage en Italie jusqu'aux derniers poèmes, op. cit.*, p. 717. La citation de Rickert est correcte à quelques détails typographiques près.

2. J. W. Goethe, *Einwirkung der neueren Philosophie* [*Influence de la philosophie récente*].

suivante : le voir ne se laisse pas voir, alors que le penser se laisse penser parce qu'il est possible d'y penser. Dans cette mesure le penser s'étend, dans la science, plus loin que le voir. Il est « surordonné » au voir, de sorte que la doctrine de la signification fondamentale de l'« intuition » s'avère soit ambiguë – tant qu'on ne supprime pas expressément la dualité de ce concept – soit, si l'on veut sérieusement tout ramener au voir, on en vient à une pensée contradictoire en soi. On nie alors la présupposition sans laquelle il n'y a aucun intuitionner et l'on fait ainsi vaciller logiquement la prétendue « fondation » du philosopher intuitif. On nie l'œil au profit de ce qui est *sous* les yeux.

Nous nous restreignons à dessein à la signification du moment égoïque pour le commencement et nous faisons abstraction du rôle qui est le sien dans l'édification ultérieure du système. Nous n'ajoutons encore qu'une pensée renvoyant à ce qu'opère, malgré sa vacuité, le sujet pur en tant que présupposition du donné immédiat, dès qu'on tente de poursuivre sa détermination de façon hétérothétique. Nous parvenons ainsi du même coup à la limite du versant subjectif du commencement à partir de laquelle débute le développement ultérieur du concept de sujet.

Jusqu'à présent, nous avons pu caractériser le moi présupposé en l'opposant au moi individuel. Ce dernier est toujours pensé comme personne en communauté avec d'autres personnes, c'est-à-dire comme comportant un caractère social. Par opposition, c'est-à-dire en tant 151 | qu'hétérothèse, il a fallu dire du moi du commencement qu'il est asocial et impersonnel. Nous laissons de côté au commencement ce que de telles négations peuvent signifier de *positif*. Mais prenons en vue de plus près une autre différence du moi individuel par rapport au moi général. Le moi social et personnel fait preuve, dans le contexte social, de toutes sortes d'*activités*. Elles doivent elles aussi être refusées au moi pur ; et si nous passons ici de la détermination négative à la détermination positive, nous pouvons mettre au jour l'alternative entre activité et contemplation[1] et dire donc de façon hétérothétique que le moi du commencement se présente comme un moi purement *comtemplatif*.

Nous avons déjà été conduit d'une autre façon à de tels concepts lorsque, il y a quelques instants, nous nous sommes tourné contre l'intui-

---

1. Sur cette distinction, on se reportera au chapitre III du troisième article ici traduit, « Le système des valeurs », intitulé « Contemplation et activité, chose et personne », *supra*, p. 144 *sq*.

tionnisme. Nous cherchons à présent à comprendre la tendance de l'intuitionnisme de sorte que nous reconnaissions en même temps sa justification
relative. Le moi ne peut certes jamais être intuitionné, mais il faut de fait le
penser au commencement du système avec le moins de présuppositions
possible en tant que moi purement *intuitionnant*. Il est dès lors la présupposition de l'ensemble de la « vision du monde » immédiate, expression qu'il
faut entendre en son sens d'origine, c'est-à-dire comme *contemplatio
mundi*. Nous devons donc prendre ici le concept de contemplation dans sa
plus grande extension possible et ne pas penser déjà à l'un de ses aspects, et
surtout pas à la contemplation théorique ou esthétique. C'est pourquoi il
faut seulement parler de contemplation « pure »; c'est-à-dire que son
concept, de même que celui du moi pur, se présente comme le produit d'une
construction conceptuelle. Dans la mesure où le sujet est déjà théoriquement ou esthétiquement contemplatif, ses éléments spécifiquement théoriques ou esthétiques, par opposition au moi purement contemplatif, sont
également pensables en tant que *contenus* de conscience. Ils peuvent donc
être saisis en tant qu'objets et étudiés théoriquement. Seul le moi contemplatif au sens le plus large demeure un moi pur inobjectivable, et c'est ce qui
assigne en même temps à la doctrine du commencement de la philosophie
sa place dans le système. Elle se trouve à la pointe d'une philosophie de la
vie *contemplative*. Nous laissons de côté la question de savoir jusqu'où
nous pouvons aller, avec un tel commencement, dans une doctrine de la vie
active. Celle-ci requiert certainement le moi de la conscience de communauté et n'a aucune raison de mettre le moi pur en première place.

Il y a encore un point intéressant, dans l'ensemble de nos pensées, pour
le tout d'une philosophie de la contemplation. Nous pouvons déterminer
les différentes espèces du moi contemplatif comme étant le sujet théorique,
le sujet esthétique et le sujet religieux, et c'est dès que nous pensons
à la contemplation mystique que le rapport de notre | commencement au **152**
domaine religieux apparaît au grand jour[1]. Considéré théoriquement, le
moi pur semble en effet se tenir au plus près du moi mystique, quelle que
soit la distance qui peut bien l'en séparer d'un point de vue religieux. Il est
vrai que bien des tentatives, de la part de la mystique, pour saisir *théoriquement* le comportement du moi qui s'engloutit sans reste dans la

---

1. *Ibid.*, p. 148-152. Ces trois espèces correspondent aux trois premiers domaines
axiologiques qui y sont mis au jour.

divinité mystique et qui nie ainsi son individualité finissent par arriver au même concept que celui que nous posons au commencement du système comme concept de l'intuition du monde <*Welt-Anschauung*>[1] purement contemplative. Ce fait indique la façon dont devient possible un penser philosophique qui doit incliner, pour autant qu'il s'agit de concepts purement théoriques, à faire de notre commencement un terme, de notre A. un Ω. Celui qui éprouve de la difficulté à comprendre logiquement le concept du moi pur peut apprendre peut-être de bien des parties d'ouvrages mystiques ce qu'a en vue une vision du monde aussi immédiate qu'universelle ; mais il doit être en mesure de séparer l'appareil conceptuel théorique de toute détermination religieuse.

Mais ne poursuivons pas plus loin cette pensée. Elle devait seulement indiquer jusqu'où le domaine du monde égoïque s'étend en tant que domaine de la contemplation pure de ce qui est immédiatement donné. Le point principal demeure le caractère inévitable du concept de sujet, ne serait-ce que pour le premier pas d'une pensée systématique du monde. En tant que pure contemplation, le moi peut bien être encore vide ; il n'en est pas moins établi que celui qui débute le système sans cette construction n'atteindra pas non plus de moi par la suite, car un moi ne peut jamais être déduit du donné immédiat ou d'un *contenu* de conscience intuitif.

VIII. La conversion à l'objet

L'insistance avec laquelle nous soulignons ce point est en partie exigée par des tendances fort répandues aujourd'hui selon lesquelles on pourrait ignorer sans dommage pour la science les acquisitions qui furent celles de Kant et de ses grands disciples en philosophie. La formule de Fichte semble bien être encore valide : « La plupart des hommes seraient plus aisément conduits à se prendre pour un morceau de lave dans la Lune que pour un *moi* »[2]. C'est pourquoi il fallait parler *d'abord* de ce que personne ne peut

---

1. Cf. *ibid.*, p. 151, note 2. En parlant ici de « *Welt-Anschauung* », Rickert désire inscrire dans le concept de *Weltanschauung* lui-même le résultat acquis plus haut, selon lequel c'est en tant qu'intuition (*Anschauung*) du monde que le commencement est une vision du monde.

2. J. G. Fichte, *Grundlage der gesammten Wissenschaftslehre*, § 4, E, III, 2, a, α, note ; trad. fr. (légèrement modifiée) par A. Philonenko, *Œuvres choisies de philosophie première. Doctrine de la science (1794-1797)*, Paris, Vrin, 1990, p. 75. Il est à noter que Rickert fera plus tard de cette formule bien connue de Fichte la devise de son ouvrage de 1934 intitulé

tenir pour un « morceau » du monde objectif. Mais il n'en serait pas moins faux, d'un autre côté, de vouloir caractériser pour cette raison le point de vue | adopté ici comme un « subjectivisme ». Nous aurions aussi pu faire du **153** côté objectif du commencement ce qui est premier *temporellement* et atteindre dès lors le plein commencement par réflexion sur le fait que tout contenu qui est donné immédiatement doit être contenu d'une conscience égoïque, ou objet pour un sujet. La série selon laquelle les pensées se développent est contingente. Seul reste nécessaire de s'en tenir à la *dualité* du commencement dans son ensemble; et maintenant que nous connaissons son côté subjectif, nous devons également établir avec la même exactitude la signification de son côté objectif. Mais cela n'est de nouveau possible que si nous saisissons également son concept « purement », c'est-à-dire si nous le préservons de tout ce qui relève de la sphère subjective. Nous avons donc affaire au « non-moi pur » comme nous avons eu affaire précédemment au moi pur. C'est par son concept seulement que se précise ce que signifie « objet immédiatement donné » et c'est par là seulement que le commencement est déterminé à tous points de vue.

Nous insistons tout d'abord de manière très générale sur le caractère inévitable du côté objectif pour tout développement du système qui veut progresser au-delà du concept du moi pur. De même que nous avons certainement besoin d'une construction pour formuler d'une manière générale la présupposition logique d'un monde d'objets, il est également certain que là où il s'agit de reconnaître *ce qu'*est le monde d'objets, nous dépendons d'intuitions ou de visions intuitives <*Intuitionen oder Anschauungen*>. C'est en cela que consiste le droit relatif de l'intuitionnisme, même si l'on fait abstraction du fait que le moi pur peut se comprendre comme purement intuitionnant. Il y a même en outre, dans la pensée d'un caractère inévitable du contenu intuitif du monde, la justification d'une autre tendance, aujourd'hui fort répandue également. On entend souvent dire que la philosophie doit se défaire définitivement du subjectivisme moyennant une *conversion à l'objet*[1]. Il nous faut, nous

---

Grundprobleme der Philosophie. Methodologie, Ontologie, Anthropologie [*Problèmes fondamentaux de la philosophie. Méthodologie, ontologie, anthropologie*].

1. Cette expression (« *Wendung zum Objekt* ») renvoie tout d'abord, sous la plume de Rickert, aux thèses de P. Wust, qui s'était fait connaître par ce mot d'ordre d'un « retour de la philosophie vers l'objet » (cf. *Die Auferstehung der Metaphysik* [*La résurrection de la métaphysique*], repris in *Gesammelte Werke*, I, Münster, 1963, *passim*). Ce retour a évidemment la

aussi, réaliser de fait une telle conversion maintenant que le sujet a clairement été établi comme présupposition de l'objet. C'est ainsi que se montrera au mieux le peu de signification des slogans de subjectivisme et d'objectivisme. Ils ne conviennent qu'à des manières de penser unilatérales. L'ensemble du commencement lui-même ne peut déjà pas être soit seulement sujet soit seulement objet, et parce que le concept du sujet pur demeure vide, la conversion à l'objet en tant que conversion au *contenu* de conscience est d'une importance décisive pour tout ce qui suit.

Il n'est pas nécessaire, toutefois, d'en dire plus sur ce point, car ce ne serait tout simplement pas possible ici. Nous en viendrions à des problèmes conduisant au-delà du commencement. Il suffit ici de renvoyer expressément à ce qui se comprend fondamentalement de soi pour peu qu'on ait 154 compris le moi pur; et c'est seulement pour | préciser ce qui, malgré tout, semblera à beaucoup ne pas aller de soi que nous soulignons un point en particulier. Le contenu de ce qui est immédiatement donné ne doit pas être pris en considération seulement dans le cas de la connaissance du monde d'objets, mais, même en continuant à traiter des problèmes *subjectifs*, nous ne faisons pas non plus le moindre pas au-delà du moi pur sans conversion à l'objet. Toute différenciation de la conscience égoïque identique n'est

signification d'une critique du kantisme, conçu comme un subjectivisme. La critique de Wust vise ainsi la révolution copernicienne dans son principe, son développement comme philosophie des valeurs et sa logicisation, dont il tenait Cohen et Cassirer pour responsables. Pour Rickert, le slogan d'une «conversion à l'objet» est donc caractéristique d'un objectivisme unilatéral parce que méconnaissant la relation hétérologique dans laquelle sujet et objet se tiennent nécessairement. De ce point de vue, cette section finale de l'article se comprend comme l'effort pour *donner un sens critique à l'objectivisme* et pour répondre ainsi aux objections de Wust sur le terrain même des revendications de celui-ci. Mais il faut rappeler en outre que cette même expression de «*Wendung zum Objekt*» fut utilisée dans le cercle des premiers étudiants phénoménologues de Husserl à Göttingen (principalement J. Daubert, A. Reinach, A. Pfänder, Th. Conrad, H. Martius, R. Ingarden et E. Stein, réunis au sein de la «Société philosophique de Göttingen»), pour désigner ce qui leur paraissait l'apport essentiel des *Recherches logiques*, à savoir la possibilité, ouverte par la radicalité de l'intuitionnisme eidétique, d'une philosophie qui soit scientifiquement objective sans partager les présupposés ontologiques du positivisme (*cf.* sur ce point J.-F. Lavigne, *Husserl et la naissance de la phénoménologie (1900-1913). Des* Recherches logiques *aux* Ideen : *la genèse de l'idéalisme transcendantal phénoménologique*, Paris, PUF, 2005, p. 132-133). Dans cette nouvelle perspective, dont la signification historique est moins immédiatement liée à une défense du néokantisme, les analyses présentes de Rickert peuvent être comprises de façon symétrique comme un effort pour penser le rapport à l'objet indépendamment de tout intuitionnisme de principe, autrement dit pour *défendre l'idéalisme transcendantal en tant que subjectivisme critique et dualiste*.

en effet possible que par la mise au jour du contenu qui peut aussi s'opposer au moi en tant qu'objet immédiatement donné, et qui appartient donc conceptuellement au versant objectif du monde égoïque du commencement, quelle que soit l'étroitesse de sa liaison factuelle avec le sujet.

Un exemple – qui se révèlera en même temps pour nous plus qu'un simple exemple – peut au moins clarifier le problème. Nous avons déjà besoin d'un contenu de conscience objectivable lorsque nous tentons de comprendre le moi contemplatif dans sa particularité comme sujet de la contemplation théorique ou esthétique. La présupposition égoïque la plus générale de tout contenu de conscience donné ne peut <*darf*> pas encore valoir comme moi *connaissant* ni à plus forte raison comme moi scientifique, et nous avons tout aussi peu, en elle déjà, un sujet intuitionnant artistique. La raison en tombe sous le sens. Le moi théorique est différent du moi esthétique et cette différence ne peut être déduite du moi pur. Elle ne peut donc provenir que d'un contenu particulier qui peut devenir objet pour le moi pur. La question n'est pas ici de savoir *comment*, par son moyen, il faut construire le concept d'un moi théorique ou esthétique. Mais il faut renvoyer dès le commencement au fait qu'une philosophie de la vie contemplative dans sa *diversité* n'est pas possible sans un concept de sujet qui soit lourd de contenu et orienté vers le côté objectif donné du monde égoïque.

C'est ainsi que nous rejetons catégoriquement toute tendance intuitionniste <*intuitionistische*> souhaitant tout résoudre dans le voir <*Schauen*>, et que nous nous opposons également à toute philosophie purement constructive qui, sans égards aux contenus qui peuvent seulement être vus, tente de « déduire » les différentes espèces de moi. Une telle façon de procéder repose toujours sur une auto-illusion, c'est-à-dire sur l'ignorance d'un contenu de conscience accepté de manière inaperçue, et qui n'est, en dernier ressort, que donné et ne peut être déduit plus avant. Cela vaut également et même avant tout pour le sujet, si on cherche à le comprendre comme l'ensemble <*Inbegriff*> d'une *pluralité* de présuppositions. Lorsqu'on ne se restreint pas à l'*a priori* le plus général du moi pur mais qu'on veut | mettre en évidence la diversité des formes du sujet, on doit **155** prendre en considération le contenu de conscience donné intuitivement. Que sans lui il ne puisse y avoir absolument aucune *diversité* des formes, c'est ce qui doit apparaître clairement dès qu'on développe de manière conséquente la séparation des deux versants du monde égoïque selon la forme et le contenu.

Mais tout cela touche au développement du système et plus à son commencement. Il ne s'agissait ici que de déterminer la direction qu'on doit suivre pour passer au-delà du moi pur. La question qui, avant cela, doit encore être posée à l'intérieur du commencement est la suivante : qu'est-ce qui, en vérité, est donné *immédiatement* au moi purement contemplatif ou qu'est-ce qui se laisse saisir sans aucune sorte de médiation simplement par intuition *pure* pour s'insérer ensuite dans la teneur de nos concepts ? Dès que nous faisons porter notre attention sur ce point, il s'avère qu'il y a un difficile problème dans la conversion à l'objet, elle dont la nécessité n'est tout simplement pas contestable au commencement et qui semblait aller de soi ; et c'est seulement lorsque le problème est au moins parfaitement reconnu qu'on dispose d'un concept complet de l'ensemble du commencement de la philosophie, lequel conduit alors, comme tout autre véritable commencement de système, par-delà lui-même jusqu'à l'édification du système.

Dans la conversion à l'objet, nous pouvons faire complètement abstraction du moi pur précisément parce qu'il est la présupposition de *tout* ce qui est donné, et un sujet ne nous intéresse encore à vrai dire que dans la mesure où il s'agit, sur le versant objectif du commencement, de mettre hors-circuit tout moment subjectif. C'est là ce qui doit se produire parce que peuvent être liés au sujet des réaménagements du donné immédiat qui doivent être saisis comme des médiations. Nous voulons à présent établir expressément et définitivement ce qui, dans sa *pureté*, est le donné immédiat en tant que minimum du côté *objectif* du commencement. C'est ainsi seulement que s'éclaircira le sens de l'exigence critique selon laquelle la philosophie doit commencer par l'« immédiat ». Qu'est-ce qui est *donné* au moi sans aucune médiation ?

La réponse à cette question doit commencer par l'indication du chemin qui ne peut pas nous mener au but. Il s'agit ici fondamentalement, pour une part, de choses qui vont de soi. Mais une telle obscurité règne encore sur le concept du donné immédiat qu'on fait bien de ne rien présupposer ici qui irait de soi. C'est pourquoi il faut commencer par dire expressément que lorsque nous parlons d'un contenu de conscience donné immédiatement au moi pur, nous ne devons pas penser alors à ce qu'on appelle l'« effectivité 156 empirique », et | dont les sciences spéciales peuvent croire qu'elles le « trouvent d'avance ». Il faut au moins indiquer la raison pour laquelle aucune détermination ultérieure du commencement du système ne peut être trouvée à partir de ce point.

La prétendue effectivité empirique est également désignée comme
«réalité psychophysique», c'est-à-dire qu'elle se divise, ainsi qu'on le
reconnaît généralement, en processus corporels et psychiques. Il est certain
qu'à même chacun des corps que nous percevons de manière sensible, bien
des choses sont immédiatement données. Mais il est également certain que
le corps *tout entier* ne l'est pas, de sorte que même ce qui est immédiatement donné *à même* un corps ne doit pas être dit «corporel», car le concept
de corps contient beaucoup de médiations sans lesquelles il perd tout sens.
Ce qui est immédiatement donné n'est pas d'emblée corporel. En général,
ce point est aujourd'hui volontiers admis.

Mais ce que nous devons dire du monde corporel vaut aussi exactement
pour la vie psychique, et c'est ici que débutent dès lors les difficultés
de compréhension. L'ancien dogme «spiritualiste», réfuté par Kant,
selon lequel le psychique est «expérimenté» plus immédiatement que le
physique règne encore bien souvent. Il faut au contraire constater qu'un
processus psychique relève tout aussi peu dans sa totalité du donné
immédiat qu'un processus physique, de sorte que ce qui est immédiatement
donné *à même* l'âme ne peut pas non plus être dit psychique pour cette
raison. Comme le physique, le psychique tombe sous un concept qui, sans
médiations, perd toute consistance. Il est assurément possible de choisir
une autre terminologie. Nous avons parlé de contenu de conscience, et ce
terme est souvent compris comme identique au psychique. D'après cela, le
donné immédiat serait intégralement psychique. On peut parler ainsi, cela
va de soi, si on le souhaite. Mais on ne pourra pas fonder la pertinence de
cette manière de parler. Son opposition au physique serait supprimée pour
le psychique et, si nous devions indiquer ce qu'est le psychique selon cette
présupposition, nous nous tiendrions exactement face à la même difficulté
que lorsque nous nous proposons la tâche de caractériser l'essence du
contenu de conscience immédiatement donné. Si le terme «psychique» est
employé pour tout ce qui est immédiatement donné, alors il perd tout sens
prégnant. On ne peut construire un concept déterminé du psychique qu'en
opposition au physique, et ce concept ne se rapporte dès lors qu'à une partie
de l'effectivité empirique. De sorte que nous ne faisons aucun pas en avant
dans la détermination du contenu de conscience immédiatement donné tant
que nous nous emparons du premier objet *particulier* venu dont se compose
la réalité psychophysique pour tenter d'attribuer le | caractère qui lui est **157**
attaché à la totalité de ce qui est immédiatement donné.

Il est aisé de généraliser ce résultat. Des concepts d'objets qui se différencient essentiellement les uns des autres sont toujours trop spéciaux et trop particuliers pour caractériser dans sa totalité ce qui est immédiatement donné. Même s'il y a encore d'autres objets que les objets physiques et les objets psychiques, ce dont il n'y a pas lieu de douter, nous ne pouvons faire usage de leurs concepts pour le but qui est le nôtre. Ils reposent nécessairement sur la délimitation d'une partie du donné immédiat contre une autre et il s'ensuit dès lors des réaménagements du donné, impensables sans médiations. C'est pourquoi, dans notre contexte, nous devons faire abstraction de *tout* objet particulier. Dans l'intérêt d'une absence de présupposition et d'une universalité les plus grandes possibles, nous voulons éloigner de notre concept du commencement tout réaménagement du contenu du monde égoïque.

Mais si nous accomplissons cela de manière conséquente et si nous pensons en même temps à ce qu'il nous a été possible de montrer précédemment, la question suivante émerge alors nécessairement : le versant objectif du monde égoïque peut-il être en général déterminé autrement que comme nous l'avons fait précédemment, à savoir de telle sorte que nous l'appelons de manière générale le contenu de conscience libre de toute forme à l'exception de la forme égoïque pure? Comment cela se pourrait-il, puisque sont éliminées toute particularisation (en raison de sa particularité) et toute médiation (en raison des présuppositions qu'elle contient)? Sans doute pouvons-nous continuer à dire que le donné immédiat est le pur intuitif, mais cela signifie bien peu dans ce contexte car, comme nous le savons, ce qui est purement intuitif peut seulement être intuitionné mais non *pensé*; plus exactement, il ne peut être pensé que comme l'intuitif qui est encore libre de tout réaménagement conceptuel. Notre pensée ne peut, sans médiation, parvenir au-delà de ce concept. Sans doute disposons-nous immédiatement dans notre conscience d'une quantité tout simplement incalculable de contenu intuitif, et bien des déterminations nouvelles peuvent caractériser dans son contenu l'essence de la diversité intuitive. Rien de tout cela, pourtant, ne se rapporte à l'intuitif en général mais à certaines parties de lui, et nous ne ferons pas le moindre pas hors du concept de l'intuition pure si nous ne disposons pas de formes qui configurent d'une manière ou d'une autre ou qui divisent le contenu de conscience purement intuitif. Dans leur ensemble, ces formes ne relèvent plus du donné immédiat tel que nous le comprenons, et la seule chose que nous pouvons établir est par conséquent que le contenu pur de la conscience égoïque ne peut pas

du tout être caractérisé *positivement* dans sa | généralité. Nous devons 158
renoncer à faire plus que de dire de lui qu'il est le contenu purement intuitif
donné immédiatement.

Mais c'est précisément par là que la lumière la plus claire se répand sur
le versant objectif du commencement du système; et afin que celui-ci
s'éclaircisse dans toutes les perspectives, rappelons-nous encore une fois le
moi théorique que nous avons déjà mentionné à titre d'exemple lorsque
nous évoquions la manière dont le moi pur *ne* pouvait *pas* être pensé[1].
À présent, cette différence reçoit pour nous une signification qui en fait plus
qu'un simple exemple. Si le moi pur du commencement ne peut pas encore
être un moi théorique ou connaissant, il s'ensuit que le contenu de
conscience ne peut pas être pensé dans sa pureté comme un contenu *connu*.
Voilà qui, de nouveau, va de soi et qui requiert cependant une explication,
car on dira peut-être que si c'est là la conséquence de notre exposé, cela
montre seulement que notre concept de commencement a encore besoin
d'une rectification. Le cercle des présuppositions a donc été délimité de
manière manifestement trop étroite jusqu'à présent, c'est-à-dire qu'une
partie en a été ignorée qui doit être présupposée si l'on veut seulement commencer à philosopher. La raison en est évidente : sans un moi théorique, il
ne nous était pas factuellement possible d'avancer d'un pas dans la détermination du commencement du système. Seul un moi théorique pouvait
rendre pensable le concept d'un monde égoïque ayant un côté objectif et un
côté subjectif.

À l'évidence, ce point est juste. Mais peut-il modifier quoi que ce
soit dans notre concept du commencement *universel* du système? Nous
ne devons pas confondre cette sorte de «présupposition» avec l'*a priori*
qui relève du commencement le plus dépourvu possible de présupposition.
Sans doute faut-il *factuellement* qu'un moi théorique soit là pour philosopher. Mais dans les présuppositions *nécessaires* du commencement, ce
n'est pas le moi effectif qui est en question, lui qui est toujours individuel et
qu'on appelle également « nous », mais seulement la *teneur* du concept que
« nous » pensons lorsque nous pensons le commencement, et il n'est pas
nécessaire que le moi théorique qui la pense soit présent dans cette teneur. Il
s'agit bien plutôt de maintenir qu'un moi théorique ne peut être déterminant pour le concept du commencement, car le commencement tout entier

1. Cf. *supra*, p. 255.

consisterait sinon seulement en le moi théorique et son contenu théorique, et il aurait par là d'emblée un caractère si spécial que l'exigence universelle que nous devons lui adresser demeurerait insatisfaite. Nous n'aurions plus, au commencement, le concept d'un monde égoïque de l'immédiat en général tel que le philosophe théorique le pense dans la plus grande absence **159** possible de présupposés, mais | le concept d'un monde déjà *médiatisé* théoriquement, qu'il faut précisément exclure du commencement universel et critique. En tant que *partie* séparée de la philosophie, la théorie de la connaissance peut bien commencer par le moi théorique, et elle doit même le faire pour parvenir à un monde théorique. Mais par là, d'une part, le commencement de la philosophie en général serait lesté de manière non critique par des médiations d'un type particulier et, d'autre part, il n'y aurait plus de place en lui pour les formes athéoriques de la contemplation, c'est-à-dire pour l'intuition esthétique ou l'intuition religieuse, ni même, dans le développement ultérieur du système, pour un moi actif. Nous tomberions dans un théoricisme unilatéral. Nous aurions délimité trop étroitement le cadre dont nous avons besoin pour une philosophie universelle, nous aurions posé un fondement trop mince.

On peut également exprimer ce dont il s'agit de la manière suivante : sans doute formons-nous dès le commencement de la philosophie des concepts théoriques, car *tous* les concepts sont théoriques et c'est seulement comme sujets *théoriques* que nous sommes capables de former des concepts. Mais au commencement, nous voulons former des concepts théoriques à teneur *universelle* et non pas des concepts théoriques à teneur unilatéralement *théorique*; et c'est précisément parce que ce qui est spécifiquement théorique va à ce point de soi aux yeux du théoricien que celui-ci en méconnaît aisément la singularité et finit par ne pas le voir – c'est précisément pour cela que nous devons désigner la *mise hors-circuit* de ce qui est spécifiquement théorique tout simplement comme la tâche la plus importante face à laquelle nous nous trouvons lorsqu'il s'agit de saisir dans sa *pureté* le versant objectif du commencement universel, c'est-à-dire le donné immédiat.

Conformément à cela, il faut dire qu'aussi certainement que le moi pur n'est pas encore le moi théorique, il est certain que le contenu immédiatement donné ne peut être un contenu déjà traversé de formes spécifiquement théoriques. C'est pourquoi, dans sa détermination conceptuelle, nous ne devons pas chercher à présent de nouvelles caractéristiques, mais vérifier bien plutôt si n'a pas déjà été involontairement accepté dans le contenu du commencement plus que ce qui s'accorde avec son essence de contenu pur. Dans cette mesure, la dernière tâche devant laquelle nous nous tenons correspond exactement à celle qui était la nôtre lorsqu'il s'agissait d'extraire du moi individuel le versant subjectif du commencement, c'est-à-dire le moment égoïque dans sa pureté.

Nous en venons ainsi assurément à des difficultés caractéristiques, mais qui sont moins liées à la chose <*sachlich*> qu'à la langue <*sprachlich*>. Même dans la plus grande prudence critique, nous sommes de fait menacés du danger de recourir, pour déterminer conceptuellement le contenu de conscience immédiatement donné, à des *expressions* auxquelles nous rattachons des significations et des présuppositions | spécifiquement **160** théoriques, et c'était déjà ce danger qui guettait lorsque nous nommions « objet » le contenu pur afin de l'opposer au moi pur comme sujet. C'est ce que nous devions faire parce qu'il n'y a pas d'autre expression *positive* pour désigner ce qui n'est pas sujet. Mais le terme « objet » requiert encore de fait une explication : le concept auquel nous le lions doit être compris, au commencement, de telle sorte que seul le contenu de la conscience dans sa pure intuitivité tombe sous lui. On ne peut nier qu'une telle terminologie ne prête à des malentendus. Dans sa signification habituelle, le terme « objet » désigne quelque chose qui ne doit absolument pas être interprété comme donné de manière seulement intuitive. C'est particulièrement clair lorsqu'au lieu d'« objet » <*Objekt*> nous disons « ob-jet » <*Gegenstand*>, ou même lorsque nous pensons, comme c'est le cas habituellement, à l'ob-jet de la connaissance[1]. Voilà qui brouillerait complètement notre concept du commencement. En aucun cas nous ne devons identifier, au commencement de la philosophie, l'ob-jet de la connaissance au contenu de conscience en général. Le premier membre du système doit bien plutôt être déterminé de telle sorte que *tout* contenu puisse prendre place par la suite sur son versant objectif, donc également le contenu qui pourrait devenir contenu des « ob-jets » esthétiques ou religieux. Quand il s'agit d'un ob-jet, nous pensons toujours déjà soit à un ob-jet particulier quelconque, soit au concept générique général de l'ob-jet sous lequel les ob-jets particuliers tombent comme autant d'exemplaires. C'est la raison

---

1. Rickert retrouve ici le titre de son ouvrage fondamental *Der Gegenstand der Erkenntnis* [*L'Ob-jet de la connaissance*], Tübingen, J. C. B. Mohr (Paul Siebeck), [1]1892, [2]1904, [3]1915, [4-5]1921, [6]1928.

pour laquelle nous avons intentionnellement évité le terme d'«ob-jet» dans la détermination du commencement.

Un dernier mot sur ce point. Cette expression désignant le versant objectif du moi pur est certes plus appropriée que ne l'est, par exemple, le terme «op*position*» <*Gegen*satz>, car ce dernier pourrait conduire à l'opinion selon laquelle l'autre du sujet ou le non-moi devrait être pensé comme *posé* par le sujet, ce qui serait de nouveau bien trop lourd de présuppositions pour le commencement[1]. On peut bien dire du moi théorique qu'il s'oppose quelque chose, de sorte que le concept d'un moi posant, c'est-à-dire jugeant, est inévitable dans la théorie de la connaissance. Mais nous ne devons justement pas penser le moi pur, en tant que moi contemplatif au sens le plus large de ce terme, comme un moi activement posant. Pourtant, la mise hors-circuit de la pensée d'un posé ne suffit pas encore à la détermination du versant objectif du commencement, mais nous devons également éviter l'expression «ob-jet» si nous souhaitons préserver le sens prégnant de celle-ci. Elle désigne toujours un *ensemble* de forme et de contenu. C'est le commencement *tout entier*, c'est-à-dire l'ensemble du moi pur et du non-moi qui lui est donné, qui doit par conséquent être appelé un ob-jet. Aucun **161** de ses deux versants | ne peut avoir pour soi cette valeur. Il ne peut s'agir, dans leur cas, que de «moments» *au sein* <*an*> d'un ob-jet.

La raison pour laquelle cette théorie nous semble de quelque valeur deviendra particulièrement claire si, du singulier «ob-jet», nous passons au pluriel et si nous appelons alors le tout du contenu de conscience immédiatement donné un monde d'ob-jets. Il y a déjà, dans ce concept, des présuppositions qui ne relèvent plus, assurément, du minimum critique. Un tel monde doit nécessairement être pensé comme monde *articulé*, de sorte qu'il ne coïncide en aucun cas avec celui qui s'oppose immédiatement, en tant que quelque chose de purement intuitif, au moi purement contemplatif. Toute division présuppose bien plutôt des formes particulières que nous ne pouvons ni intuitionner immédiatement ni, comme c'était le cas du

---

1. Rickert joue sur la constitution étymologique du terme *Gegensatz*, que l'on traduit habituellement par «contraire» ou «opposition»: il met ainsi en lumière le fait que l'étymologie de ce terme incite à entendre quelque chose comme une *position* dont il serait le résultat et qui ne pourrait alors être le fait que d'un sujet posant l'opposé. C'est en ce sens que le terme *Gegensatz* n'est pas plus approprié que celui de *Gegenstand* (renvoyant à un «se *tenir* là en face») pour désigner ce qu'il y a d'«objectif» dans le commencement du système.

moi pur, penser en tant que présupposition de ce qui est immédiatement intuitionné en général. Un monde articulé d'ob-jets ne peut être compris que comme un ensemble de forme et de contenu : non pas comme ensemble d'une forme égoïque pure et d'un contenu pur mais comme ensemble de formes particulières et de contenus particuliers. Nous aurions ainsi largement dépassé le commencement. Il est donc parfaitement clair que nous devons en rester à la pensée du commencement du système comme ensemble d'une forme égoïque pure et d'un contenu donné de manière purement intuitive, et que nous devons renoncer à toute détermination supplémentaire du minimum critique. C'est ainsi seulement que nous obtenons le côté objectif de ce qui mérite le nom de donné immédiat, et c'est ainsi seulement que le concept du donné immédiat devient un concept déterminé de manière univoque.

Le tout du commencement du système, auquel nous parvenons enfin, doit de nouveau apparaître à ceux qui veulent philosopher intuitivement comme une construction « vide » et, par conséquent, creuse. Mais si par vacuité on entend ce qui est nécessairement lié à la liberté à l'égard de toutes les présuppositions superflues et à l'étendue universelle des concepts, une telle vacuité est inévitable au commencement du système. Il importait précisément de montrer combien *peu* il reste dès qu'on prend effectivement *au sérieux* l'exigence selon laquelle ne doit valoir au commencement que l'intuitif qu'on a immédiatement sous les yeux. Tant que nous en restons à ce qui est donné immédiatement, nous ne *pouvons* pas obtenir beaucoup de ce dont nous avons besoin pour l'édification d'une doctrine du tout du monde. Dans le concept du monde égoïque tel que nous le comprenons, nous *ne* disposons *que* du commencement du système, mais nous n'avons pas non plus voulu atteindre plus que cela.

| Dans une perspective scientifique toutefois, le commencement vide **162** nous donne déjà beaucoup; car nous savons à présent comment nous devons procéder si nous voulons, à partir du minimum universel, emprunter le chemin qui conduit progressivement au maximum universel. Ce qui se présente comme commencement du système doit être pris en considération dans sa *dualité* à *chaque* pas dont il nous est permis d'espérer qu'il nous rapproche du but de la philosophie – la connaissance du tout du monde. Si, à l'un quelconque des stades du chemin, nous nous restreignons au premier versant, notre pensée n'est plus, dès lors, universelle. Lorsqu'il s'agit de développer un système de pensées qui corresponde d'une manière ou d'une autre à la totalité du monde, nous devons toujours considérer

l'*ensemble* du moi et du non-moi, de la forme et du contenu, du sujet et de l'objet. À partir de la diversité du donné immédiat, diversité tout d'abord informe et par conséquent indicible, la forme égoïque vide doit être remplie pas à pas (d'une manière qui ne peut pas du tout être indiquée ici[a]) de sorte qu'apparaisse une pluralité de sujets dont les différents mondes objectifs articulés s'opposent; et c'est seulement lorsque nous avons ainsi conçu le tout du monde dans sa diversité que nous pouvons poser la question de son « unité ». Si l'on procède ainsi, il n'y pas de raison de craindre que la fin de la philosophie soit aussi « vide » que doit l'être son commencement pour satisfaire à l'exigence critique comme à l'exigence universelle.

---

a. Dans mon traité portant sur « La méthode de la philosophie et l'immédiat » [« Die Methode der Philosophie und das Unmittelbare »] (in *Logos*, XII, p. 235 *sq.*), j'ai tenté de montrer la manière dont doit être accompli le *premier* pas, celui qui sépare le donné immédiat dans ces deux espèces principales, le sensible et le non sensible, ou le perceptible et le compréhensible. Dans cette mesure, les pensées qui y sont développées peuvent être regardées comme la continuation directe du présent travail.

THÈSES POUR LE SYSTÈME DE LA PHILOSOPHIE [a]

| La philosophie s'appelait à l'origine *science*, et l'on devrait se tenir à
cet usage qui fut celui de presque tous les « grands » philosophes de Platon
jusqu'à Hegel : philosopher est l'affaire de l'homme théorique. Lui seul est
capable de former, au moyen de sa pensée logique, des concepts qui
englobent *tout* étant, alors que l'« homme tout entier », avec son intuitionner, son vouloir, son sentir, avec sa « vie » (Nietzsche) et son « existence »
(Kierkegaard), reste constamment limité à son « monde » *particulier*. C'est
pourquoi la philosophie scientifique doit renoncer à fournir ce qu'on
appelle, d'une manière peu significative, une « vision du monde », car cette
dernière concerne l'homme tout entier et se trouve toujours déterminée
aussi par des motifs athéoriques, de sorte que pour tout penseur, sa fondation théorique et sa validité logique générale sont exclues. La science peut
seulement produire une *clarté* conceptuelle sur la *multiplicité* des visions
du monde disponibles dans les faits, et se faire ainsi *doctrine* de la vision du
monde. La tâche qui est proprement celle de la philosophie demeure de
fournir, à la différence des sciences spéciales qui se restreignent à des
parties du monde, une *connaissance* du monde dans sa *totalité*.

a. Les thèses qui suivent sont destinées à un *Lexique de la philosophie* à paraître
prochainement. Son éditeur, le Dr. Eugen Hauer, a souhaité de moi un « résumé des traits les
plus importants de mon œuvre ». Puisque je considère que de telles indications provenant de
l'auteur lui-même sont tout à fait indiquées, j'ai volontiers satisfait ce souhait. C'est pour cette
même raison que je publie également ces thèses en cette place.

Pour remplir cette tâche, elle doit commencer par mettre hors-circuit tout « souci » *pré*scientifique, « naturel » pour tout homme, portant sur la « vie », ou encore l'« existence » du penseur lui-même, pour tendre dès lors à une formation de pensée qui rassemble la pluralité du monde, qui **98** n'est pas maîtrisable *<unübersehbare>* intuitivement, | sous un *ensemble* maîtrisable *<übersehbaren> de concepts.* C'est ainsi seulement qu'elle peut s'élever au-dessus de la limitation individuelle et historique de la pensée existentielle et émotionnelle propre à la vision du monde. On appelle *système* un tel ensemble conceptuel. En tant que science, la philosophie prend par conséquent nécessairement la forme du système. Mais elle ne doit pourtant pas procéder de manière « constructive » ou « spéculative », de telle sorte qu'elle se trouverait alors en opposition aux sciences des parties du monde. Elle doit bien plutôt reposer sur une *recherche concrète.* De même que la physique étudie le concept du monde corporel, la philosophie interroge le concept de monde en général. C'est seulement sa *tendance universelle* qui détermine sa spécificité méthodique.

Elle ne peut se restreindre, dans son intérêt universel, au monde des *objets* connus, mais elle doit aussi étudier le *sujet* connaissant. Est incomplet tout système qui ne conçoit pas le monde de telle sorte que la possibilité de sa *connaissance* soit en même temps comprise. La *fondation par la théorie de la connaissance* résulte donc déjà de l'exigence de l'universalité. Le prétendu « réalisme » dans la théorie de la connaissance, qui aimerait rendre l'objet connu indépendant du sujet connaissant, est une démarche qui doit être jugée *unilatérale* puisqu'elle n'a de légitimité qu'au sein d'une science spéciale. Le sens de ce qui s'appelle, depuis Kant, l'*idéalisme transcendantal*, consiste en ce que le sujet y est tout autant pris en considération que l'objet, et en ce que doit donc y être conçue la manière dont le tout du monde se compose de l'un *et* de l'autre.

Ici se trouve en même temps exprimé un principe du monde *<Weltprinzip>* qui doit être généralisé. Pour progresser jusqu'au tout, la philosophie doit étudier partout *l'un et l'autre*, donc procéder de manière hétérologique. Sa méthode est apparentée à la méthode « dialectique » (au sens de Hegel) et doit malgré tout en être nettement séparée. La *négation* de la thèse, ou l'« antithèse », ne suffit pas. Il s'agit, avec l'hétérothèse, d'une *ad-jonction <Er-Gänzung> positive* à la thèse. C'est pourquoi la philosophie doit rechercher un système d'*alternatives du monde <Weltalternativen>* dont les membres, pris ensemble, englobent le tout du monde et garantissent ainsi à la pensée son universalité.

Le principe hétérothétique est décisif avant tout dans la détermination de l'*être* du monde, donc dans l'*ontologie*. Celle-ci ne doit pas présupposer que le monde possède seulement *une* espèce d'être, ni que celle-ci doive être considérée comme sa véritable « essence ». Il faut plutôt toujours poser la question de savoir si quelque chose d'« autre » n'appartient pas, à titre d'adjonction, à cet être | prétrouvé. Dans l'ontologie universelle, ce qui **99** importe est la *pluralité des espèces d'être*, de l'ensemble desquelles se compose l'être du monde entier. Seul un *pluralisme ontologique* rend justice au monde de sa richesse.

L'ontologie doit partir de l'être qui lui est *donné*, ou encore du monde de l'*expérience*. Mais l'opinion qui règne bien souvent selon laquelle le monde de l'expérience ne consiste qu'en des formations corporelles et psychiques, et qu'il doit donc être conçu comme « réalité psychophysique », une telle opinion est un dogme qui manque une espèce d'être essentielle. Il faut rejeter tout sensualisme, et même le sensualisme hylétique qui cherche à saisir de manière purement sensible la matière de l'expérience. Nous ne faisons pas seulement l'expérience de l'être *sensible* par le biais de la *perception* « extérieure » ou « intérieure », mais nous *comprenons* aussi immédiatement des objets *non sensibles*, que nous appelons « significations » ou « formations de sens ». De tels objets ne sont pas corporels, mais ne sont pas psychiques non plus puisqu'ils peuvent être expérimentés en commun par plusieurs individus, alors que tout un chacun ne connaît son être psychique comme immédiatement accessible que pour soi seul. Au sein de l'expérience, l'alternative décisive est par conséquent celle du perceptible et du compréhensible ou encore, pour utiliser des termes anciens en un sens modifié, celle du *sensible* et de l'*intelligible*. Ce dualisme doit prendre la place de la dualité du corps et de l'âme.

C'est donc plus précisément de la manière suivante qu'il faut obtenir le concept englobant du monde de l'expérience : alors que le monde sensible doit être conçu par les sciences singulières soit de manière *généralisante* (en tant que « nature », c'est-à-dire se tenant sous un système de lois) soit de manière *individualisante* (en tant qu'histoire de la « culture »), la connaissance du monde intelligible doit, pour diviser le compréhensible de manière englobante, se mettre à la recherche d'un *système des valeurs*. La raison en est que sens et signification ne peuvent être clarifiés scientifiquement qu'à l'aide de concepts axiologiques, et que la totalité du sens du monde – ou du « *mundus intelligibilis* » – ne peut être saisie théoriquement *dans son universalité* que sur le fondement d'un système des valeurs.

Une fois qu'a été *développé* le dualisme d'un monde sensible réel, perceptible d'une part, et d'autre part d'un monde irréel, compréhensible dans sa déterminité axiologique, on peut poser la question d'une *unité du monde* : y a-t-il un lien qui se déploie entre l'être effectif et ce qui est pourvu de valeur <*werthaft*>, ou valant ? Il n'est cependant pas nécessaire, pour répondre à cette question, d'opposer tout de suite à cet ici-bas un au-delà en tant que « son autre », en recourant ainsi à la métaphysique. On doit bien plutôt se demander si, à ce monde d'*objets* d'ici-bas, tantôt sensible, tantôt intelligible, n'appartient pas, en tant qu'adjonction nécessaire, non pas un

100 monde | autre, mais un monde qui est également d'ici-bas et qui se soustrait à l'objectivation, et si on ne peut pas trouver en ce dernier une unité de l'effectivité et de la valeur. Il viendrait avant l'objectivation et la scission du monde de l'expérience, qui en découle, en objets sensibles et intelligibles. Pour s'orienter théoriquement dans ce domaine, l'alternative de la connaissance entre l'objet connu et le sujet connaissant se présente de nouveau. Le sujet théorique est en effet déterminé par la *valeur* de la vérité, et la capacité d'affirmer ce qui vaut comme vérité et de nier ce qui est contraire à la vérité est ce qui seul rend la connaissance possible en général. Mais cette capacité présuppose une autre déterminabilité que la déterminabilité *causale*. Par conséquent, nous devons concevoir l'être inobjectivable du *sujet* comme « libre », au sens où il y a ici aussi bien la liberté *de* la causalité que la liberté de prendre position *par rapport à* des valeurs. Ontologiquement, cela signifie qu'outre le monde de l'expérience des objets pour partie sensibles et pour partie intelligibles, il y a un troisième type d'être du monde, *pré-objectif* ou « prophysique », qui doit être reconnu dans son indépendance ontologique et étudié dans toute son étendue par une discipline qu'on peut nommer *Prophysique*.

Peut-on penser que la diversité ontologique du tout du monde est épuisée par ce monde tripartite ? On peut être de cet avis, dans la mesure où le matériau « immanent » du monde qui nous est *donné* se distribue dans la division en un être sensible, un être intelligible et un être prophysique. On s'interrogera malgré tout sur une dernière unité du monde, une unité *non donnée*, « transcendante », dans laquelle valeur et effectivité sont reliées l'une à l'autre de manière encore plus étroite que dans la sphère prophysique. On peut en effet être convaincu que tout faire <*Tun*> guidé par des valeurs et, dans cette mesure, « autonome », y compris celui de la connaissance qui cherche la valeur de vérité, est absurde si, outre la liberté de l'évaluer, il ne présuppose pas également que le monde ne se décompose pas en morceaux mais qu'il possède une base transcendante <*jenseitige*> dans laquelle valeur et effectivité forment une parfaite *unité*. À partir d'une telle *croyance*, on ne cesse de procéder à de nouvelles tentatives pour parvenir à une métaphysique. Ces sphères d'être du réel et de ce qui vaut, qu'il faut séparer ici-bas dans le monde des objets et qui, même dans la sphère psychique, ne sont liées que par les actes libres du sujet mais demeurent pour le reste séparées – cette métaphysique doit les saisir dans un fondement suprasensible du monde comme unité de la *réalité axio-logique*, par exemple sur le modèle de l'«idée» platonicienne du bien. Mais une telle tentative n'échappe à | des réserves philosophiques que si l'on demeure constamment conscient qu'elle ne peut être réalisée qu'à l'aide d'un penser *symbolique*, d'un penser qui ne peut tirer son matériau que de l'ici-bas pour ensuite, se rattachant aux résultats de la prophysique, l'utiliser comme parabole ou comme image de l'au-delà, et par là lui *donner un autre sens <umdeuten>*, celui d'un étant transcendant.

C'est seulement sur le fondement d'une ontologie quadripartite telle que nous l'avons indiquée – c'est-à-dire rassemblant l'être psychophy-sique, l'être intelligible, l'être prophysique et l'être métaphysique – qu'une doctrine du *sens de la vie humaine* peut enfin être édifiée elle aussi. La philosophie ne doit pas s'interroger seulement sur le sens du monde en général, mais également et en particulier sur la situation de l'homme dans le monde et relativement au monde, et, sur la base d'une ontologie englo-bante, elle peut dès lors donner forme scientifique à une *anthropologie* philosophique qui part de l'homme tout entier et de son monde pour parvenir, dans ce domaine également, à une considération *universelle*. Le caractère de la philosophie comme doctrine de la valeur s'y manifeste dans toute sa clarté. Dès que, dans une recherche portant sur l'homme, on ne considère pas celui-ci à la manière des sciences singulières comme une simple partie du monde mais d'après sa *situation relativement au tout du monde*, il doit s'agir de problèmes axiologiques. L'homme se «situe» par rapport à quelque chose quand cela ne demeure pas «indifférent» à ses yeux mais possède un «intérêt» pour lui, dans la mesure où il y a là sens et signification. Mais signification et sens ne peuvent être déterminés de manière logico-conceptuelle dans leur spécificité que sur le fondement d'une doctrine de la valeur. L'anthropologie *philosophique* doit par conséquent être édifiée avant tout sur la partie de l'ontologie qui fournit la connaissance du monde intelligible dans sa spécificité. Elle place l'homme tout entier au centre et s'enquiert de l'*universum* des valeurs qui confèrent sens et signification à sa vie. Elle devient par là du même coup *doctrine* de la vision du monde.

Elle doit *découvrir* les valeurs qu'elle expose en se rattachant aux biens réels de la culture dans lesquels ces valeurs se sont « incorporées » et sont devenues accessibles. Dans la tentative d'une *division* universelle des valeurs, les biens possédant une *valeur en propre <Eigenwert>* – comme la science, l'art, la famille, le peuple, le droit, l'État etc. – doivent être séparés de ceux à qui une valeur ne revient qu'à titre de *moyen* – comme la vitalité *<Vitalität>*, l'économie, la technique etc. – et qui ne portent dans cette mesure que des *valeurs conditionnelles <Bedingungswerte>*. Une vie humaine qui reçoit sa signification exclusivement de valeurs condition-nelles ne peut avoir de sens et de valeur que de manière « conditionnée ». Les valeurs en propre, qui sont évaluées dans l'autonomie, se trouvent par conséquent au centre de l'anthropologie | philosophique. Encore faut-il faire ici de nouveau attention à ce qu'il n'est pas nécessaire de traiter seulement de biens qui adviennent en tant que biens culturels dans le monde d'ici-bas (sensible et intelligible), mais que doivent être également pris en considération ces biens qui, en tant que « réalités axiologiques », peuvent se trouver par-delà le monde de l'expérience, dans une sphère de l'être qui doit donc être désignée comme une sphère métaphysique.

Ce sont ces biens qui viennent au premier plan lorsqu'il s'agit de la compréhension philosophique de la *religion*. Celle-ci doit être saisie (en toute généralité) comme une « liaison » entre l'homme et des puissances surhumaines. Voulant également la comprendre, l'anthropologie philo-sophique culminera par conséquent, tout comme l'ontologie, dans le renvoi à une région qui n'est plus accessible au savoir mais seulement à la croyance. C'est ainsi qu'après avoir scientifiquement conçu le monde *connaissable* selon ses caractères fondamentaux, la philosophie peut aussi montrer dans quelle mesure, en tant que tout, le monde dépasse toute connaissance théorique, donc montrer où se trouvent les limites de la formation de concepts propre à la science universelle ou à la science du monde, et dans quelle mesure par conséquent la pensée d'un système scien-tifique et *omni*-englobant du monde doit être limitée. Mais à l'aide d'une série d'alternatives du monde, le *concept* général du tout du monde peut pourtant être déterminé également dans l'exhaustivité scientifique de la manière suivante : le monde sensible dans l'espace et le temps est corporel ou psychique ; il ne devient monde englobant de l'expérience que par l'ad-jonction du *mundus intelligibilis* non sensible. À l'ensemble du monde des objets, perceptible ou compréhensible, s'oppose l'être prophysique des sujets libres, lequel se soustrait à l'objectivation et complète ainsi le monde des objets. À ces trois sphères d'être d'ici-bas s'ajoute enfin une quatrième région, métaphysique, qui ne s'ouvre qu'à la croyance.

HEINRICH RICKERT – CHRONOLOGIE

25 mai 1863   Naissance de Heinrich John Rickert à Danzig, fils de Heinrich Rickert, directeur de publication et homme politique.

Automne 1877-
Pâques 1884   Études au lycée de Berlin

1884-1885   Deux semestres d'études à l'université de Berlin. Suit entre autres les cours de Hermann Grimm, Heinrich von Treitschke, Emil Du Bois-Reymond. Enthousiasmé par les cours du philosophe Friedrich Paulsen, il abandonne son projet de devenir historien de la littérature.

Printemps 1885   À Strasbourg, études de philosophie (essentiellement auprès de Wilhelm Windelband), d'économie (auprès de Georg Friedrich Knapp et Lujo Brentano) et de physiologie (auprès de Friedrich Goltz).

12 juin 1885   Déclaré « inapte » lors de ses trois jours.

Été 1886   Semestre d'été à Zurich, où il fait la connaissance du philosophe Richard Avenarius.

Été 1888   Obtient le titre de docteur en philosophie en soutenant, sous la direction de Windelband, sa « Théorie de la définition ».
Publication de la *Théorie de la définition*.

5 août 1888   Épouse Sophie Keibel, sculpteur formée à Berlin, à Florence et à Rome. Le couple aura quatre fils.

Automne 1888   Retour à Berlin.

Décembre 1889   Déménagement à Fribourg en Brisgau pour des raisons de santé.

Juillet 1891   Soutient à Fribourg son travail intitulé « L'objet de la connaissance » et obtient son habilitation qui lui permet de devenir « Privatdozent ».

1er nov. 1891   Commencement de son activité d'enseignement.

1892   Publication de *L'Objet de la connaissance. Contribution au problème de la transcendance philosophique*.

16 nov. 1894   Devient Professeur de philosophie à l'université de Fribourg.

1896	Publication de la première partie des *Limites de la formation de concepts dans les sciences de la nature*.
	Refuse une proposition de poste à Rostock.
13 sept. 1896	Devient Professeur titulaire à l'université de Fribourg.
	Suite à une opération de l'appendicite, il souffre de névralgies intercostales et d'agoraphobie.
1899	Publication de *Science de la culture et science de la nature*.
1902	Publication de la deuxième partie des *Limites de la formation de concepts dans les sciences de la nature*, et par suite de l'ouvrage dans son intégralité.
1904	Deuxième édition de *L'Objet de la connaissance*.
25 juin 1909	Membre titulaire de l'Académie des sciences de Heidelberg.
1910	Deuxième édition de *Science de la culture et science de la nature*.
4 oct. 1910	Conseiller secret.
1913	Deuxième édition des *Limites de la formation de concepts dans les sciences de la nature*.
1915	Deuxième édition de la *Théorie de la définition*.
	Troisième édition, intégralement refondue, de *L'Objet de la connaissance*.
	Troisième édition de *Science de la culture et science de la nature*.
30 déc. 1915	Professeur à Heidelberg (il succède à Windelband, et Edmund Husserl lui succède à Fribourg), où il compte parmi ses collègues Hans Driesch, Karl Jaspers et, à partir de 1918, Heinrich Maier.
3 juin 1916	Membre de l'Académie des sciences de Heidelberg.
18 juillet 1917	Membre correspondant de l'Académie royale des sciences de Bavière.
Nov. 1917	Refuse un poste à l'université de Vienne.
1920	Publication de *La philosophie de la vie. Exposition et critique des courants philosophiques à la mode à notre époque*.
1921	Publication de la première partie du *Système de philosophie : Fondation générale de la philosophie*.
	Quatrième et cinquième éditions de *L'Objet de la connaissance*.
	Troisième et quatrième éditions des *Limites de la formation de concepts dans les sciences de la nature*.
	Quatrième et cinquième éditions de *Science de la culture et science de la nature*.
1922	Deuxième édition de *La philosophie de la vie*.
22 avril 1924	Docteur *honoris causa* de la Faculté des sciences juridiques et politiques de l'université de Königsberg
1926	Sixième et septième éditions de *Science de la culture et science de la nature*.

1928	Sixième édition de *L'Objet de la connaissance*.
Juin 1928	Docteur *honoris causa* de la Technische Hochschule de Dresde en sciences de la culture.
1929	Troisième édition de la *Théorie de la définition*. Cinquième édition des *Limites de la formation de concepts dans les sciences de la nature*.
1930	Publication de la *Logique du prédicat et le problème de l'ontologie*.
Oct. 1931	Membre de l'Accademia Nazionale dei Lincei à Rome
1er avril 1932	Retraite.
Mai 1933	Reçoit du président du Reich la médaille Goethe pour la science et les arts.
25 mai 1933	Docteur *honoris causa* de la faculté de théologie de Heidelberg, à l'occasion de son soixante-dixième anniversaire.
1934	Publication des *Problèmes fondamentaux de la philosophie. Méthodologie, ontologie, anthropologie*.
1er nov. 1934	Membre correspondant de l'Académie prussienne des sciences.
25 juil. 1936	Meurt à Heidelberg. Inhumé à Danzig.

INDEX NOMINUM*

La pagination indiquée est celle du présent volume. Les pages en caractères italiques renvoient aux occurrences sous la plume de Rickert, dans le corps des articles traduits; les pages en caractères romains renvoient à la présentation du traducteur ainsi qu'aux occurrences figurant dans les notes destinées à identifier les références implicites de Rickert ou à fournir des précisions contextuelles.

*Cet index porte sur la présentation du traducteur, sur les articles traduits et les annotations correspondantes.

TABLE DES MATIÈRES

À LA MÊME LIBAIRIE

LASK E., *La logique de la philosophie et la doctrine des catégories*, traduit par J.-Fr. Courtine, M. de Launay, D. Pradelle et Ph. Quesne, 2002.

LIPPS H., *Recherches pour une logique herméneutique*, traduit par S. Kristensen, 2004.

Néokantismes et théorie de la connaissance, (avec des textes de Rickert, Windelband, Lask, Cohn), traduction sous la direction de M. de Launay, 2000.

WINDELBAND W., *Qu'est-ce que la philosophie? et autres textes*, traduit par É. Dufour, 2002.

DUFOUR É., *Les Néokantiens. Valeur et vérité*, 2003.